D1327135

Petit guide de conjugaison

BESCHERELLE

Édition révisée par **Chantal Contant**, linguiste

et par **Hélène Duchesneau**, enseignante

Hurtubise

Les Éditions Hurtubise bénéficient du soutien financier des institutions suivantes pour leurs activités d'édition :

- Gouvernement du Canada par l'entremise du Programme d'aide au développement de l'industrie de l'édition (PADIÉ);
- Société de développement des entreprises culturelles du Québec (SODEC);
- Gouvernement du Québec par l'entremise du programme de crédit d'impôt pour l'édition de livres.

Édition : Loïc Hervouet
Direction éditoriale : Corinne Audinet

Maquette de couverture : Umberto Cirrito
Conception graphique et réalisation de l'intérieur : Folio infographie
Révision linguistique : Christine Barozzi, Millie Pouliot et Solange Champagne-Cowle

L'éditeur tient à remercier Andréa Pelletier, Caroline Massé, Mélanie Massé et Josée Lalancette pour leur précieuse collaboration.

ISBN 978-2-89647-279-6

Dépôt légal – 2e trimestre 2010
Bibliothèque et Archives nationales du Québec
Bibliothèque et Archives du Canada

Diffusion-distribution au Canada
Distribution HMH
1815, avenue De Lorimier
Montréal (Québec) H2K 3W6
Téléphone : 514-523-1523
Télécopieur : 514-523-9969
www.distributionhmh.com

Imprimé en France
www.editionshurtubise.com

Présentation

Le *Petit guide de conjugaison* est spécialement conçu pour l'apprentissage de la conjugaison au primaire. Inspiré de *L'Art de conjuguer*, le fameux guide de conjugaison de la collection Bescherelle, il se divise en trois parties : une grammaire du verbe, des tableaux de conjugaison et une liste alphabétique de verbes. Cependant l'approche choisie dans chacune de ces parties est bien différente.

La grammaire du verbe

En une trentaine de pages, la grammaire du verbe du *Petit guide de conjugaison* propose un panorama des notions de conjugaison à maîtriser à l'école primaire. Un soin particulier a été apporté à la clarté des explications et des exemples simples permettent de bien comprendre les règles. Des tableaux mettent en évidence les terminaisons des verbes selon les modes et les temps, permettant à l'élève de bien remarquer les régularités de la conjugaison pour mieux les mémoriser.

Fidèle au programme du ministère de l'Éducation, du Loisir et du Sport, cette grammaire du verbe propose également quelques notions qui seront abordées à l'école secondaire (par exemple les verbes transitifs et intransitifs). Expliquées simplement, celles-ci aident les élèves à acquérir une bonne compréhension globale de la conjugaison.

Mentionnons qu'afin de favoriser la mise en place progressive des rectifications orthographiques, nous avons indiqué la nouvelle orthographe des verbes entre parenthèses à la suite de l'orthographe traditionnelle : *naître* (*naitre*).

Les tableaux de conjugaison

Cette section regroupe 89 tableaux de conjugaison. Chaque tableau est présenté sur une double page pour offrir une meilleure lisibilité. Les difficultés propres à chaque conjugaison sont expliquées en marge sous forme de notes. Au bas des tableaux, des notes générales indiquent si d'autres verbes se conjuguent sur le même modèle et mentionnent des particularités plus générales : verbes suivant ce modèle de conjugaison mais dont le participe passé est invariable ; verbes ne se conjuguant pas à tous les modes et les temps présentés dans le tableau modèle, etc.

Les tableaux de conjugaison ne proposent pas tous les modes et les temps existants. Nous avons fait une sélection en prenant soin de mettre l'accent sur ceux qui sont enseignés au primaire. Ainsi, le futur proche figure dans tous les tableaux modèles alors que le subjonctif imparfait et l'impératif passé, par exemple, n'ont pas été retenus.

La graphie traditionnelle est utilisée dans toutes les conjugaisons, mais nous avons pris soin de mentionner la nouvelle orthographe dans l'en-tête et dans la marge des tableaux modèles concernés.

Voir aussi « Comment utiliser les tableaux de conjugaison », pages 6 et 7.

La liste alphabétique des verbes

Une liste de 1 400 verbes courants est proposée à la suite des tableaux de conjugaison. Ces verbes, tous à l'infinitif, sont classés par ordre alphabétique pour faciliter la recherche. Chacun d'eux est précédé d'un numéro renvoyant à l'un des 89 tableaux modèles et accompagné d'une courte définition ou d'un synonyme permettant aux élèves d'enrichir leur vocabulaire. Le *Petit guide de conjugaison* devient donc un outil précieux en situation de production écrite.

Voir aussi « Comment utiliser la liste alphabétique », page 5.

Comment utiliser la liste alphabétique des verbes ?

Les verbes qui forment leurs temps composés avec l'auxiliaire *être* sont suivis de la mention $\boxed{\text{être}}$.

masser

8 **masser** – Pétrir une partie du corps pour l'assouplir.
8 **méditer** – Réfléchir profondément.
22 **méfier (se)** $\boxed{\text{être}}$ – Prendre garde, ne pas avoir confiance.
10 **mélanger** – 1. Mettre ensemble, réunir. 2. Mettre dans un ordre différent. 3. Confondre.
8 **mêler** – 1. Mettre en désordre. 2. Mélanger.
8 **mémoriser** – Enregistrer dans la mémoire.
9 **menacer** – 1. Chercher à intimider par des menaces. 2. Mettre en danger.
11 **mener** – 1. Amener, faire aller avec soi. 2. Transporter. 3. Conduire, diriger. 4. Être en tête, avoir l'avantage des points.
8 **mentionner** – Signaler, citer, renseigner.
32 **mentir** – Dire un mensonge, nier la vérité.
8 **mériter** – 1. Être en droit d'obtenir une récompense ou être exposé à recevoir une punition. 2. Valoir.
8 **mesurer** – 1. Prendre des mesures. 2. Avoir pour taille. 3. Évaluer l'importance de quelque chose. se mesurer – Se comparer à quelqu'un ou à quelque chose.

59 **mettre** – Placer quelqu'un ou quelque chose dans un endroit ou dans une certaine position. se mettre – 1. S'installer. 2. Commencer à faire quelque chose.

8 **miauler** – Crier, en parlant du chat.
8 **mijoter** – 1. Cuire doucement. 2. Préparer quelque chose en secret.
8 **mimer** – Exprimer par des gestes, sans parler.
8 **miser** – 1. Jouer de l'argent. 2. Compter sur quelque chose.
17 **modeler** – Donner une forme.
12 **modérer** – Diminuer, réduire, atténuer.
8 **moderniser** – Rendre moderne, renover.
22 **modifier** – Changer, rendre différent.
27 **moisir** – S'abîmer en se couvrant de moisissure.

8 **monter** $\boxed{\text{avoir ou être}}$ – 1. Aller du bas vers le haut. 2. Porter quelque chose plus haut. 3. Atteindre un niveau plus élevé. 4. Mettre ensemble les parties d'un tout. 5. Se placer dans un véhicule ou s'installer sur un animal pour se faire porter.

8 **montrer** – 1. Faire voir, faire connaître. 2. Enseigner. 3. Laisser paraître.
8 **moquer (se)** $\boxed{\text{être}}$ – 1. Rire de quelqu'un. 2. Ne pas se soucier de quelqu'un ou de quelque chose.
55 **mordre** – Serrer entre ses dents.

8 **motiver** – 1. Donner des raisons pour expliquer quelque chose. 2. Pousser à agir.
8 **moucher (se)** $\boxed{\text{être}}$ – Souffler par le nez pour le débarrasser des sécrétions.
79 **moudre** – Écraser des grains pour en faire de la poudre.
8 **mouiller** – Mettre dans l'eau, tremper. se mouiller – Se mettre dans une situation difficile.
40 **mourir** $\boxed{\text{être}}$ – 1. Cesser de vivre. 2. Ressentir une sensation très vivement.
8 **muer** – 1. Changer de peau, de plumage ou de poil. 2. Changer de voix.
22 **multiplier** – 1. Additionner plusieurs fois le même nombre. 2. Augmenter le nombre, la quantité.
27 **mûrir / mûrir** – 1. Devenir mûr. 2. Devenir plus mature, plus sage.
8 **murmurer** – Parler à voix basse.
10 **nager** – Avancer dans l'eau à l'aide de mouvements.

68 **naître / naitre** $\boxed{\text{être}}$ – 1. Venir au monde. 2. Commencer à exister.

8 **naviguer** – Voyager sur l'eau.
8 **nécessiter** – Rendre nécessaire, exiger.
10 **négliger** – Ne pas faire attention à quelqu'un ou à quelque chose.
22 **négocier** – Discuter afin de se mettre d'accord.

7 **neiger** $\boxed{\text{impersonnel}}$ – Tomber, en parlant de la neige.

24 **nettoyer** – Rendre propre.
8 **neutraliser** – Empêcher d'agir, rendre inoffensif.
22 **nier** – Dire qu'une chose n'existe pas ou n'est pas vraie.
27 **noircir** – Rendre noir.
8 **nommer** – 1. Donner un nom. 2. Choisir une personne pour un travail.
8 **noter** – 1. Donner une note. 2. Écrire quelque chose pour s'en souvenir.
8 **nouer** – 1. Faire un nœud pour attacher. 2. Établir des liens avec quelqu'un.
27 **nourrir** – Donner à manger.
24 **noyer** – 1. Tuer en plongeant dans un liquide. 2. Recouvrir d'eau. se noyer – Mourir par asphyxie sous l'eau.
88 **nuire** – Faire du mal, représenter un danger.
8 **numéroter** – Donner un numéro.
27 **obéir** – Faire ce que quelqu'un a ordonné.
10 **obliger** – 1. Imposer, forcer à faire quelque chose. 2. Rendre service, faire plaisir.

La nouvelle orthographe est mentionnée, le cas échéant, à la suite de l'orthographe traditionnelle. Les deux graphies sont alors séparées par une barre oblique.

Les verbes modèles (ceux dont la conjugaison complète est donnée dans un tableau) sont surlignés en bleu.

Les verbes impersonnels sont suivis de la mention $\boxed{\text{impersonnel}}$.

Les verbes qui forment leurs temps composés avec l'auxiliaire *avoir* comme avec l'auxiliaire *être* sont suivis de la mention $\boxed{\text{avoir ou être}}$.

Les autres verbes (la majorité) forment leurs temps composés avec l'auxiliaire *avoir*.

Comment utiliser les tableaux de conjugaison?

Numéro du tableau modèle indiqué dans la liste alphabétique des verbes.

Verbe modèle (parfois suivi de la nouvelle orthographe).

53   asseoir/assoir | forme en -oir-

Le bleu indique que le radical du verbe change en cours de conjugaison. Une puce se trouve alors en marge des formes verbales concernées.

• À la 1re et à la 2e personne du pluriel, le radical *assoi-* devient *assoy-*.

• Attention : à la 1re et à la 2e personne du pluriel, n'oublie pas d'écrire le *i* après le *y*. Le *y* vient du radical de l'imparfait *assoy-* et le *i* vient de la terminaison.

Les difficultés orthographiques sont surlignées en bleu. Une puce se trouve alors en marge des formes verbales concernées.

INDICATIF

Présent

j'	assois
tu	assois
il	assoit
• nous	assoyons
• vous	assoyez
ils	assoient

Passé composé

j'	ai	assis
tu	as	assis
il	a	assis
nous	avons	assis
vous	avez	assis
ils	ont	assis

Imparfait

j'	assoyais
tu	assoyais
il	assoyait
• nous	assoyions
• vous	assoyiez
ils	assoyaient

Plus-que-parfait

j'	avais	assis
tu	avais	assis
il	avait	assis
nous	avions	assis
vous	aviez	assis
ils	avaient	assis

Passé simple

j'	assis
tu	assis
il	assit
nous	assîmes
vous	assîtes
ils	assirent

Passé antérieur

j'	eus	assis
tu	eus	assis
il	eut	assis
nous	eûmes	assis
vous	eûtes	assis
ils	eurent	assis

Futur simple

j'	assoirai
tu	assoiras
il	assoira
nous	assoirons
vous	assoirez
ils	assoiront

Futur antérieur

j'	aurai	assis
tu	auras	assis
il	aura	assis
nous	aurons	assis
vous	aurez	assis
ils	auront	assis

Conditionnel présent

j'	assoirais
tu	assoirais
il	assoirait
nous	assoirions
vous	assoiriez
ils	assoiraient

Conditionnel passé

j'	aurais	assis
tu	aurais	assis
il	aurait	assis
nous	aurions	assis
vous	auriez	assis
ils	auraient	assis

152

Les terminaisons sont indiquées en gras.

Indique si ce verbe est régulier ou irrégulier.

verbes irréguliers en -oir

SUBJONCTIF

Présent		Passé		
que j'	assoi**e**	que j'	aie	assis
que tu	assoi**es**	que tu	aies	assis
qu' il	assoi**e**	qu' il	ait	assis
que nous	asso**yions**	que nous	ayons	assis
que vous	asso**yiez**	que vous	ayez	assis
qu' ils	assoi**ent**	qu' ils	aient	assis

• Attention : à la 1re et à la 2e personne du pluriel, n'oublie pas d'écrire le *i* après le *y*. Le *y* vient du radical de l'imparfait *assoy-* et le *i* vient de la terminaison.

IMPÉRATIF

Présent

assoi**s**
• asso**yons**
• asso**yez**

INFINITIF

Présent

○ asse**oir**

PARTICIPE

Présent	Passé
asso**yant**	assi**s** / assi**se**
	assi**s** / assi**ses**

Futur proche

○ je	vais	asseoir
○ tu	vas	asseoir
○ il	va	asseoir
○ nous	allons	asseoir
○ vous	allez	asseoir
○ ils	vont	asseoir

⊚ En nouvelle orthographe, ce verbe s'écrit *assoir* (sans *e*) à l'infinitif. L'orthographe rectifiée est indiquée sur fond bleu en marge de la conjugaison concernée.

⊚ Le verbe *rasseoir* (*rassoir*) se conjugue comme *asseoir* (*assoir*) : *je rassois* (présent de l'indicatif). Comme le verbe *asseoir* (*assoir*), il peut aussi se conjuguer sur le modèle du tableau 54 : *je rassieds* (présent de l'indicatif).

Remarques générales

153

7

Sommaire général

LES TABLEAUX DE CONJUGAISON

LA LISTE ALPHABÉTIQUE DES VERBES

La grammaire du verbe

Sommaire

Qu'est-ce qu'un verbe ?

1. La définition du verbe

A Le verbe fait partie de la classe des mots variables.

- Le verbe se conjugue. Il varie selon la personne et le nombre de son sujet.

  Ex. : L'enfant **dort.**   Les enfants **dorment.**
        sujet   sujet
       3e pers. sing.   3e pers. plur.

- Le verbe conjugué varie aussi selon le moment (passé, présent ou futur) qu'il exprime.

  Ex. : Passé (hier)   → La neige **tombait.**
       Présent (aujourd'hui) → La neige **tombe.**
       Futur (demain)   → La neige **tombera.**

B Le verbe est un receveur d'accord, c'est-à-dire qu'il reçoit la personne et le nombre du sujet.

  Ex. : Nous   **chantons**   doucement. (Le verbe *chanter* reçoit sa personne
     sujet   verbe conjugué   et son nombre du sujet *nous*,
   1re pers. plur. 1re pers. plur.   qui est à la 1re personne du pluriel.)

C Le verbe conjugué peut être formé d'un seul mot (temps simples) ou de deux mots (temps composés).

  Ex. : Tu **cours.** (temps simple)
       Tu **as mangé.** (temps composé)

Voir aussi « 2. Le temps du verbe », paragraphe D, page 30.

D Le verbe est un mot qui permet :
- d'exprimer l'action faite par le sujet ;

  Ex. : Léanne **danse.**

- d'exprimer un sentiment, un fait ;

  Ex. : Léanne **adore** la musique.

- d'attribuer une caractéristique au sujet.

  Ex. : Léanne **devient** une excellente danseuse.

E Un verbe qui permet d'attribuer une caractéristique au sujet est un verbe attributif. Les principaux verbes attributifs sont les suivants : *être*, *paraître* (*paraitre*), *sembler*, *devenir*, *rester* et *demeurer*.

Ex. : Sébastien **est** malin. Ce chien **semble** malade.

2. La structure du verbe

Le verbe se divise en deux parties : le radical (le début du verbe) et la terminaison (la fin du verbe).

Ex. : cherch**er**

radical   terminaison

Je cherch**e** un nouveau sac à dos.

radical   terminaison

Nous cherch**ons** un nouveau sac à dos.

radical   terminaison

2.1 Le radical

A Le radical est la première partie du verbe. Il indique le sens du verbe, sa signification.

B On retrouve le radical du verbe dans les mots de sa famille.

Verbe à l'infinitif	Verbe conjugué	Nom commun	Adjectif
beur*rer*	*Je* beur*rais mon pain.*	*le* beur*re*	*du pain* beur*ré*

C La majorité des verbes conserve le même radical au cours de la conjugaison.

Ex. : parler → nous parlions, nous parlons, nous parlerons.

rendre → tu rendais, tu rends, tu rendras.

courir → il court, il courait, il courut.

D Cependant, certains verbes ont un radical qui varie au cours de la conjugaison.

Ex. : boire → je buvais, je bois, que je boive.

faire → elle fait, elle fera, qu'elle fasse.

recevoir → tu reçois, tu recevais, que tu reçoives.

2.2 La terminaison

A La terminaison est la seconde partie du verbe. Elle est formée d'une ou plusieurs lettres. Attention, certaines terminaisons peuvent être muettes.

Ex. : nous terminons → La terminaison -ons se prononce.

je termine → La terminaison -e est **muette**.

B La terminaison du verbe change selon le mode, le temps, la personne et le nombre.

Exemples de terminaisons	Mode	Temps	Personne	Nombre
je marche	indicatif	présent	1re personne	singulier
vous marchiez	indicatif	imparfait	2e personne	pluriel
marchons	impératif	présent	1re personne	pluriel

C Voici un tableau récapitulatif des finales des principaux temps simples (indicatif présent, imparfait, futur simple, conditionnel présent, subjonctif présent et impératif présent).

Personne et nombre	Finales	Exemples
1re personne du singulier	-s -e -x -ai	je bois je parle je veux j'irai
2e personne du singulier	-s -x -e	tu plais tu peux mange **Exception :** va
3e personne du singulier	-d -a -t -e	il vend elle finira on inclut Jeanne crie **Exceptions :** il vainc / elle convainc
1re personne du pluriel	-ons	nous espérons **Exception :** nous sommes
2e personne du pluriel	-ez	vous chantez **Exceptions :** vous faites, vous êtes, vous dites
3e personne du pluriel	-nt	ils croient, elles suivront, Chantal et Pascal créent

3. Le verbe à l'infinitif et le verbe conjugué

3.1 Le verbe à l'infinitif

Ⓐ L'infinitif est la forme non conjuguée du verbe. Il permet d'exprimer le sens du verbe. Dans le dictionnaire, les verbes sont présentés sous cette forme.

Ex. : **filmer** v. Enregistrer un film.
grandir v. Devenir plus grand.
peindre v. Recouvrir avec de la peinture.

Ⓑ Les quatre terminaisons des verbes à l'infinitif sont les suivantes : *-er*, *-ir*, *-oir* et *-re*.

Ex. : aim**er**, fin**ir**, pouv**oir**, apprend**re**.

3.2 Le verbe conjugué

(A) Le verbe conjugué change de forme selon la personne et le nombre de son sujet.

Ex. : Tu regard**es** par la fenêtre. (Verbe *regarder* à la 2ᵉ personne du singulier.)

Nous regard**ons** par la fenêtre. (Verbe *regarder* à la 1ʳᵉ personne du pluriel.)

(B) Le verbe conjugué change aussi de forme selon le moment qu'il permet d'exprimer : passé (hier), présent (aujourd'hui) ou futur (demain).

Ex. : **Passé** → Le ballon **roulait**. (mode : indicatif ; temps : imparfait)

→ Le ballon **a roulé**. (mode : indicatif ; temps : passé composé)

Présent → Le ballon **roule**. (mode : indicatif ; temps : présent)

Futur → Le ballon **roulera**. (mode : indicatif ; temps : futur simple)

4. Les verbes réguliers et les verbes irréguliers

Il existe des verbes réguliers et des verbes irréguliers. La terminaison à l'infinitif aide à savoir si un verbe se conjugue de façon régulière ou non.

4.1 Les verbes réguliers

(A) Il existe deux séries de verbes réguliers :

- les verbes qui se terminent par **-er** à l'infinitif (sauf le verbe *aller*, qui est irrégulier) ;

  Ex. : aim**er**, parl**er**, regard**er**, chant**er**, gagn**er**.

- les verbes qui se terminent par **-ir** à l'infinitif et qui font **-issons** à la 1ʳᵉ personne du pluriel de l'indicatif présent ;

  Ex. : fin**ir** (nous fin**issons**), chois**ir** (nous chois**issons**), réuss**ir** (nous réuss**issons**).

Le radical des verbes réguliers en **-ir** prend deux formes différentes au cours de la conjugaison.

Ex. : chois**ir** → tu chois**is**, tu chois**iss**ais.
         chois-   choisiss-

B Le plus souvent, le radical des verbes réguliers ne change pas au cours de la conjugaison.

Ex. : marcher → je marche, je marchais, je marcherai, que je marche.

C Cependant, certains verbes en *-er* ont un radical qui change un peu au cours de la conjugaison. Ces modifications sont expliquées dans chacun des tableaux de conjugaison.

Ex. : broyer → je broie, je broyais.
geler → tu gèles, tu gelais.

D Tous les verbes réguliers en *-er* ont les mêmes terminaisons à un même temps et à la même personne.

Ex. : j'aime, je jette, je pèse.

Tous les verbes réguliers en *-ir* ont les mêmes terminaisons à un même temps et à la même personne.

Ex. : je finis, je choisis, je réussis.

4.2 Les verbes irréguliers

A Il existe trois séries de verbes irréguliers :

- les verbes qui se terminent par *-ir* à l'infinitif et qui ne font pas *-issons* à la 1re personne du pluriel de l'indicatif présent ;

  Ex. : tenir (tenons), sentir (sentons), couvrir (couvrons), cueillir (cueillons).

- les verbes qui se terminent par *-oir* à l'infinitif ;

  Ex. : voir, recevoir, devoir, savoir, vouloir, avoir.

- les verbes qui se terminent par *-re* à l'infinitif.

  Ex. : vendre, prendre, mettre, peindre, faire, être.

Attention :
N'oublie pas que le verbe *aller*, même s'il se termine par *-er*, fait aussi partie des verbes irréguliers.

B Le radical de plusieurs verbes irréguliers change au cours de la conjugaison.

Ex.: mourir → elle meurt, nous mourions.

vouloir → tu veux, vous voulez, nous voudrons.

prendre → je prends, nous prenons, ils prennent.

aller → nous allons, vous irez, que tu ailles.

5. Les différents emplois des verbes

Il existe des verbes transitifs, des verbes intransitifs, des verbes attributifs, des verbes pronominaux, des verbes impersonnels et des auxiliaires.

5.1 Les verbes transitifs

A Les verbes transitifs directs
Les verbes transitifs directs sont des verbes qui sont accompagnés d'un complément direct (CD). Souvent, le complément direct est un groupe du nom (GN).

Ex.: J' **aime** les fruits .
  verbe   CD
  transitif direct   du verbe *aimer*

B Les verbes transitifs indirects
Les verbes transitifs indirects sont des verbes qui sont accompagnés d'un complément indirect (CI). Souvent, le complément indirect est un groupe du nom introduit par une préposition (*à*, *de*, *sur*, etc.).

Ex.: Elle **pense** à son dernier voyage .
  verbe   CI
  transitif indirect   du verbe *penser*

5.2 Les verbes intransitifs

Les verbes intransitifs sont des verbes qui ne sont pas accompagnés d'un complément direct ni d'un complément indirect.

Ex.: Nathalie **dort**.
      verbe
      intransitif

5.3 Les verbes attributifs

Les verbes attributifs sont des verbes qui sont accompagnés d'un attribut du sujet. Celui-ci permet de donner une caractéristique au sujet.

Ex. : Elle **est** très jolie.
            attribut

L'attribut du sujet, qui est généralement placé après le verbe attributif, est souvent un groupe de l'adjectif (ex. : très jolie) ou un groupe de mots qui peut être remplacé par un groupe de l'adjectif.

Les principaux verbes attributifs sont les suivants : *être*, *paraître* (*paraitre*), *sembler*, *devenir*, *rester* et *demeurer*. Pour les reconnaître dans une phrase, on peut les remplacer par le verbe *être*.

Ex. : Sur cette partie de la rivière, le courant **devient** fort.
                                            verbe attributif
    → Sur cette partie de la rivière, le courant **est** fort.

Voir aussi « 1. La définition du verbe », paragraphe E, page 15.

5.4 Les verbes pronominaux

Les verbes pronominaux sont des verbes qui sont accompagnés d'un pronom personnel de la même personne que le sujet. Ce pronom personnel représente le sujet. À l'infinitif, les verbes pronominaux sont employés avec *se* ou *s'*.

Ex. : Tu **te laves** les mains.
        verbe pronominal
            se laver

    Nous **nous lavions** les mains.
            verbe pronominal
                se laver

    Ils **se laveront** les mains.
        verbe pronominal
            se laver

5.5 Les verbes impersonnels

Les verbes impersonnels sont des verbes qui se conjuguent seulement avec *il*. Le sujet *il* ne remplace aucun nom ; il est vide, impersonnel.

Ex. : Il **pleut** aujourd'hui.
verbe
impersonnel

Demain, il **neigera**.
verbe
impersonnel

Il **faut** un passeport pour voyager à l'étranger.
verbe
impersonnel

5.6 Les auxiliaires

Les verbes *avoir* et *être* sont appelés auxiliaires lorsqu'ils servent à former les temps composés d'un verbe.

Ⓐ L'auxiliaire *avoir*
L'auxiliaire *avoir* sert à former les temps composés de la plupart des verbes.

Ex. : Dominique **a** préparé un gâteau.
auxiliaire
avoir

Pour un exemple de verbe qui forme ses temps composés avec l'auxiliaire *avoir*, voir le tableau 3, pages 52 et 53.

Ⓑ L'auxiliaire *être*
L'auxiliaire *être* sert à former les temps composés de certains verbes. Les plus courants sont *aller*, *arriver*, *devenir*, *mourir*, *naître* (*naitre*), *partir*, *parvenir*, *rester*, *revenir*, *tomber* et *venir*.

Ex. : Olivier **est** allé au service de garde.
auxiliaire
être

Pour un exemple de verbe qui forme ses temps composés avec l'auxiliaire *être*, voir le tableau 4, pages 54 et 55.

Comment reconnaître et accorder le verbe ?

1. Reconnaître le verbe dans la phrase

1.1 Reconnaître le verbe à l'infinitif

A On emploie parfois le verbe à l'infinitif dans une phrase. Le plus souvent, ce verbe est placé :

- après un verbe conjugué ;

  Ex. : Je **veux** partir en voyage cet été.

  verbe conjugué   verbe à l'infinitif

- après une préposition (*à, de, pour, sans*, etc.).

  Ex. : Nicolas se concentre **pour** gagner le tournoi.

  préposition   verbe à l'infinitif

B Pour reconnaître un verbe à l'infinitif dans une phrase, on peut :

- insérer *ne pas* devant ce verbe ;

  Ex. : Édouard et Mya se rencontrent au stade pour s'entraîner.

  → Édouard et Mya se rencontrent au stade pour *ne pas* s'entraîner.

- le remplacer par un autre verbe à l'infinitif.

  Ex. : Ces deux chiens aiment jouer ensemble.

  → Ces deux chiens aiment **courir** ensemble.

1.2 Reconnaître le verbe conjugué

A Dans la phrase, le verbe conjugué est généralement placé après le sujet.

  Ex. : **Nicolas** prépare sa présentation.

  sujet   verbe conjugué

Attention, il peut parfois être séparé du sujet par un ou des mots-écrans.

  Ex. : **Tu** nous lis une belle histoire.

  sujet   mot-écran   verbe conjugué

B Voici plusieurs méthodes pour reconnaître un verbe conjugué dans une phrase :

- si le verbe est conjugué à un temps simple, on peut l'encadrer par *ne... pas* ou *n'... pas* ;

   Ex. : Geneviève prend l'autobus tous les matins.
   → Geneviève **ne** prend **pas** l'autobus tous les matins.

- si le verbe est conjugué à un temps composé, on peut encadrer l'auxiliaire (*avoir* ou *être*) par *ne... pas* ou *n'... pas* ;

   Ex. : Vincent a joué du piano pendant des années.
   → Vincent **n'**a **pas** joué du piano pendant des années.

- on peut remplacer le verbe par un autre verbe conjugué ;

   Ex. : Il cuisine tous les soirs. (verbe *cuisiner*)
   → Il **chante** tous les soirs. (verbe *chanter*)

- on peut aussi conjuguer le verbe à un autre temps.

   Ex. : J'ai entendu du bruit. (passé composé)
   → J'**entends** du bruit. (indicatif présent)

   Chaque dimanche, elle court pendant trente minutes. (indicatif présent)
   → Chaque dimanche, elle **courait** pendant trente minutes. (imparfait)

2. Reconnaître le verbe à la forme passive dans la phrase

A La forme active et la forme passive
Dans une phrase à la forme active, le sujet **accomplit l'action** décrite par le verbe.

Ex. : Le chat   mange   la souris.
         sujet   verbe à la
                  forme active

Dans une phrase à la forme passive, le sujet **subit l'action** décrite par le verbe.

Ex. : La souris   est mangée   par le chat.
         sujet   verbe à la
                    forme passive

B Construction du verbe à la forme passive

Le verbe à la forme passive est composé de l'auxiliaire *être* et du participe passé du verbe. Le plus souvent, le verbe à la forme passive est suivi d'un complément introduit par le mot *par*.

Ex. : Le vélo   **est**   **lavé**   par   Anne.
              auxiliaire   participe passé
                être   du verbe *laver*

Pour un modèle de conjugaison à la forme passive, voir le tableau 5, pages 56 et 57.

3. Reconnaître le groupe sujet dans la phrase

Le verbe est un receveur d'accord, car il reçoit sa personne et son nombre du sujet. Dans la phrase, il est donc important de savoir reconnaître le groupe sujet pour accorder correctement le verbe.

Ex. :   **Je**   lav**e**   la salade pendant que   **vous**   prépar**ez**   la dinde.
pronom sujet   verbe conjugué   pronom sujet   verbe conjugué
1re pers. sing.   1re pers. sing.   2e pers. plur.   2e pers. plur.

A Le groupe sujet peut être formé d'un ou de plusieurs mots. Le plus souvent, le groupe sujet est constitué d'un pronom ou d'un groupe du nom (GN).

Ex. : **Il** lit une bande dessinée.
groupe sujet = pronom

Les enfants vont à la piscine.
groupe sujet = GN

B Le groupe sujet indique **de qui** ou **de quoi** l'on parle. Il dit **qui** ou **ce qui** fait l'action.

C Dans la phrase, pour savoir si un groupe du nom est le groupe sujet, on peut :

- l'encadrer par *c'est… qui* ou *ce sont… qui* ;

    Ex. : Béatrice et François se promènent dans le parc.

       → **Ce sont** Béatrice et François **qui** se promènent dans le parc.
               groupe du nom sujet

- le remplacer par un pronom.

Ex. : Béatrice et François se promènent dans le parc.

→ **Ils** se promènent dans le parc. (Le pronom *ils* remplace le groupe du nom (GN) sujet *Béatrice et François*.)

4. Reconnaître le groupe du verbe (GV) dans la phrase

A Une phrase est constituée de deux groupes obligatoires :

- le groupe du nom (ou pronom) qui joue le rôle de **sujet de la phrase** et qui indique de qui ou de quoi l'on parle ;

- le groupe du verbe (GV) qui joue le rôle de **prédicat de la phrase**. Le prédicat de la phrase est tout simplement ce que l'on raconte à propos du sujet.
Dans la phrase, dès qu'il y a un verbe conjugué, il y a un groupe du verbe (prédicat). Le plus souvent, le groupe du verbe prédicat est placé après le groupe sujet.

Ex. : Je, marche.
GS   GV (prédicat)

J', achète des kiwis .
GS   GV (prédicat)

B Le verbe conjugué est le noyau du groupe du verbe. On ne peut pas le supprimer.

noyau
Ex. : Mélanie et Julie **parlent** à mon frère .
GV (prédicat)

→ Mélanie et Julie ≡≡≡≡ à mon frère. (Si on supprime le noyau du groupe du verbe, la phrase n'a plus de sens.)

C Dans le groupe du verbe, le verbe conjugué peut être accompagné d'un ou de plusieurs mots ou groupes de mots. Il peut s'agir d'un attribut du sujet, d'un complément direct (CD) ou d'un complément indirect (CI). Voici comment les reconnaître :

- Si le verbe conjugué est un verbe attributif : *être*, *paraître* (*paraitre*), *sembler*, *devenir*, *rester*, etc., il est accompagné d'un attribut du sujet.

Ex. : Le lac **semble** calme .
verbe   attribut
attributif

Martin **est** un bon professeur .

  verbe   attribut
attributif

- Si le verbe conjugué est accompagné d'un groupe du nom (GN), il s'agit d'un complément direct du verbe.

  Ex. : Thomas **cherche** ses souliers .

    verbe   CD = GN
  conjugué

- Si le verbe conjugué est accompagné d'un groupe du nom introduit par une préposition (*à*, *de*, *pour*, *sans*, *sur*, etc.), il s'agit généralement d'un complément indirect du verbe.

  Ex. : Ce chat blanc **appartient** à Sophie .

    verbe   CI = GN
  conjugué

Qu'est-ce que la conjugaison du verbe ?

1. Le mode du verbe

Le verbe varie selon le mode auquel il est conjugué.

1.1 Les modes personnels et les modes impersonnels

Il existe deux catégories de modes : les modes personnels et les modes impersonnels.

A Les trois modes personnels sont l'indicatif, le subjonctif et l'impératif. Quand un verbe est employé à un mode personnel, cela signifie qu'il varie en personne.

  Ex. : Indicatif   → Vous termin**ez** ce casse-tête.

                                -ez est la terminaison de la **2ᵉ pers. du plur**.

              Subjonctif → Il faut que je termin**e** ce casse-tête.

                                    -e est la terminaison de la **1ʳᵉ pers. du sing**.

              Impératif → Termin**ons** ce casse-tête.

                                 -ons est la terminaison de la **1ʳᵉ pers. du plur**.

B Les deux principaux modes impersonnels sont l'infinitif et le participe. Quand un verbe est employé à un mode impersonnel, cela signifie qu'il ne varie pas en personne.

Ex.: Infinitif → aim**er**
    Participe → aim**é** (participe passé)
        → aim**ant** (participe présent)

Attention:

Le participe passé fait partie des modes impersonnels car il varie selon le genre et le nombre, mais pas selon la personne. Pour en savoir plus sur l'accord du participe passé en genre et en nombre, voir « 5.2 Le participe passé », page 44.

1.2 Les modes et ce qu'ils peuvent exprimer

A Le mode indicatif permet d'exprimer:

- une action passée ou un fait passé;

    Ex.: Je **suis allé** à la campagne la fin de semaine dernière.

- une action ou un fait en train de se réaliser;

    Ex.: Je **vais** à la campagne.

- une action ou un fait qui se réalisera dans le futur.

    Ex.: Demain, j'**irai** à la campagne.

B Le mode subjonctif permet d'exprimer:

- un souhait;

    Ex.: Je voudrais qu'il **fasse** beau demain.

- une volonté.

    Ex.: Il faut que tu **prennes** l'autobus.

C Le mode impératif permet d'exprimer:

- un ordre;

    Ex.: **Sortez** vos cahiers.

- un conseil;

    Ex.: **Prenez** le temps de bien lire la consigne avant de faire cet exercice.

- une demande.

  Ex. : Ne **faites** pas de bruit.

D Le mode infinitif permet :
- d'exprimer le sens du verbe ;

  Ex. : Le verbe *accomplir* signifie « faire complètement quelque chose ».

- au verbe de jouer le même rôle qu'un groupe du nom (sujet, complément, etc.).

  Ex. : Le sommeil fait du bien. **Dormir** fait du bien.

  → Elles aiment la danse. Elles aiment **danser**.

E Le mode participe permet d'exprimer :
- une action ou un fait passé ;

  Ex. : Une fois ses devoirs **terminés**, Brahim est sorti se promener.

- une action ou un fait qui se déroule en même temps qu'un autre.

  Ex. : **Étant** en vacances, j'en ai profité pour me reposer.

2. Le temps du verbe

Le verbe varie selon le temps auquel il est conjugué.

A Le temps indique le moment où se déroule l'action par rapport au moment où l'on parle. Il permet de savoir si l'action est déjà faite, si elle est en train de se faire ou si elle se fera plus tard.

B On classe les principaux temps selon trois moments.

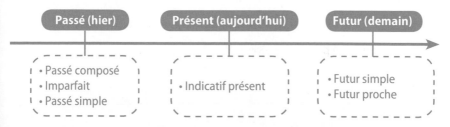

Passé (hier)	Présent (aujourd'hui)	Futur (demain)
• Passé composé • Imparfait • Passé simple	• Indicatif présent	• Futur simple • Futur proche

C On peut s'aider de mots clés pour situer le temps du verbe parmi ces trois moments.

Si tu peux dire :	Si tu peux dire :	Si tu peux dire :
• hier…	• aujourd'hui…	• quand je serai grand(e)…
• autrefois…	• maintenant…	• plus tard…
• il y a longtemps…	• en ce moment…	• dans vingt ans…
• l'année dernière…	• actuellement…	• demain…
• avant…	• de nos jours…	• bientôt…

→ le temps du verbe situe l'action dans le **passé**.

→ le temps du verbe situe l'action dans le **présent**.

→ le temps du verbe situe l'action dans le **futur**.

D Dans la conjugaison, il existe des temps simples et des temps composés. Quand le verbe est conjugué à un temps simple, il est formé d'un seul mot. Quand il est conjugué à un temps composé, il est formé de deux mots : l'auxiliaire *avoir* ou *être* et le participe passé du verbe.

Ex. : **Temps simples** → Je **rédige** une production écrite.
verbe *rédiger*
à l'indicatif présent

→ J' **arriverai** à la gare à 17 heures.
verbe *arriver*
au futur simple

Temps composés → J' **ai** **rédigé** une production écrite.
auxiliaire   participe passé
avoir   du verbe *rédiger*

→ Je **suis** **arrivé** à la gare à 17 heures.
auxiliaire   participe passé
être   du verbe *arriver*

3. La personne et le nombre

Le verbe varie selon la personne et le nombre.

A Il existe trois personnes au singulier et trois personnes au pluriel. Un pronom personnel correspond à chacune de ces personnes.

Personne	Nombre	Pronom personnel
1re personne	singulier	je
2e personne	singulier	tu
3e personne	singulier	il / elle / on
1re personne	pluriel	nous
2e personne	pluriel	vous
3e personne	pluriel	ils / elles

B Le tableau ci-dessous présente la signification de chacune de ces personnes.

Personne et nombre	Pronom personnel	Signification
1re personne du singulier	je	La personne qui parle.
2e personne du singulier	tu	La personne à qui l'on parle.
3e personne du singulier	il / elle	La personne, l'animal ou la chose dont quelqu'un parle.
	on	• Une personne qui n'est pas identifiée. • Les gens en général. • La personne qui parle et une ou plusieurs autres personnes.
1re personne du pluriel	nous	La personne qui parle et une ou plusieurs autres personnes.
2e personne du pluriel	vous	• Les personnes à qui l'on parle. • Une seule personne à qui l'on parle poliment (l'emploi du *vous* de politesse s'appelle *vouvoiement*).
3e personne du pluriel	ils / elles	Les personnes, les animaux ou les choses dont quelqu'un parle.

Comment utiliser les modes et les temps?

Cette partie présente les modes et les temps enseignés au primaire.

1. Le mode infinitif : l'infinitif présent

A L'infinitif présent est la forme non conjuguée du verbe. Il permet d'exprimer le sens du verbe. Dans le dictionnaire, les verbes sont présentés sous cette forme.

B Il existe quatre terminaisons différentes à l'infinitif présent : *-er*, *-ir*, *-oir* et *-re*.

Terminaisons	Exemples
-er	*aimer, arriver, filmer, manger, acheter, appeler, geler*
-ir	*finir, réussir, obéir, partir, tenir, sentir, dormir*
-oir	*pouvoir, voir, valoir, vouloir, recevoir, falloir*
-re	*apprendre, lire, dire, fendre, peindre, faire*

Pour savoir comment reconnaître un verbe à l'infinitif dans la phrase, voir « 1.1 Reconnaître le verbe à l'infinitif », page 23.

2. Le mode indicatif

2.1 L'indicatif présent

A Le plus souvent, on emploie l'indicatif présent pour décrire une action ou un fait qui a lieu au moment où l'on parle.

Ex. : Danielle **téléphone** à Nancy en ce moment.

B On peut aussi employer l'indicatif présent pour décrire :

- une action ou un fait habituel ;

Ex. : Tous les matins, vous **prenez** le métro.

- une action ou un fait qui est toujours vrai.

Ex. : Le Soleil **est** une étoile.

C Voici les terminaisons des verbes réguliers et des verbes irréguliers à l'indicatif présent.

Pronoms personnels	Terminaisons des verbes réguliers	
	en -er	en -ir
je (1re pers. sing.)	-e	-is
tu (2e pers. sing.)	-es	-is
il / elle / on (3e pers. sing.)	-e	-it
nous (1re pers. plur.)	-ons	-ons
vous (2e pers. plur.)	-ez	-ez
ils / elles (3e pers. plur.)	-ent	-ent

Pronoms personnels	Terminaisons des verbes irréguliers		
	en -ir	en -oir	en -re
je (1re pers. sing.)	-s / -e	-s / -x	-s
tu (2e pers. sing.)	-s / -es	-s / -x	-s
il / elle / on (3e pers. sing.)	-t / -e	-t	-t / -d
nous (1re pers. plur.)	-ons	-ons	-ons
vous (2e pers. plur.)	-ez	-ez	-ez
ils / elles (3e pers. plur.)	-ent	-ent	-ent

Attention :

- Les verbes *être* et *avoir* ont des terminaisons particulières (voir les tableaux 1 et 2, pages 48 à 51).

- Certains verbes irréguliers ont des terminaisons exceptionnelles à l'indicatif présent :
  - asseoir (assoir) → elle assied ;
  - vaincre et convaincre → il vainc, elle convainc ;
  - faire → vous faites / elles font ;
  - dire → vous dites ;
  - aller → il va / elles vont.

2.2 L'imparfait

A On emploie l'imparfait pour :

- décrire une action ou un fait passé dont le début et la fin ne sont pas précisés ;

  Ex. : Sophia **allait** à la garderie.

  L'action est située dans le passé. On ne sait pas précisément quand Sophia a commencé à aller à la garderie ni quand elle y est arrivée.

- décrire une action ou un fait passé qui s'est produit en même temps qu'un autre ;

  Ex. : Sophia **allait** à la garderie lorsque l'orage a éclaté.

  Pendant que Sophia se rend à la garderie (première action), un orage éclate (deuxième action).

- raconter une histoire, un conte ou un fait historique ou faire une description.

  Ex. : Quand j'**étais** petit, j'**allais** à l'aréna tous les dimanches.

  On raconte une histoire.

  Ex. : Les façades des maisons **étaient** toutes en briques. Les rues **étaient** étroites et pavées.

  On fait une description.

B On emploie l'imparfait après le mot *si* pour exprimer une condition.

Ex. : Si je **savais** nager, j'irais me baigner.

C Voici les terminaisons des verbes réguliers et irréguliers à l'imparfait (il n'y a pas d'exception).

Pronoms personnels	Terminaisons des verbes réguliers et irréguliers
je (1re pers. sing.)	*-ais*
tu (2e pers. sing.)	*-ais*
il / elle / on (3e pers. sing.)	*-ait*
nous (1re pers. plur.)	*-ions*
vous (2e pers. plur.)	*-iez*
ils / elles (3e pers. plur.)	*-aient*

2.3 Le passé simple

A Le passé simple est surtout utilisé à l'écrit. Dans une histoire écrite au passé, il est souvent employé avec l'imparfait. Le passé simple exprime une action terminée, qui a lieu à un moment précis dans le passé.

Ex. : Le ciel **s'assombrissait** lorsque les invités **quittèrent** la maison.
   imparfait   *passé simple*

B Attention, le radical de certains verbes change beaucoup au passé simple.

Ex. : venir → ils vinrent ; tenir → elle tint ; faire → il fit.

C Voici les terminaisons des verbes réguliers et des verbes irréguliers au passé simple. À l'école primaire, tu dois connaître les terminaisons de la 3ᵉ personne du singulier (ex. : il march**a**, elle l**ut**) et de la 3ᵉ personne du pluriel (ex. : ils chant**èrent**, elles fin**irent**). Elles apparaissent en gras dans le tableau.

Pronoms personnels	Terminaisons des verbes réguliers	
	en *-er*	en *-ir*
je (1ʳᵉ pers. sing.)	*-ai*	*-is*
tu (2ᵉ pers. sing.)	*-as*	*-is*
il / elle / on (3ᵉ pers. sing.)	***-a***	***-it***
nous (1ʳᵉ pers. plur.)	*-âmes*	*-îmes*
vous (2ᵉ pers. plur.)	*-âtes*	*-îtes*
ils / elles (3ᵉ pers. plur.)	***-èrent***	***-irent***

Pronoms personnels	Terminaisons des verbes irréguliers	
	en *-ir*, en *-oir* et en *-re*	*venir, tenir* (et leurs dérivés)
je (1ʳᵉ pers. sing.)	*-is / -us*	*-ins*
tu (2ᵉ pers. sing.)	*-is / -us*	*-ins*
il / elle / on (3ᵉ pers. sing.)	***-it / -ut***	***-int***
nous (1ʳᵉ pers. plur.)	*-îmes / -ûmes*	*-înmes*
vous (2ᵉ pers. plur.)	*-îtes / -ûtes*	*-întes*
ils / elles (3ᵉ pers. plur.)	***-irent / -urent***	***-inrent***

2.4 Le passé composé

(A) On emploie le passé composé pour décrire une action ou un fait passé qui est terminé.

Ex. : Lorsque la cloche **a sonné**, Maya **est sortie**.

Les deux actions sont situées dans le passé. Elles sont toutes les deux terminées.

(B) Pour conjuguer un verbe au passé composé, on emploie l'auxiliaire *avoir* ou *être* à l'indicatif présent accompagné du participe passé du verbe.

Ex. : Hier, vous **avez** **joué** au soccer.

auxiliaire *avoir* à l'indicatif présent   participe passé du verbe *jouer*

Après plusieurs heures de marche, elle **est** **parvenue** au sommet.

auxiliaire *être* à l'indicatif présent   participe passé du verbe *parvenir*

(C) La plupart des verbes forment leur passé composé avec l'auxiliaire *avoir*.

Ex. : Maya **a** terminé son dessin.

(D) Quelques verbes forment leur passé composé avec l'auxiliaire *être*. Ces verbes décrivent le plus souvent un mouvement ou un état. Les plus courants sont : *aller*, *arriver*, *devenir*, *mourir*, *naître* (*naitre*), *partir*, *parvenir*, *rester*, *revenir*, *tomber* et *venir*.

Ex. : Olivier **est** allé au service de garde.

Pour un exemple de verbe qui forme ses temps composés avec l'auxiliaire *être*, voir le tableau 4, pages 54 et 55.

(E) Pour conjuguer correctement les verbes au passé composé, tu dois connaître :

- la conjugaison des auxiliaires *être* et *avoir* à l'indicatif présent (voir tableaux 1 et 2, pages 48 à 51) ;

- les terminaisons des verbes au participe passé ainsi que les règles d'accord du participe passé (voir « 5.2 Le participe passé », page 44).

2.5 Le futur simple

(A) On emploie le futur simple pour décrire une action ou un fait qui paraît certain et qui se déroulera après le moment où l'on parle.

Ex. : Demain, nous **irons** au musée Pointe-à-Callière.

L'action est située dans l'avenir. Elle aura lieu après le moment où l'on parle.

(B) Attention, le radical de certains verbes change beaucoup au futur simple.

Ex. : envoyer → j'enverrai ; voir → elle verra ; faire → tu feras.

(C) Voici les terminaisons des verbes réguliers et des verbes irréguliers au futur simple.

Pronoms personnels	Terminaisons des verbes réguliers	
	en *-er*	en *-ir*
je (1re pers. sing.)	*-erai*	*-irai*
tu (2e pers. sing.)	*-eras*	*-iras*
il / elle / on (3e pers. sing.)	*-era*	*-ira*
nous (1re pers. plur.)	*-erons*	*-irons*
vous (2e pers. plur.)	*-erez*	*-irez*
ils / elles (3e pers. plur.)	*-eront*	*-iront*

Pronoms personnels	Terminaisons des verbes irréguliers en *-ir*, en *-oir* et en *-re*
je (1re pers. sing.)	*-rai*
tu (2e pers. sing.)	*-ras*
il / elle / on (3e pers. sing.)	*-ra*
nous (1re pers. plur.)	*-rons*
vous (2e pers. plur.)	*-rez*
ils / elles (3e pers. plur.)	*-ront*

Attention :

- Contrairement aux autres verbes réguliers en *-er*, les verbes *envoyer* et *renvoyer* prennent les terminaisons suivantes au futur simple : *j'enverrai, tu enverras, elle enverra, nous enverrons, vous enverrez, ils enverront.*

- Contrairement aux autres verbes irréguliers en *-ir*, les verbes *cueillir, accueillir* et *recueillir* prennent les mêmes terminaisons que celles des verbes en *-er* au futur simple : *je cueillerai, tu cueilleras, il cueillera, nous cueillerons, vous cueillerez, elles cueilleront.*

2.6 Le futur proche

A On emploie le futur proche pour décrire une action ou un fait qui est sur le point de se produire : *Je vais partir dans cinq minutes.*

B Le futur proche est composé du verbe *aller* à l'indicatif présent et de l'infinitif du verbe.

Ex. : Je **vais** **téléphoner** à Philippe tout à l'heure.

verbe *aller* à l'indicatif présent   infinitif du verbe téléphoner

C Pour conjuguer correctement les verbes au futur proche, tu dois connaître :

- la conjugaison du verbe *aller* à l'indicatif présent (voir le tableau 29, pages 104 et 105) ;

- l'infinitif du verbe (voir « 1. Le mode infinitif : l'infinitif présent », page 32).

2.7 Le conditionnel présent

A On emploie le conditionnel présent pour :

- décrire une action ou un fait qui pourrait se réaliser si une condition était remplie ;

Ex. : Vous **pourriez** voter si vous aviez 18 ans.
Le fait de pouvoir voter ne peut se réaliser que **si** l'on a au moins 18 ans.

Dans ce cas, le verbe qui suit le mot *si* (celui qui exprime la condition à remplir) est à l'imparfait (voir « 2.2 L'imparfait », paragraphe B, page 34).

- exprimer un souhait;

   Ex.: Je **voudrais** devenir un athlète olympique.

- faire une demande polie.

   Ex.: **Sauriez**-vous où se trouve le parc Lalancette?

B Attention, le radical de certains verbes change beaucoup au conditionnel présent.

   Ex.: valoir → je vaudrais; avoir → elle aurait; faire → tu ferais.

C Voici les terminaisons des verbes réguliers et des verbes irréguliers au conditionnel présent.

Pronoms personnels	Terminaisons des verbes réguliers	
	en -*er*	en -*ir*
je (1re pers. sing.)	-*erais*	-*irais*
tu (2e pers. sing.)	-*erais*	-*irais*
il / elle / on (3e pers. sing.)	-*erait*	-*irait*
nous (1re pers. plur.)	-*erions*	-*irions*
vous (2e pers. plur.)	-*eriez*	-*iriez*
ils / elles (3e pers. plur.)	-*eraient*	-*iraient*

Pronoms personnels	Terminaisons des verbes irréguliers en -*ir*, en -*oir* et en -*re*
je (1re pers. sing.)	-*rais*
tu (2e pers. sing.)	-*rais*
il / elle / on (3e pers. sing.)	-*rait*
nous (1re pers. plur.)	-*rions*
vous (2e pers. plur.)	-*riez*
ils / elles (3e pers. plur.)	-*raient*

Attention:

- Contrairement aux autres verbes réguliers en *-er*, les verbes *envoyer* et *renvoyer* prennent les terminaisons suivantes au conditionnel présent : *j'enverrais, tu enverrais, elle enverrait, nous enverrions, vous enverriez, ils enverraient.*

- Contrairement aux autres verbes irréguliers en *-ir*, les verbes *cueillir, accueillir* et *recueillir* prennent les mêmes terminaisons que celles des verbes en *-er* au conditionnel présent : *je cueillerais, tu cueillerais, il cueillerait, nous cueillerions, vous cueilleriez, elles cueilleraient.*

3. Le mode subjonctif : le subjonctif présent

Ⓐ On emploie le subjonctif présent pour exprimer :

- un souhait ;

    Ex. : Je souhaite qu'il **fasse** beau cette fin de semaine.

- une obligation ;

    Ex. : Il faut que tu **viennes** avec nous.

- un doute ;

    Ex. : Tu doutes qu'il **dise** la vérité.

- une crainte ;

    Ex. : Vous craignez que je **sois** malade.

Ⓑ Le verbe au subjonctif présent est toujours précédé de *que* ou *qu'*.

   Ex. : Nous souhaitons **que** le vent faiblisse.
   Elle souhaite **qu'**il revienne.

Ⓒ Dans la phrase, on emploie souvent un verbe au subjonctif présent après les expressions suivantes : *il faut que, il est possible que, aimer que, demander que, douter que, détester que, désirer que, vouloir que*, etc.

D Attention, le radical de certains verbes change beaucoup au subjonctif présent.

Ex. : vouloir → que tu veuilles ;

savoir → qu'il sache ;

tenir → que je tienne.

E Voici les terminaisons des verbes réguliers et des verbes irréguliers au subjonctif présent.

Pronoms personnels	Terminaisons des verbes réguliers et irréguliers
je (1re pers. sing.)	*-e*
tu (2e pers. sing.)	*-es*
il / elle / on (3e pers. sing.)	*-e*
nous (1re pers. plur.)	*-ions*
vous (2e pers. plur.)	*-iez*
ils / elles (3e pers. plur.)	*-ent*

F Attention, les verbes *être* et *avoir* ont des terminaisons particulières au subjonctif présent.

Pronoms personnels	*être*	*avoir*
je (1re pers. sing.)	*sois*	*aie*
tu (2e pers. sing.)	*sois*	*aies*
il / elle / on (3e pers. sing.)	*soit*	*ait*
nous (1re pers. plur.)	*soyons*	*ayons*
vous (2e pers. plur.)	*soyez*	*ayez*
ils / elles (3e pers. plur.)	*soient*	*aient*

4. Le mode impératif : l'impératif présent

A On emploie l'impératif présent pour exprimer :

- une obligation ou un ordre ;

  Ex. : **Finissez** votre repas.

- un conseil ;

  Ex. : **Lisons** les instructions.

- une demande ou un souhait.

  Ex. : **Viens** m'aider, s'il te plaît.

B L'impératif présent se conjugue sans pronom sujet.

Ex. : **Partons** sans faire de bruit.

  Prenez votre cahier.

C L'impératif présent se conjugue à trois personnes seulement : la 2e personne du singulier, la 1re personne du pluriel et la 2e personne du pluriel.

Personne et nombre	Exemple : le verbe *chanter*
2e personne du singulier	chant**e**
1re personne du pluriel	chant**ons**
2e personne du pluriel	chant**ez**

D Attention, lorsque le verbe à l'impératif présent est suivi d'un pronom comme *en*, *y*, *lui*, *nous*, *moi*, etc., on les relie par un trait d'union.

Ex. : Donne-moi la main.

  Goûtez-y encore.

De plus, les verbes qui se terminent par *-e* à la 2e personne du singulier de l'impératif prennent un *-s* s'ils sont suivis des pronoms *-en* ou *-y*.

Ex. : Mang**e** la moitié de ce biscuit. Mang**es**-en la moitié.

  Pens**e** à ta présentation. Pens**es**-y.

E Voici les terminaisons des verbes réguliers et des verbes irréguliers à l'impératif présent.

Personne et nombre	Terminaisons des verbes réguliers	
	en -er	en -ir
2ᵉ pers. sing.	-e	-is
1ʳᵉ pers. plur.	-ons	-ons
2ᵉ pers. plur.	-ez	-ez

Personne et nombre	Terminaisons des verbes irréguliers en -ir, en -oir et en -re
2ᵉ pers. sing.	-s / -e
1ʳᵉ pers. plur.	-ons
2ᵉ pers. plur.	-ez

Attention :
Les verbes suivants ont des terminaisons exceptionnelles à l'impératif présent :
- aller → va (2ᵉ pers. sing.) ;
- faire (et les verbes qui se conjuguent comme faire) → faites (2ᵉ pers. plur.) ;
- dire, redire → dites, redites (2ᵉ pers. plur.) ;
- vouloir → veux ou veuille (1ʳᵉ pers. sing.).

5. Le mode participe

5.1 Le participe présent

A Le verbe au participe présent ne donne pas de renseignement sur le moment où l'on parle.

B Le verbe au participe présent est invariable, c'est-à-dire qu'il s'écrit toujours de la même façon.

Ex. : Sarah a surpris un écureuil **grignotant** des cacahouètes.
Sarah a surpris des écureuils **grignotant** des cacahouètes.

C Dans la phrase, le verbe au participe présent est souvent précédé de la préposition *en*.

Ex.: **En** promenant son chien, elle a vu des chevreuils.

D Au participe présent, tous les verbes se terminent par *-ant*.

Ex.: aimer → aim**ant**; finir→ finiss**ant**; tenir → ten**ant**; avoir → ay**ant**; lire → lis**ant**.

E Il ne faut pas confondre le participe présent avec un adjectif en *-ant*. Pour identifier le participe présent, tu peux l'encadrer par *ne... pas* ou *n'... pas*.

Ex.: Il a répondu aux questions en hésitant.

→ Il a répondu aux questions en **n'**hésitant **pas**.

Hésitant est le participe présent du verbe *hésiter*.

Ses propos sont **hésitants**.

→ Ses propos sont ~~ne~~ hésitants ~~pas~~.

On ne peut pas encadrer le mot *hésitants* par *ne... pas*, il s'agit donc d'un adjectif.

5.2 Le participe passé

A Le participe passé peut varier en genre (masculin ou féminin) et en nombre (singulier ou pluriel).

Ex.: Ils sont sort**is** de l'école à 16 heures.

participe passé
masculin pluriel

B Voici les terminaisons des verbes réguliers et irréguliers au participe passé.

Genre et nombre	Terminaisons des verbes réguliers		Terminaisons des verbes irréguliers en *-ir*, en *-oir* et en *-re*			
	en *-er*	en *-ir*				
masculin singulier	*-é*	*-i*	*-s*	*-u*	*-i*	*-t*
féminin singulier	*-ée*	*-ie*	*-se*	*-ue*	*-ie*	*-te*
masculin pluriel	*-és*	*-is*	*-s*	*-us*	*-is*	*-ts*
féminin pluriel	*-ées*	*-ies*	*-ses*	*-ues*	*-ies*	*-tes*

Attention :

Les verbes irréguliers *aller* et *naître* (*naitre*) ont un participe passé en -*é*
comme les verbes réguliers en -*er* :
- allé / allée / allés / allées ;
- né / née / nés / nées.

C Le plus souvent, le participe passé est employé avec l'auxiliaire *avoir* ou *être*
pour former les temps composés des verbes.

Ex. : Vous avez **réparé** vos vélos.

Participe passé du verbe *réparer* employé avec l'auxiliaire *avoir* pour former un temps composé :
ici, le passé composé.

Elles sont **allées** au cinéma.

Participe passé du verbe *aller* employé avec l'auxiliaire *être* pour former un temps composé :
ici, le passé composé.

● **Accord du participe passé employé avec l'auxiliaire *être* dans les temps composés :**

Le participe passé s'accorde **toujours** en genre et en nombre avec son sujet.

Ex. : Umberto, Robert et David sont all**és** voir un spectacle.

        sujet masculin pluriel   participe passé
                                 masculin pluriel

Attention :

La règle d'accord des participes passés des verbes pronominaux sera abordée
à l'école secondaire.

● **Accord du participe passé employé avec l'auxiliaire *avoir* dans les temps composés :**

- Le participe passé s'accorde en genre et en nombre avec son complément
  direct (CD) s'il est placé **avant** le verbe.

Ex. : Ses légumes, Marco **les** a mang**és**.

                CD masculin pluriel   participe passé
                placé avant le verbe   masculin pluriel

- Lorsque le complément direct n'est pas placé avant le verbe ou lorsqu'il est absent, le participe passé reste **invariable**.

Ex.: Marco a mang**é** ses légumes.

       participe passé   CD masculin pluriel
        invariable   placé après le verbe

    Marco a mang**é**.

      participe passé
      invariable

D Le participe passé peut également être employé seul, comme adjectif. Dans ce cas, il s'accorde **toujours** en genre et en nombre avec le nom ou le pronom avec lequel il est en relation.

Ex.: Cette piscine semble bien entretenu**e**.

        nom   participe passé
     féminin singulier   féminin singulier

    Les photographies   pris**es**   par Michel m'impressionnent.

         nom   participe passé
      féminin pluriel   féminin pluriel

Les tableaux de conjugaison

INDICATIF

Présent
je	suis
tu	es
il	est
nous	sommes
vous	êtes
ils	sont

Passé composé
j'	ai	été
tu	as	été
il	a	été
nous	avons	été
vous	avez	été
ils	ont	été

Imparfait
j'	étais
tu	étais
il	était
nous	étions
vous	étiez
ils	étaient

Plus-que-parfait
j'	avais	été
tu	avais	été
il	avait	été
nous	avions	été
vous	aviez	été
ils	avaient	été

Passé simple
je	fus
tu	fus
il	fut
nous	fûmes
vous	fûtes
ils	furent

Passé antérieur
j'	eus	été
tu	eus	été
il	eut	été
nous	eûmes	été
vous	eûtes	été
ils	eurent	été

Futur simple
je	serai
tu	seras
il	sera
nous	serons
vous	serez
ils	seront

Futur antérieur
j'	aurai	été
tu	auras	été
il	aura	été
nous	aurons	été
vous	aurez	été
ils	auront	été

Conditionnel présent
je	serais
tu	serais
il	serait
nous	serions
vous	seriez
ils	seraient

Conditionnel passé
j'	aurais	été
tu	aurais	été
il	aurait	été
nous	aurions	été
vous	auriez	été
ils	auraient	été

SUBJONCTIF

Présent			Passé			
que	je	sois	que	j'	aie	été
que	tu	sois	que	tu	aies	été
qu'	il	soit	qu'	il	ait	été
que	nous	soyons	que	nous	ayons	été
que	vous	soyez	que	vous	ayez	été
qu'	ils	soient	qu'	ils	aient	été

IMPÉRATIF

Présent

sois
soyons
soyez

INFINITIF

Présent

être

PARTICIPE

Le participe passé *été* est invariable.

Présent

étant

Passé

- été

Futur proche

je	vais	être
tu	vas	être
il	va	être
nous	allons	être
vous	allez	être
ils	vont	être

⊙ *Être* employé avec un adjectif est un verbe attributif : *Je suis content.*

  verbe *être*

⊙ *Être* est employé comme auxiliaire pour former les temps composés de certains verbes :
  Nous sommes allés au cinéma.

  auxiliaire   participe passé du verbe *aller*

⊙ *Être* est employé comme auxiliaire pour former les temps composés de tous les verbes
  pronominaux : *Vous vous êtes lavés ce matin.*

  auxiliaire   participe passé du verbe *se laver*

⊙ Voir le tableau 5 pour l'emploi de l'auxiliaire *être* dans la phrase passive.

INDICATIF

Présent			Passé composé			
j′	ai		j′	ai	eu	
tu	as		tu	as	eu	
elle	a		elle	a	eu	
nous	avons		nous	avons	eu	
vous	avez		vous	avez	eu	
elles	ont		elles	ont	eu	

Imparfait			Plus-que-parfait			
j′	avais		j′	avais	eu	
tu	avais		tu	avais	eu	
elle	avait		elle	avait	eu	
nous	avions		nous	avions	eu	
vous	aviez		vous	aviez	eu	
elles	avaient		elles	avaient	eu	

Passé simple			Passé antérieur			
j′	eus		j′	eus	eu	
tu	eus		tu	eus	eu	
elle	eut		elle	eut	eu	
nous	eûmes		nous	eûmes	eu	
vous	eûtes		vous	eûtes	eu	
elles	eurent		elles	eurent	eu	

Futur simple			Futur antérieur			
j′	aurai		j′	aurai	eu	
tu	auras		tu	auras	eu	
elle	aura		elle	aura	eu	
nous	aurons		nous	aurons	eu	
vous	aurez		vous	aurez	eu	
elles	auront		elles	auront	eu	

Conditionnel présent			Conditionnel passé			
j′	aurais		j′	aurais	eu	
tu	aurais		tu	aurais	eu	
elle	aurait		elle	aurait	eu	
nous	aurions		nous	aurions	eu	
vous	auriez		vous	auriez	eu	
elles	auraient		elles	auraient	eu	

SUBJONCTIF

Présent			Passé			
que	j'	aie	que	j'	aie	eu
que	tu	aies	que	tu	aies	eu
qu'	elle	ait	qu'	elle	ait	eu
que	nous	ayons	que	nous	ayons	eu
que	vous	ayez	que	vous	ayez	eu
qu'	elles	aient	qu'	elles	aient	eu

IMPÉRATIF

Présent
aie
ayons
ayez

INFINITIF

Présent
avoir

PARTICIPE

Présent
ayant

Passé
eu / eue
eus / eues

Futur proche

je	vais	avoir
tu	vas	avoir
elle	va	avoir
nous	allons	avoir
vous	allez	avoir
elles	vont	avoir

. . . .

◉ *Avoir*, lorsqu'il n'est pas employé avec un participe passé, est un verbe : *J'ai un beau livre.*

　　　　　　　　　　　　　　　　　　　　　　　　　verbe *avoir*

◉ *Avoir* est employé comme auxiliaire pour former les temps composés de la plupart des verbes :
Nous avons pêché un gros poisson.
　　auxiliaire　participe passé du verbe *pêcher*

filmer
| verbes qui forment leurs temps composés
avec l'auxiliaire *avoir*

INDICATIF

Présent		Passé composé		
je	filme	j'	ai	filmé
tu	filmes	tu	as	filmé
il	filme	il	a	filmé
nous	filmons	nous	avons	filmé
vous	filmez	vous	avez	filmé
ils	filment	ils	ont	filmé

Imparfait		Plus-que-parfait		
je	filmais	j'	avais	filmé
tu	filmais	tu	avais	filmé
il	filmait	il	avait	filmé
nous	filmions	nous	avions	filmé
vous	filmiez	vous	aviez	filmé
ils	filmaient	ils	avaient	filmé

Passé simple		Passé antérieur		
je	filmai	j'	eus	filmé
tu	filmas	tu	eus	filmé
il	filma	il	eut	filmé
nous	filmâmes	nous	eûmes	filmé
vous	filmâtes	vous	eûtes	filmé
ils	filmèrent	ils	eurent	filmé

Futur simple		Futur antérieur		
je	filmerai	j'	aurai	filmé
tu	filmeras	tu	auras	filmé
il	filmera	il	aura	filmé
nous	filmerons	nous	aurons	filmé
vous	filmerez	vous	aurez	filmé
ils	filmeront	ils	auront	filmé

Conditionnel présent		Conditionnel passé		
je	filmerais	j'	aurais	filmé
tu	filmerais	tu	aurais	filmé
il	filmerait	il	aurait	filmé
nous	filmerions	nous	aurions	filmé
vous	filmeriez	vous	auriez	filmé
ils	filmeraient	ils	auraient	filmé

SUBJONCTIF

Présent			Passé			
que	je	filme	que	j'	aie	filmé
que	tu	filmes	que	tu	aies	filmé
qu'	il	filme	qu'	il	ait	filmé
que	nous	filmions	que	nous	ayons	filmé
que	vous	filmiez	que	vous	ayez	filmé
qu'	ils	filment	qu'	ils	aient	filmé

IMPÉRATIF

Présent
filme
filmons
filmez

INFINITIF

Présent
filmer

PARTICIPE

Présent
filmant

Passé
filmé / filmée
filmés / filmées

Futur proche

je	vais	filmer
tu	vas	filmer
il	va	filmer
nous	allons	filmer
vous	allez	filmer
ils	vont	filmer

• •

⊙ Souviens-toi : Comme le verbe *filmer*, la plupart des verbes forment leurs temps composés avec l'auxiliaire *avoir*.

⊙ Règle d'accord → Le participe passé s'accorde en genre et en nombre avec le complément direct (CD), seulement quand ce complément est placé avant le verbe :

Tu as filmé les acteurs. Tu les as filmés.
CD

arriver
verbes qui forment leurs temps composés avec l'auxiliaire être

Présent		**Passé composé**		
j'	arrive	je	suis	arrivé / ée
tu	arrives	tu	es	arrivé / ée
il / elle	arrive	il / elle	est	arrivé / ée
nous	arrivons	nous	sommes	arrivés / ées
vous	arrivez	vous	êtes	arrivés / ées
ils / elles	arrivent	ils / elles	sont	arrivés / ées

Imparfait		**Plus-que-parfait**		
j'	arrivais	j'	étais	arrivé / ée
tu	arrivais	tu	étais	arrivé / ée
il / elle	arrivait	il / elle	était	arrivé / ée
nous	arrivions	nous	étions	arrivés / ées
vous	arriviez	vous	étiez	arrivés / ées
ils / elles	arrivaient	ils / elles	étaient	arrivés / ées

Passé simple		**Passé antérieur**		
j'	arrivai	je	fus	arrivé / ée
tu	arrivas	tu	fus	arrivé / ée
il / elle	arriva	il / elle	fut	arrivé / ée
nous	arrivâmes	nous	fûmes	arrivés / ées
vous	arrivâtes	vous	fûtes	arrivés / ées
ils / elles	arrivèrent	ils / elles	furent	arrivés / ées

Futur simple		**Futur antérieur**		
j'	arriverai	je	serai	arrivé / ée
tu	arriveras	tu	seras	arrivé / ée
il / elle	arrivera	il / elle	sera	arrivé / ée
nous	arriverons	nous	serons	arrivés / ées
vous	arriverez	vous	serez	arrivés / ées
ils / elles	arriveront	ils / elles	seront	arrivés / ées

Conditionnel présent		**Conditionnel passé**		
j'	arriverais	je	serais	arrivé / ée
tu	arriverais	tu	serais	arrivé / ée
il / elle	arriverait	il / elle	serait	arrivé / ée
nous	arriverions	nous	serions	arrivés / ées
vous	arriveriez	vous	seriez	arrivés / ées
ils / elles	arriveraient	ils / elles	seraient	arrivés / ées

SUBJONCTIF

Présent		Passé			
que j'	arrive	que je	sois	arrivé / ée	
que tu	arrives	que tu	sois	arrivé / ée	
qu' il / elle	arrive	qu' il / elle	soit	arrivé / ée	
que nous	arrivions	que nous	soyons	arrivés / ées	
que vous	arriviez	que vous	soyez	arrivés / ées	
qu' ils / elles	arrivent	qu' ils / elles	soient	arrivés / ées	

IMPÉRATIF

Présent
arrive
arrivons
arrivez

INFINITIF

Présent
arriver

PARTICIPE

Présent
arrivant

Passé
arrivé / arrivée
arrivés / arrivées

Futur proche

je	vais	arriver
tu	vas	arriver
il / elle	va	arriver
nous	allons	arriver
vous	allez	arriver
ils / elles	vont	arriver

⊙ Souviens-toi : Peu de verbes forment leurs temps composés avec l'auxiliaire *être*. Voici les principaux : *aller, arriver, décéder, devenir, intervenir, mourir, naître (naitre), partir, parvenir, provenir, redevenir, repartir, rester, retomber, revenir, survenir, tomber, venir.*

⊙ Règle d'accord → Le participe passé s'accorde en genre et en nombre avec le sujet :

Ils sont arrivés en retard.
sujet

INDICATIF

Présent

je	suis	filmé / ée
tu	es	filmé / ée
il / elle	est	filmé / ée
nous	sommes	filmés / ées
vous	êtes	filmés / ées
ils / elles	sont	filmés / ées

Passé composé

j'	ai	été filmé / ée
tu	as	été filmé / ée
il / elle	a	été filmé / ée
nous	avons	été filmés / ées
vous	avez	été filmés / ées
ils / elles	ont	été filmés / ées

Imparfait

j'	étais	filmé / ée
tu	étais	filmé / ée
il / elle	était	filmé / ée
nous	étions	filmés / ées
vous	étiez	filmés / ées
ils / elles	étaient	filmés / ées

Plus-que-parfait

j'	avais	été filmé / ée
tu	avais	été filmé / ée
il / elle	avait	été filmé / ée
nous	avions	été filmés / ées
vous	aviez	été filmés / ées
ils / elles	avaient	été filmés / ées

Passé simple

je	fus	filmé / ée
tu	fus	filmé / ée
il / elle	fut	filmé / ée
nous	fûmes	filmés / ées
vous	fûtes	filmés / ées
ils / elles	furent	filmés / ées

Passé antérieur

j'	eus	été filmé / ée
tu	eus	été filmé / ée
il / elle	eut	été filmé / ée
nous	eûmes	été filmés / ées
vous	eûtes	été filmés / ées
ils / elles	eurent	été filmés / ées

Futur simple

je	serai	filmé / ée
tu	seras	filmé / ée
il / elle	sera	filmé / ée
nous	serons	filmés / ées
vous	serez	filmés / ées
ils / elles	seront	filmés / ées

Futur antérieur

j'	aurai	été filmé / ée
tu	auras	été filmé / ée
il / elle	aura	été filmé / ée
nous	aurons	été filmés / ées
vous	aurez	été filmés / ées
ils / elles	auront	été filmés / ées

Conditionnel présent

je	serais	filmé / ée
tu	serais	filmé / ée
il / elle	serait	filmé / ée
nous	serions	filmés / ées
vous	seriez	filmés / ées
ils / elles	seraient	filmés / ées

Conditionnel passé

j'	aurais	été filmé / ée
tu	aurais	été filmé / ée
il / elle	aurait	été filmé / ée
nous	aurions	été filmés / ées
vous	auriez	été filmés / ées
ils / elles	auraient	été filmés / ées

SUBJONCTIF

Présent				**Passé**			
que	je	sois	filmé / ée	que	j'	aie	été filmé / ée
que	tu	sois	filmé / ée	que	tu	aies	été filmé / ée
qu'	il / elle	soit	filmé / ée	qu'	il / elle	ait	été filmé / ée
que	nous	soyons	filmés / ées	que	nous	ayons	été filmés / ées
que	vous	soyez	filmés / ées	que	vous	ayez	été filmés / ées
qu'	ils / elles	soient	filmés / ées	qu'	ils / elles	aient	été filmés / ées

IMPÉRATIF

Présent

sois	filmé / ée
soyons	filmés / ées
soyez	filmés / ées

INFINITIF

Présent

être filmé / être filmée
être filmés / être filmées

PARTICIPE

Présent

étant filmé / étant filmée
étant filmés / étant filmées

Passé

été filmé / été filmée
été filmés / été filmées

Futur proche

je	vais	être filmé / ée
tu	vas	être filmé / ée
il / elle	va	être filmé / ée
nous	allons	être filmés / ées
vous	allez	être filmés / ées
ils / elles	vont	être filmés / ées

• •

⊙ Dans la phrase passive, les verbes forment toujours leurs temps simples avec l'auxiliaire *être*, et leurs temps composés avec l'auxiliaire *avoir* et l'auxiliaire *être* (*été*).

⊙ Le participe passé s'accorde toujours en genre et en nombre avec le sujet :

Elle est filmée par ses grands-parents.
sujet

Ce matin, les tables ont été nettoyées par le concierge.
        sujet

⊙ Pour tout savoir sur la forme passive, voir « 2. Reconnaître le verbe à la forme passive dans la phrase », page 24.

INDICATIF

Présent
je	me	lave
tu	te	laves
il / elle	se	lave
nous	nous	lavons
vous	vous	lavez
ils / elles	se	lavent

Passé composé
je	me	suis	lavé / ée
tu	t'	es	lavé / ée
il / elle	s'	est	lavé / ée
nous	nous	sommes	lavés / ées
vous	vous	êtes	lavés / ées
ils / elles	se	sont	lavés / ées

Imparfait
je	me	lavais
tu	te	lavais
il / elle	se	lavait
nous	nous	lavions
vous	vous	laviez
ils / elles	se	lavaient

Plus-que-parfait
je	m'	étais	lavé / ée
tu	t'	étais	lavé / ée
il / elle	s'	était	lavé / ée
nous	nous	étions	lavés / ées
vous	vous	étiez	lavés / ées
ils / elles	s'	étaient	lavés / ées

Passé simple
je	me	lavai
tu	te	lavas
il / elle	se	lava
nous	nous	lavâmes
vous	vous	lavâtes
ils / elles	se	lavèrent

Passé antérieur
je	me	fus	lavé / ée
tu	te	fus	lavé / ée
il / elle	se	fut	lavé / ée
nous	nous	fûmes	lavés / ées
vous	vous	fûtes	lavés / ées
ils / elles	se	furent	lavés / ées

Futur simple
je	me	laverai
tu	te	laveras
il / elle	se	lavera
nous	nous	laverons
vous	vous	laverez
ils / elles	se	laveront

Futur antérieur
je	me	serai	lavé / ée
tu	te	seras	lavé / ée
il / elle	se	sera	lavé / ée
nous	nous	serons	lavés / ées
vous	vous	serez	lavés / ées
ils / elles	se	seront	lavés / ées

Conditionnel présent
je	me	laverais
tu	te	laverais
il / elle	se	laverait
nous	nous	laverions
vous	vous	laveriez
ils / elles	se	laveraient

Conditionnel passé
je	me	serais	lavé / ée
tu	te	serais	lavé / ée
il / elle	se	serait	lavé / ée
nous	nous	serions	lavés / ées
vous	vous	seriez	lavés / ées
ils / elles	se	seraient	lavés / ées

Présent

que	je	me	lav**e**
que	tu	te	lav**es**
qu'	il / elle	se	lav**e**
que	nous	nous	lav**ions**
que	vous	vous	lav**iez**
qu'	ils / elles	se	lav**ent**

Passé

que	je	me	sois	lavé / ée
que	tu	te	sois	lavé / ée
qu'	il / elle	se	soit	lavé / ée
que	nous	nous	soyons	lavés / ées
que	vous	vous	soyez	lavés / ées
qu'	ils / elles	se	soient	lavés / ées

IMPÉRATIF

Présent

lav**e**-toi
lav**ons**-nous
lav**ez**-vous

INFINITIF

Présent

se lav**er**

PARTICIPE

Présent

se lav**ant**

Passé

lav**é** / lav**ée**
lav**és** / lav**ées**

Futur proche

je	vais	me	laver
tu	vas	te	laver
il / elle	va	se	laver
nous	allons	nous	laver
vous	allez	vous	laver
ils / elles	vont	se	laver

⊙ Comme le verbe *se laver*, les verbes pronominaux commencent toujours par *se* ou *s'* à l'infinitif.

⊙ Les verbes pronominaux forment toujours leurs temps composés avec l'auxiliaire *être*. La règle d'accord des participes passés des verbes pronominaux sera abordée à l'école secondaire.

INDICATIF

Présent		Passé composé		
il	neig**e**	il	a	neigé

Imparfait		Plus-que-parfait		
il	neige**ait**	il	avait	neigé

Passé simple		Passé antérieur		
il	neige**a**	il	eut	neigé

Futur simple		Futur antérieur		
il	neig**era**	il	aura	neigé

Conditionnel présent		Conditionnel passé		
il	neig**erait**	il	aurait	neigé

SUBJONCTIF

Présent

· · ·

qu' il neig**e**

· · ·

Passé

· ·

qu' il ait neigé

· ·

IMPÉRATIF

Présent

·

·

·

INFINITIF

Présent
neig**er**

PARTICIPE

Présent
neige**ant**

Passé
· neig**é**

Le participe passé *neigé*
est invariable.

Futur proche

·

·

il va neiger

·

·

·

⊙ Comme le verbe *neiger*, les verbes impersonnels se conjuguent seulement avec *il*.
Ce sujet *il* ne remplace aucun nom : il est vide de sens et on le dit « impersonnel ».

⊙ Le plus souvent, les verbes impersonnels servent à décrire le temps qu'il fait : *il vente*,
il pleut, *il neige*, *il grêle*… Cependant, il existe aussi d'autres verbes impersonnels,
comme *falloir* (voir le tableau 50) et *s'agir* : *Il faut un bol de nourriture pour ce chien
affamé. Il s'agit de la personne la plus gentille de la classe.*

⊙ Le participe passé des verbes impersonnels est toujours invariable.

INDICATIF

Présent			Passé composé		
j'	aim**e**		j'	ai	aimé
tu	aim**es**		tu	as	aimé
elle	aim**e**		elle	a	aimé
nous	aim**ons**		nous	avons	aimé
vous	aim**ez**		vous	avez	aimé
elles	aim**ent**		elles	ont	aimé

Imparfait			Plus-que-parfait		
j'	aim**ais**		j'	avais	aimé
tu	aim**ais**		tu	avais	aimé
elle	aim**ait**		elle	avait	aimé
nous	aim**ions**		nous	avions	aimé
vous	aim**iez**		vous	aviez	aimé
elles	aim**aient**		elles	avaient	aimé

Passé simple			Passé antérieur		
j'	aim**ai**		j'	eus	aimé
tu	aim**as**		tu	eus	aimé
elle	aim**a**		elle	eut	aimé
nous	aim**âmes**		nous	eûmes	aimé
vous	aim**âtes**		vous	eûtes	aimé
elles	aim**èrent**		elles	eurent	aimé

Futur simple			Futur antérieur		
j'	aim**erai**		j'	aurai	aimé
tu	aim**eras**		tu	auras	aimé
elle	aim**era**		elle	aura	aimé
nous	aim**erons**		nous	aurons	aimé
vous	aim**erez**		vous	aurez	aimé
elles	aim**eront**		elles	auront	aimé

Conditionnel présent			Conditionnel passé		
j'	aim**erais**		j'	aurais	aimé
tu	aim**erais**		tu	aurais	aimé
elle	aim**erait**		elle	aurait	aimé
nous	aim**erions**		nous	aurions	aimé
vous	aim**eriez**		vous	auriez	aimé
elles	aim**eraient**		elles	auraient	aimé

SUBJONCTIF

Présent			Passé			
que	j'	aim**e**	que	j'	aie	aimé
que	tu	aim**es**	que	tu	aies	aimé
qu'	elle	aim**e**	qu'	elle	ait	aimé
que	nous	aim**ions**	que	nous	ayons	aimé
que	vous	aim**iez**	que	vous	ayez	aimé
qu'	elles	aim**ent**	qu'	elles	aient	aimé

IMPÉRATIF

Présent
aim**e**
aim**ons**
aim**ez**

INFINITIF

Présent
aim**er**

PARTICIPE

Présent
aim**ant**

Passé
aim**é** / aim**ée**
aim**és** / aim**ées**

Futur proche

je	vais	aimer
tu	vas	aimer
elle	va	aimer
nous	allons	aimer
vous	allez	aimer
elles	vont	aimer

- Un très grand nombre de verbes se conjuguent comme *aimer*. Les plus courants sont : *chercher, demander, donner, laisser, parler, penser, porter, regarder, sembler* et *trouver*.

- Tous les verbes en *-er* ont les mêmes terminaisons que le verbe *aimer*, sauf le verbe *envoyer* au futur simple et au conditionnel présent (voir tableau 26), et le verbe *aller* (voir tableau 29).

- À la 2e personne du singulier du présent de l'impératif, les verbes en *-er* prennent un *-s* devant les pronoms *-en* et *-y* : *Aime tes amis. Aimes-en plusieurs.*

- Les verbes en -*cer* prennent une cédille sous le c (ç) devant la voyelle *o*.

- Les verbes en -*cer* prennent une cédille sous le c (ç) devant la voyelle *a*.

- Les verbes en -*cer* prennent une cédille sous le c (ç) devant la voyelle *a*.

INDICATIF

Présent		Passé composé		
je	place	j'	ai	placé
tu	places	tu	as	placé
il	place	il	a	placé
nous	plaçons	nous	avons	placé
vous	placez	vous	avez	placé
ils	placent	ils	ont	placé

Imparfait		Plus-que-parfait		
je	plaçais	j'	avais	placé
tu	plaçais	tu	avais	placé
il	plaçait	il	avait	placé
nous	placions	nous	avions	placé
vous	placiez	vous	aviez	placé
ils	plaçaient	ils	avaient	placé

Passé simple		Passé antérieur		
je	plaçai	j'	eus	placé
tu	plaças	tu	eus	placé
il	plaça	il	eut	placé
nous	plaçâmes	nous	eûmes	placé
vous	plaçâtes	vous	eûtes	placé
ils	placèrent	ils	eurent	placé

Futur simple		Futur antérieur		
je	placerai	j'	aurai	placé
tu	placeras	tu	auras	placé
il	placera	il	aura	placé
nous	placerons	nous	aurons	placé
vous	placerez	vous	aurez	placé
ils	placeront	ils	auront	placé

Conditionnel présent		Conditionnel passé		
je	placerais	j'	aurais	placé
tu	placerais	tu	aurais	placé
il	placerait	il	aurait	placé
nous	placerions	nous	aurions	placé
vous	placeriez	vous	auriez	placé
ils	placeraient	ils	auraient	placé

SUBJONCTIF

Présent

que	je	plac**e**
que	tu	plac**es**
qu'	il	plac**e**
que	nous	plac**ions**
que	vous	plac**iez**
qu'	ils	plac**ent**

Passé

que	j'	aie	placé
que	tu	aies	placé
qu'	il	ait	placé
que	nous	ayons	placé
que	vous	ayez	placé
qu'	ils	aient	placé

IMPÉRATIF

Présent

Les verbes en *-cer* prennent une cédille sous le *c* (*ç*) devant la voyelle *o*.

place
• plaç**ons**
plac**ez**

INFINITIF

Présent

plac**er**

PARTICIPE

Présent

Les verbes en *-cer* prennent une cédille sous le *c* (*ç*) devant la voyelle *a*.

• plaç**ant**

Passé

plac**é** / plac**ée**
plac**és** / plac**ées**

Futur proche

je	vais	placer
tu	vas	placer
il	va	placer
nous	allons	placer
vous	allez	placer
ils	vont	placer

⊙ Les principaux verbes qui se conjuguent comme *placer* sont : annoncer, avancer, balancer, commencer, défoncer, dénoncer, déplacer, effacer, enfoncer, exercer, forcer, grincer, influencer, lancer, menacer, percer, prononcer, remplacer, renforcer, renoncer, rincer et tracer.

⊙ À la 2ᵉ personne du singulier du présent de l'impératif, les verbes en *-er* prennent un *-s* devant les pronoms *-en* et *-y* : Place trois boîtes ici. Places-en trois ici.

INDICATIF

Présent

je	mang**e**
tu	mang**es**
elle	mang**e**
nous	mang**eons**
vous	mang**ez**
elles	mang**ent**

Passé composé

j'	ai	mangé
tu	as	mangé
elle	a	mangé
nous	avons	mangé
vous	avez	mangé
elles	ont	mangé

● Les verbes en -*ger* s'écrivent *ge* devant la voyelle *o*.

Imparfait

je	mang**eais**
tu	mang**eais**
elle	mang**eait**
nous	mang**ions**
vous	mang**iez**
elles	mang**eaient**

Plus-que-parfait

j'	avais	mangé
tu	avais	mangé
elle	avait	mangé
nous	avions	mangé
vous	aviez	mangé
elles	avaient	mangé

● Les verbes en -*ger* s'écrivent *ge* devant la voyelle *a*.

Passé simple

je	mang**eai**
tu	mang**eas**
elle	mang**ea**
nous	mang**eâmes**
vous	mang**eâtes**
elles	mang**èrent**

Passé antérieur

j'	eus	mangé
tu	eus	mangé
elle	eut	mangé
nous	eûmes	mangé
vous	eûtes	mangé
elles	eurent	mangé

● Les verbes en -*ger* s'écrivent *ge* devant la voyelle *a*.

Futur simple

je	mang**erai**
tu	mang**eras**
elle	mang**era**
nous	mang**erons**
vous	mang**erez**
elles	mang**eront**

Futur antérieur

j'	aurai	mangé
tu	auras	mangé
elle	aura	mangé
nous	aurons	mangé
vous	aurez	mangé
elles	auront	mangé

Conditionnel présent

je	mang**erais**
tu	mang**erais**
elle	mang**erait**
nous	mang**erions**
vous	mang**eriez**
elles	mang**eraient**

Conditionnel passé

j'	aurais	mangé
tu	aurais	mangé
elle	aurait	mangé
nous	aurions	mangé
vous	auriez	mangé
elles	auraient	mangé

SUBJONCTIF

Présent

que	je	mang**e**
que	tu	mang**es**
qu'	elle	mang**e**
que	nous	mang**ions**
que	vous	mang**iez**
qu'	elles	mang**ent**

Passé

que	j'	aie	mangé
que	tu	aies	mangé
qu'	elle	ait	mangé
que	nous	ayons	mangé
que	vous	ayez	mangé
qu'	elles	aient	mangé

IMPÉRATIF

Les verbes en -*ger* s'écrivent *ge* devant la voyelle *o*.

Présent

mang**e**
• mang**eons**
mang**ez**

INFINITIF

Présent

mang**er**

PARTICIPE

Les verbes en -*ger* s'écrivent *ge* devant la voyelle *a*.

Présent

• mang**eant**

Passé

mang**é** / mang**ée**
mang**és** / mang**ées**

Futur proche

je	vais	manger
tu	vas	manger
elle	va	manger
nous	allons	manger
vous	allez	manger
elles	vont	manger

⊙ Les principaux verbes qui se conjuguent comme *manger* sont : *allonger*, *arranger*, *bouger*, *changer*, *corriger*, *décourager*, *dégager*, *diriger*, *échanger*, *encourager*, *exiger*, *interroger*, *mélanger*, *nager*, *partager*, *protéger*, *ranger*, *rédiger*, *soulager* et *voyager*.

⊙ À la 2e personne du singulier du présent de l'impératif, les verbes en -*er* prennent un -*s* devant les pronoms -*en* et -*y* : *Mange de la laitue. Manges-en beaucoup.*

INDICATIF

Présent		Passé composé		
je	pès**e**	j'	ai	pesé
tu	pès**es**	tu	as	pesé
il	pès**e**	il	a	pesé
nous	pes**ons**	nous	avons	pesé
vous	pes**ez**	vous	avez	pesé
ils	pès**ent**	ils	ont	pesé

- Le *e* du radical devient *è* devant un *e* muet.

Imparfait		Plus-que-parfait		
je	pes**ais**	j'	avais	pesé
tu	pes**ais**	tu	avais	pesé
il	pes**ait**	il	avait	pesé
nous	pes**ions**	nous	avions	pesé
vous	pes**iez**	vous	aviez	pesé
ils	pes**aient**	ils	avaient	pesé

Passé simple		Passé antérieur		
je	pes**ai**	j'	eus	pesé
tu	pes**as**	tu	eus	pesé
il	pes**a**	il	eut	pesé
nous	pes**âmes**	nous	eûmes	pesé
vous	pes**âtes**	vous	eûtes	pesé
ils	pes**èrent**	ils	eurent	pesé

Futur simple		Futur antérieur		
je	pès**erai**	j'	aurai	pesé
tu	pès**eras**	tu	auras	pesé
il	pès**era**	il	aura	pesé
nous	pès**erons**	nous	aurons	pesé
vous	pès**erez**	vous	aurez	pesé
ils	pès**eront**	ils	auront	pesé

- Le *e* du radical devient *è* devant un *e* muet.

Conditionnel présent		Conditionnel passé		
je	pès**erais**	j'	aurais	pesé
tu	pès**erais**	tu	aurais	pesé
il	pès**erait**	il	aurait	pesé
nous	pès**erions**	nous	aurions	pesé
vous	pès**eriez**	vous	auriez	pesé
ils	pès**eraient**	ils	auraient	pesé

- Le *e* du radical devient *è* devant un *e* muet.

SUBJONCTIF

Présent

- que je **pès**e
- que tu **pès**es
- qu' il **pès**e
- que nous pes**ions**
- que vous pes**iez**
- qu' ils **pès**ent

Passé

que	j'	aie	pesé
que	tu	aies	pesé
qu'	il	ait	pesé
que	nous	ayons	pesé
que	vous	ayez	pesé
qu'	ils	aient	pesé

Le e du radical devient è devant un e muet.

IMPÉRATIF

Présent

- **pès**e
- pes**ons**
- pes**ez**

Le e du radical devient è devant un e muet.

INFINITIF

Présent

pes**er**

PARTICIPE

Présent

pes**ant**

Passé

pes**é** / pes**ée**
pes**és** / pes**ées**

Futur proche

je	vais	peser
tu	vas	peser
il	va	peser
nous	allons	peser
vous	allez	peser
ils	vont	peser

⊙ Les principaux verbes qui se conjuguent comme *peser* sont les verbes en -*emer*, comme *semer*; les verbes en -*ener*, comme *amener, se démener, emmener* et *promener*; les verbes en -*ever*, comme *achever, enlever, lever* et *soulever*.

⊙ À la 2ᵉ personne du singulier du présent de l'impératif, les verbes en -*er* prennent un -*s* devant les pronoms -*en* et -*y*: *Pèse cinq oranges. Pèses-en cinq.*

12 céder | verbes en -é + consonne + er

- Le é du radical devient è devant un e muet.

INDICATIF

Présent
- je cède
- tu cèdes
- elle cède
- nous cédons
- vous cédez
- elles cèdent

Passé composé
j' ai cédé
tu as cédé
elle a cédé
nous avons cédé
vous avez cédé
elles ont cédé

Imparfait
je cédais
tu cédais
elle cédait
nous cédions
vous cédiez
elles cédaient

Plus-que-parfait
j' avais cédé
tu avais cédé
elle avait cédé
nous avions cédé
vous aviez cédé
elles avaient cédé

Passé simple
je cédai
tu cédas
elle céda
nous cédâmes
vous cédâtes
elles cédèrent

Passé antérieur
j' eus cédé
tu eus cédé
elle eut cédé
nous eûmes cédé
vous eûtes cédé
elles eurent cédé

Futur simple
- je céderai
- tu céderas
- elle cédera
- nous céderons
- vous céderez
- elles céderont

Futur antérieur
j' aurai cédé
tu auras cédé
elle aura cédé
nous aurons cédé
vous aurez cédé
elles auront cédé

Conditionnel présent
- je céderais
- tu céderais
- elle céderait
- nous céderions
- vous céderiez
- elles céderaient

Conditionnel passé
j' aurais cédé
tu aurais cédé
elle aurait cédé
nous aurions cédé
vous auriez cédé
elles auraient cédé

NOUVELLE ORTHOGRAPHE
je cèderai
tu cèderas
elle cèdera
nous cèderons
vous cèderez
elles cèderont

je cèderais
tu cèderais
elle cèderait
nous cèderions
vous cèderiez
elles cèderaient

SUBJONCTIF

Présent
- que je **cèd**e
- que tu **cèd**es
- qu' elle **cèd**e
- que nous **céd**ions
- que vous **céd**iez
- qu' elles **cèd**ent

Passé
- que j' aie cédé
- que tu aies cédé
- qu' elle ait cédé
- que nous ayons cédé
- que vous ayez cédé
- qu' elles aient cédé

Le *é* du radical devient *è* devant un *e* muet.

IMPÉRATIF

Présent
- **cèd**e
- **céd**ons
- **céd**ez

Le *é* du radical devient *è* devant un *e* muet.

INFINITIF

Présent
céd**er**

PARTICIPE

Présent
céd**ant**

Passé
céd**é** / céd**ée**
céd**és** / céd**ées**

Futur proche

je	vais	céder
tu	vas	céder
elle	va	céder
nous	allons	céder
vous	allez	céder
elles	vont	céder

⊙ Les principaux verbes qui se conjuguent comme *céder* sont : *accéder, célébrer, compléter, dégénérer, espérer, exagérer, lécher, précéder, procéder, répéter, sécher* et *succéder*.

⊙ Traditionnellement, on conservait le *é* du radical du verbe *céder* au futur simple et au conditionnel présent, ce qui n'était pas conforme à la prononciation. En nouvelle orthographe, on change ce *é* du radical en *è* puisqu'il est devant un *e* muet. L'orthographe rectifiée est indiquée sur fond bleu en marge de la conjugaison concernée.

⊙ À la 2e personne du singulier du présent de l'impératif, les verbes en *-er* prennent un *-s* devant les pronoms *-en* et *-y* : *Cède à la curiosité. Cèdes-y.*

13   **jeter** | verbes en *-eter* qui font *-ette*

INDICATIF

Présent
- je jett**e**
- tu jett**es**
- il jett**e**
- nous jet**ons**
- vous jet**ez**
- ils jett**ent**

Passé composé

j'	ai	jeté
tu	as	jeté
il	a	jeté
nous	avons	jeté
vous	avez	jeté
ils	ont	jeté

On double le t du radical devant un e muet.

Imparfait

je	jet**ais**
tu	jet**ais**
il	jet**ait**
nous	jet**ions**
vous	jet**iez**
ils	jet**aient**

Plus-que-parfait

j'	avais	jeté
tu	avais	jeté
il	avait	jeté
nous	avions	jeté
vous	aviez	jeté
ils	avaient	jeté

Passé simple

je	jet**ai**
tu	jet**as**
il	jet**a**
nous	jet**âmes**
vous	jet**âtes**
ils	jet**èrent**

Passé antérieur

j'	eus	jeté
tu	eus	jeté
il	eut	jeté
nous	eûmes	jeté
vous	eûtes	jeté
ils	eurent	jeté

Futur simple
- je jett**erai**
- tu jett**eras**
- il jett**era**
- nous jett**erons**
- vous jett**erez**
- ils jett**eront**

Futur antérieur

j'	aurai	jeté
tu	auras	jeté
il	aura	jeté
nous	aurons	jeté
vous	aurez	jeté
ils	auront	jeté

On double le t du radical devant un e muet.

Conditionnel présent
- je jett**erais**
- tu jett**erais**
- il jett**erait**
- nous jett**erions**
- vous jett**eriez**
- ils jett**eraient**

Conditionnel passé

j'	aurais	jeté
tu	aurais	jeté
il	aurait	jeté
nous	aurions	jeté
vous	auriez	jeté
ils	auraient	jeté

On double le t du radical devant un e muet.

SUBJONCTIF

Présent
- que je **jette**
- que tu **jettes**
- qu' il **jette**
- que nous jet**ions**
- que vous jet**iez**
- qu' ils **jettent**

Passé

que j' aie jeté
que tu aies jeté
qu' il ait jeté
que nous ayons jeté
que vous ayez jeté
qu' ils aient jeté

On double le *t* du radical devant un *e* muet.

IMPÉRATIF

Présent
- jett**e**
- jet**ons**
- jet**ez**

On double le *t* du radical devant un *e* muet.

INFINITIF

Présent
jet**er**

PARTICIPE

Présent
jet**ant**

Passé
jet**é** / jet**ée**
jet**és** / jet**ées**

Futur proche

je vais jeter
tu vas jeter
il va jeter
nous allons jeter
vous allez jeter
ils vont jeter

⊚ Les principaux verbes qui se conjuguent comme *jeter* sont : *projeter* et *rejeter*.

⊚ À la 2ᵉ personne du singulier du présent de l'impératif, les verbes en *-er* prennent un *-s* devant les pronoms *-en* et *-y* : *Jette des confettis sur les mariés. Jettes-en sur les mariés.*

INDICATIF

<table>
<tr><td colspan="2">Présent</td><td colspan="3">Passé composé</td></tr>
<tr><td>• j'</td><td>achète</td><td>j'</td><td>ai</td><td>acheté</td></tr>
<tr><td>• tu</td><td>achètes</td><td>tu</td><td>as</td><td>acheté</td></tr>
<tr><td>• elle</td><td>achète</td><td>elle</td><td>a</td><td>acheté</td></tr>
<tr><td>nous</td><td>achetons</td><td>nous</td><td>avons</td><td>acheté</td></tr>
<tr><td>vous</td><td>achetez</td><td>vous</td><td>avez</td><td>acheté</td></tr>
<tr><td>• elles</td><td>achètent</td><td>elles</td><td>ont</td><td>acheté</td></tr>
</table>

Le *e* du radical devient *è* devant un *e* muet.

<table>
<tr><td colspan="2">Imparfait</td><td colspan="3">Plus-que-parfait</td></tr>
<tr><td>j'</td><td>achetais</td><td>j'</td><td>avais</td><td>acheté</td></tr>
<tr><td>tu</td><td>achetais</td><td>tu</td><td>avais</td><td>acheté</td></tr>
<tr><td>elle</td><td>achetait</td><td>elle</td><td>avait</td><td>acheté</td></tr>
<tr><td>nous</td><td>achetions</td><td>nous</td><td>avions</td><td>acheté</td></tr>
<tr><td>vous</td><td>achetiez</td><td>vous</td><td>aviez</td><td>acheté</td></tr>
<tr><td>elles</td><td>achetaient</td><td>elles</td><td>avaient</td><td>acheté</td></tr>
</table>

<table>
<tr><td colspan="2">Passé simple</td><td colspan="3">Passé antérieur</td></tr>
<tr><td>j'</td><td>achetai</td><td>j'</td><td>eus</td><td>acheté</td></tr>
<tr><td>tu</td><td>achetas</td><td>tu</td><td>eus</td><td>acheté</td></tr>
<tr><td>elle</td><td>acheta</td><td>elle</td><td>eut</td><td>acheté</td></tr>
<tr><td>nous</td><td>achetâmes</td><td>nous</td><td>eûmes</td><td>acheté</td></tr>
<tr><td>vous</td><td>achetâtes</td><td>vous</td><td>eûtes</td><td>acheté</td></tr>
<tr><td>elles</td><td>achetèrent</td><td>elles</td><td>eurent</td><td>acheté</td></tr>
</table>

<table>
<tr><td colspan="2">Futur simple</td><td colspan="3">Futur antérieur</td></tr>
<tr><td>• j'</td><td>achèterai</td><td>j'</td><td>aurai</td><td>acheté</td></tr>
<tr><td>• tu</td><td>achèteras</td><td>tu</td><td>auras</td><td>acheté</td></tr>
<tr><td>• elle</td><td>achètera</td><td>elle</td><td>aura</td><td>acheté</td></tr>
<tr><td>• nous</td><td>achèterons</td><td>nous</td><td>aurons</td><td>acheté</td></tr>
<tr><td>• vous</td><td>achèterez</td><td>vous</td><td>aurez</td><td>acheté</td></tr>
<tr><td>• elles</td><td>achèteront</td><td>elles</td><td>auront</td><td>acheté</td></tr>
</table>

Le *e* du radical devient *è* devant un *e* muet.

<table>
<tr><td colspan="2">Conditionnel présent</td><td colspan="3">Conditionnel passé</td></tr>
<tr><td>• j'</td><td>achèterais</td><td>j'</td><td>aurais</td><td>acheté</td></tr>
<tr><td>• tu</td><td>achèterais</td><td>tu</td><td>aurais</td><td>acheté</td></tr>
<tr><td>• elle</td><td>achèterait</td><td>elle</td><td>aurait</td><td>acheté</td></tr>
<tr><td>• nous</td><td>achèterions</td><td>nous</td><td>aurions</td><td>acheté</td></tr>
<tr><td>• vous</td><td>achèteriez</td><td>vous</td><td>auriez</td><td>acheté</td></tr>
<tr><td>• elles</td><td>achèteraient</td><td>elles</td><td>auraient</td><td>acheté</td></tr>
</table>

Le *e* du radical devient *è* devant un *e* muet.

SUBJONCTIF

Présent

- que j' achète
- que tu achètes
- qu' elle achète
- que nous achetions
- que vous achetiez
- qu' elles achètent

Passé

que j' aie acheté
que tu aies acheté
qu' elle ait acheté
que nous ayons acheté
que vous ayez acheté
qu' elles aient acheté

Le e du radical devient è devant un e muet.

IMPÉRATIF

Présent

- achète
achetons
achetez

INFINITIF

Présent

acheter

Le e du radical devient è devant un e muet.

PARTICIPE

Présent

achetant

Passé

acheté / achetée
achetés / achetées

Futur proche

je vais acheter
tu vas acheter
elle va acheter
nous allons acheter
vous allez acheter
elles vont acheter

- ◉ Les principaux verbes qui se conjuguent comme *acheter* sont : *racheter* et *haleter*.
- ◉ À la 2ᵉ personne du singulier du présent de l'impératif, les verbes en *-er* prennent un *-s* devant les pronoms *-en* et *-y* : *Achète des tomates. Achètes-en.*

INDICATIF

NOUVELLE ORTHOGRAPHE

j'	époussète
tu	époussètes
il	époussète
nous	époussetons
vous	époussetez
ils	époussètent

Présent

○ j'	époussette	j'	ai	épousseté
○ tu	époussettes	tu	as	épousseté
○ il	époussette	il	a	épousseté
nous	époussetons	nous	avons	épousseté
vous	époussetez	vous	avez	épousseté
○ ils	époussettent	ils	ont	épousseté

Passé composé

(voir tableau ci-dessus)

Imparfait

j'	époussetais	j'	avais	épousseté
tu	époussetais	tu	avais	épousseté
il	époussetait	il	avait	épousseté
nous	époussetions	nous	avions	épousseté
vous	époussetiez	vous	aviez	épousseté
ils	époussetaient	ils	avaient	épousseté

Plus-que-parfait

(voir tableau ci-dessus)

Passé simple

j'	époussetai	j'	eus	épousseté
tu	époussetas	tu	eus	épousseté
il	épousseta	il	eut	épousseté
nous	époussetâmes	nous	eûmes	épousseté
vous	époussetâtes	vous	eûtes	épousseté
ils	époussetèrent	ils	eurent	épousseté

Passé antérieur

(voir tableau ci-dessus)

NOUVELLE ORTHOGRAPHE

j'	époussèterai
tu	époussèteras
il	époussètera
nous	époussèterons
vous	époussèterez
ils	époussèteront

Futur simple

○ j'	époussetterai	j'	aurai	épousseté
○ tu	époussetteras	tu	auras	épousseté
○ il	époussettera	il	aura	épousseté
○ nous	époussetterons	nous	aurons	épousseté
○ vous	époussetterez	vous	aurez	épousseté
○ ils	époussetteront	ils	auront	épousseté

Futur antérieur

(voir tableau ci-dessus)

j'	époussèterais
tu	époussèterais
il	époussèterait
nous	époussèterions
vous	époussèteriez
ils	époussèteraient

Conditionnel présent

○ j'	époussetterais	j'	aurais	épousseté
○ tu	époussetterais	tu	aurais	épousseté
○ il	époussetterait	il	aurait	épousseté
○ nous	époussetterions	nous	aurions	épousseté
○ vous	époussetteriez	vous	auriez	épousseté
○ ils	époussetteraient	ils	auraient	épousseté

Conditionnel passé

(voir tableau ci-dessus)

NOUVELLE ORTHOGRAPHE

je j' époussète
je tu époussètes
j' il époussète
je nous époussetions
je vous époussetiez
j' ils époussètent

SUBJONCTIF

Présent

que j' époussette
que tu époussettes
qu' il époussette
que nous époussetions
que vous époussetiez
qu' ils époussettent

Passé

que j' aie épousseté
que tu aies épousseté
qu' il ait épousseté
que nous ayons épousseté
que vous ayez épousseté
qu' ils aient épousseté

NOUVELLE ORTHOGRAPHE

poussète
poussetons
poussetez

IMPÉRATIF

Présent

époussette
époussetons
époussetez

INFINITIF

Présent

épousseter

PARTICIPE

Présent

époussetant

Passé

épousseté / époussetée
époussetés / époussetées

Futur proche

je vais épousseter
tu vas épousseter
il va épousseter
nous allons épousseter
vous allez épousseter
ils vont épousseter

- Les principaux verbes qui se conjuguent comme *épousseter* sont : *cacheter, étiqueter, feuilleter* et *pelleter*.

- Traditionnellement, on conjuguait le verbe *épousseter* avec un double *t* devant un *e* muet : *j'époussette*, comme *je jette*. En nouvelle orthographe, on le conjugue plutôt avec un *è* : *j'époussète*, comme *j'achète*. L'orthographe rectifiée est indiquée sur fond bleu en marge de la conjugaison concernée.

- À la 2e personne du singulier du présent de l'impératif, les verbes en *-er* prennent un *-s* devant les pronoms *-en* et *-y* : *Époussette des meubles. Époussettes-en. Épousète des meubles. Épousètes-en.*

INDICATIF

Présent		Passé composé		
• j′	appe**lle**	j′	ai	appelé
• tu	appe**lles**	tu	as	appelé
• elle	appe**lle**	elle	a	appelé
nous	appe**lons**	nous	avons	appelé
vous	appe**lez**	vous	avez	appelé
• elles	appe**llent**	elles	ont	appelé

• On double le *l* du radical devant un *e* muet.

Imparfait		Plus-que-parfait		
j′	appel**ais**	j′	avais	appelé
tu	appel**ais**	tu	avais	appelé
elle	appel**ait**	elle	avait	appelé
nous	appel**ions**	nous	avions	appelé
vous	appel**iez**	vous	aviez	appelé
elles	appel**aient**	elles	avaient	appelé

Passé simple		Passé antérieur		
j′	appel**ai**	j′	eus	appelé
tu	appel**as**	tu	eus	appelé
elle	appel**a**	elle	eut	appelé
nous	appel**âmes**	nous	eûmes	appelé
vous	appel**âtes**	vous	eûtes	appelé
elles	appel**èrent**	elles	eurent	appelé

Futur simple		Futur antérieur		
• j′	appe**llerai**	j′	aurai	appelé
• tu	appe**lleras**	tu	auras	appelé
• elle	appe**llera**	elle	aura	appelé
• nous	appe**llerons**	nous	aurons	appelé
• vous	appe**llerez**	vous	aurez	appelé
• elles	appe**lleront**	elles	auront	appelé

• On double le *l* du radical devant un *e* muet.

Conditionnel présent		Conditionnel passé		
• j′	appe**llerais**	j′	aurais	appelé
• tu	appe**llerais**	tu	aurais	appelé
• elle	appe**llerait**	elle	aurait	appelé
• nous	appe**llerions**	nous	aurions	appelé
• vous	appe**lleriez**	vous	auriez	appelé
• elles	appe**lleraient**	elles	auraient	appelé

• On double le *l* du radical devant un *e* muet.

SUBJONCTIF

Présent

- que j' appelle
- que tu appelles
- qu' elle appelle
- que nous appelions
- que vous appeliez
- qu' elles appellent

Passé

- que j' aie appelé
- que tu aies appelé
- qu' elle ait appelé
- que nous ayons appelé
- que vous ayez appelé
- qu' elles aient appelé

On double le *l* du radical devant un *e* muet.

IMPÉRATIF

Présent

- appelle
- appelons
- appelez

On double le *l* du radical devant un *e* muet.

INFINITIF

Présent

appeler

PARTICIPE

Présent

appelant

Passé

appelé / appelée
appelés / appelées

Futur proche

je	vais	appeler
tu	vas	appeler
elle	va	appeler
nous	allons	appeler
vous	allez	appeler
elles	vont	appeler

⊙ Les principaux verbes qui se conjuguent comme *appeler* sont : *interpeler* et *rappeler*.

⊙ À la 2ᵉ personne du singulier du présent de l'impératif, les verbes en *-er* prennent un *-s* devant les pronoms *-en* et *-y* : *Appelle des amis. Appelles-en.*

INDICATIF

Le *e* du radical devient *è* devant un *e* muet.

Présent		Passé composé		
• je	gèle	j'	ai	gelé
• tu	gèles	tu	as	gelé
• il	gèle	il	a	gelé
nous	gelons	nous	avons	gelé
vous	gelez	vous	avez	gelé
• ils	gèlent	ils	ont	gelé

Imparfait		Plus-que-parfait		
je	gelais	j'	avais	gelé
tu	gelais	tu	avais	gelé
il	gelait	il	avait	gelé
nous	gelions	nous	avions	gelé
vous	geliez	vous	aviez	gelé
ils	gelaient	ils	avaient	gelé

Passé simple		Passé antérieur		
je	gelai	j'	eus	gelé
tu	gelas	tu	eus	gelé
il	gela	il	eut	gelé
nous	gelâmes	nous	eûmes	gelé
vous	gelâtes	vous	eûtes	gelé
ils	gelèrent	ils	eurent	gelé

Le *e* du radical devient *è* devant un *e* muet.

Futur simple		Futur antérieur		
• je	gèlerai	j'	aurai	gelé
• tu	gèleras	tu	auras	gelé
• il	gèlera	il	aura	gelé
• nous	gèlerons	nous	aurons	gelé
• vous	gèlerez	vous	aurez	gelé
• ils	gèleront	ils	auront	gelé

Le *e* du radical devient *è* devant un *e* muet.

Conditionnel présent		Conditionnel passé		
• je	gèlerais	j'	aurais	gelé
• tu	gèlerais	tu	aurais	gelé
• il	gèlerait	il	aurait	gelé
• nous	gèlerions	nous	aurions	gelé
• vous	gèleriez	vous	auriez	gelé
• ils	gèleraient	ils	auraient	gelé

SUBJONCTIF

Présent		
• que	je	gèle
• que	tu	gèles
• qu'	il	gèle
que	nous	gelions
que	vous	geliez
• qu'	ils	gèlent

Passé			
que	j'	aie	gelé
que	tu	aies	gelé
qu'	il	ait	gelé
que	nous	ayons	gelé
que	vous	ayez	gelé
qu'	ils	aient	gelé

Le *e* du radical devient *è* devant un *e* muet.

IMPÉRATIF

Présent
• gèle
gelons
gelez

INFINITIF

Présent
geler

Le *e* du radical devient *è* devant un *e* muet.

PARTICIPE

Présent
gelant

Passé
gelé / gelée
gelés / gelées

Futur proche

je	vais	geler
tu	vas	geler
il	va	geler
nous	allons	geler
vous	allez	geler
ils	vont	geler

⊙ Les principaux verbes qui se conjuguent comme *geler* sont : *congeler, décongeler, dégeler, harceler, modeler* et *peler*.

⊙ À la 2ᵉ personne du singulier du présent de l'impératif, les verbes en *-er* prennent un *-s* devant les pronoms *-en* et *-y* : *Gèle des aliments. Gèles-en.*

81

INDICATIF

NOUVELLE ORTHOGRAPHE

j'	ensorcèle
tu	ensorcèles
elle	ensorcèle
nous	ensorcelons
vous	ensorcelez
elles	ensorcèlent

Présent

○ j'	ensorcelle
○ tu	ensorcelles
○ elle	ensorcelle
nous	ensorcelons
vous	ensorcelez
○ elles	ensorcellent

Passé composé

j'	ai	ensorcelé
tu	as	ensorcelé
elle	a	ensorcelé
nous	avons	ensorcelé
vous	avez	ensorcelé
elles	ont	ensorcelé

Imparfait

j'	ensorcelais
tu	ensorcelais
elle	ensorcelait
nous	ensorcelions
vous	ensorceliez
elles	ensorcelaient

Plus-que-parfait

j'	avais	ensorcelé
tu	avais	ensorcelé
elle	avait	ensorcelé
nous	avions	ensorcelé
vous	aviez	ensorcelé
elles	avaient	ensorcelé

Passé simple

j'	ensorcelai
tu	ensorcelas
elle	ensorcela
nous	ensorcelâmes
vous	ensorcelâtes
elles	ensorcelèrent

Passé antérieur

j'	eus	ensorcelé
tu	eus	ensorcelé
elle	eut	ensorcelé
nous	eûmes	ensorcelé
vous	eûtes	ensorcelé
elles	eurent	ensorcelé

NOUVELLE ORTHOGRAPHE

j'	ensorcèlerai
tu	ensorcèleras
elle	ensorcèlera
nous	ensorcèlerons
vous	ensorcèlerez
elles	ensorcèleront

Futur simple

○ j'	ensorcellerai
○ tu	ensorcelleras
○ elle	ensorcellera
○ nous	ensorcellerons
○ vous	ensorcellerez
○ elles	ensorcelleront

Futur antérieur

j'	aurai	ensorcelé
tu	auras	ensorcelé
elle	aura	ensorcelé
nous	aurons	ensorcelé
vous	aurez	ensorcelé
elles	auront	ensorcelé

j'	ensorcèlerais
tu	ensorcèlerais
elle	ensorcèlerait
nous	ensorcèlerions
vous	ensorcèleriez
elles	ensorcèleraient

Conditionnel présent

○ j'	ensorcellerais
○ tu	ensorcellerais
○ elle	ensorcellerait
○ nous	ensorcellerions
○ vous	ensorcelleriez
○ elles	ensorcelleraient

Conditionnel passé

j'	aurais	ensorcelé
tu	aurais	ensorcelé
elle	aurait	ensorcelé
nous	aurions	ensorcelé
vous	auriez	ensorcelé
elles	auraient	ensorcelé

NOUVELLE ORTHOGRAPHE

ue j' ensorcèle
ue tu ensorcèles
u' elle ensorcèle
ue nous ensorcelions
ue vous ensorceliez
u' elles ensorcèlent

SUBJONCTIF

Présent

o que j' ensorcelle
o que tu ensorcelles
o qu' elle ensorcelle
que nous ensorcelions
que vous ensorceliez
o qu' elles ensorcellent

Passé

que j' aie ensorcelé
que tu aies ensorcelé
qu' elle ait ensorcelé
que nous ayons ensorcelé
que vous ayez ensorcelé
qu' elles aient ensorcelé

NOUVELLE ORTHOGRAPHE

nsorcèle
nsorcelons
nsorclez

IMPÉRATIF

Présent

o ensorcelle
ensorcelons
ensorcelez

INFINITIF

Présent

ensorceler

PARTICIPE

Présent

ensorcelant

Passé

ensorcelé / ensorcelée
ensorcelés / ensorcelées

Futur proche

je	vais	ensorceler
tu	vas	ensorceler
elle	va	ensorceler
nous	allons	ensorceler
vous	allez	ensorceler
elles	vont	ensorceler

⊙ Les principaux verbes qui se conjuguent comme *ensorceler* sont : *atteler, épeler* et *renouveler*.

⊙ Traditionnellement, on conjuguait le verbe ***ensorceler*** avec un double *l* devant un *e* muet : *j'ensorcelle*, comme *j'appelle*. En nouvelle orthographe, on le conjugue plutôt avec un *è* : *j'ensorcèle*, comme *je gèle*. L'orthographe rectifiée est indiquée sur fond bleu en marge de la conjugaison concernée.

⊙ À la 2e personne du singulier du présent de l'impératif, les verbes en *-er* prennent un *-s* devant les pronoms *-en* et *-y* : *Ensorcelle des balais. Ensorcelles-en. Ensorcèle des balais. Ensorcèles-en.*

INDICATIF

Présent

- je crée
- tu crées
- il crée
- nous créons
- vous créez
- ils créent

Passé composé

j'	ai	créé
tu	as	créé
il	a	créé
nous	avons	créé
vous	avez	créé
ils	ont	créé

Imparfait

je	créais
tu	créais
il	créait
nous	créions
vous	créiez
ils	créaient

Plus-que-parfait

j'	avais	créé
tu	avais	créé
il	avait	créé
nous	avions	créé
vous	aviez	créé
ils	avaient	créé

Passé simple

je	créai
tu	créas
il	créa
nous	créâmes
vous	créâtes
ils	créèrent

Passé antérieur

j'	eus	créé
tu	eus	créé
il	eut	créé
nous	eûmes	créé
vous	eûtes	créé
ils	eurent	créé

Futur simple

- je créerai
- tu créeras
- il créera
- nous créerons
- vous créerez
- ils créeront

Futur antérieur

j'	aurai	créé
tu	auras	créé
il	aura	créé
nous	aurons	créé
vous	aurez	créé
ils	auront	créé

Conditionnel présent

- je créerais
- tu créerais
- il créerait
- nous créerions
- vous créeriez
- ils créeraient

Conditionnel passé

j'	aurais	créé
tu	aurais	créé
il	aurait	créé
nous	aurions	créé
vous	auriez	créé
ils	auraient	créé

- Le radical *cré-* se termine toujours par *é-* ; n'oublie pas de lui ajouter le *e* muet contenu dans la terminaison.

- Le radical *cré-* se termine toujours par *é-* ; n'oublie pas de lui ajouter le *e* muet contenu dans la terminaison.

- Le radical *cré-* se termine toujours par *é-* ; n'oublie pas de lui ajouter le *e* muet contenu dans la terminaison.

SUBJONCTIF

Le radical ***cré-*** se termine toujours par ***é-*** ; n'oublie pas de lui ajouter le ***e* muet** contenu dans la terminaison.

Présent

que	je	cré**e**
que	tu	cré**es**
qu'	il	cré**e**
que	nous	cré**ions**
que	vous	cré**iez**
qu'	ils	cré**ent**

Passé

que	j'	aie	créé
que	tu	aies	créé
qu'	il	ait	créé
que	nous	ayons	créé
que	vous	ayez	créé
qu'	ils	aient	créé

IMPÉRATIF

Le radical ***cré-*** se termine toujours par ***é-*** ; n'oublie pas de lui ajouter le ***e* muet** contenu dans la terminaison.

Présent

cré**e**
cré**ons**
cré**ez**

INFINITIF

Présent

cré**er**

PARTICIPE

Le radical ***cré-*** se termine toujours par ***é-***. Au participe passé, on lui ajoute tout simplement les terminaisons habituelles des verbes en ***-er*** : ***-é***, ***-ée***, ***-és***, ***-ées***.

Présent

cré**ant**

Passé

cré**é** / cré**ée**
cré**és** / cré**ées**

Futur proche

je	vais	créer
tu	vas	créer
il	va	créer
nous	allons	créer
vous	allez	créer
ils	vont	créer

- Le verbe *recréer* se conjugue comme ***créer***.
- À la 2e personne du singulier du présent de l'impératif, les verbes en ***-er*** prennent un ***-s*** devant les pronoms ***-en*** et ***-y*** : *Crée des personnages pour ton histoire. Crées-en pour ton histoire.*

INDICATIF

- Le *é* du radical devient *è* devant un *e* muet.
- Les verbes en -*ger* s'écrivent *ge* devant la voyelle *o*.

Présent

je	protège
tu	protèges
elle	protège
nous	protégeons
vous	protégez
elles	protègent

Passé composé

j'	ai	protégé
tu	as	protégé
elle	a	protégé
nous	avons	protégé
vous	avez	protégé
elles	ont	protégé

Imparfait

je	protégeais
tu	protégeais
elle	protégeait
nous	protégions
vous	protégiez
elles	protégeaient

Plus-que-parfait

j'	avais	protégé
tu	avais	protégé
elle	avait	protégé
nous	avions	protégé
vous	aviez	protégé
elles	avaient	protégé

- Les verbes en -*ger* s'écrivent *ge* devant la voyelle *a*.

Passé simple

je	protégeai
tu	protégeas
elle	protégea
nous	protégeâmes
vous	protégeâtes
elles	protégèrent

Passé antérieur

j'	eus	protégé
tu	eus	protégé
elle	eut	protégé
nous	eûmes	protégé
vous	eûtes	protégé
elles	eurent	protégé

- Les verbes en -*ger* s'écrivent *ge* devant la voyelle *a*.

Futur simple

° je	protégerai
° tu	protégeras
° elle	protégera
° nous	protégerons
° vous	protégerez
° elles	protégeront

Futur antérieur

j'	aurai	protégé
tu	auras	protégé
elle	aura	protégé
nous	aurons	protégé
vous	aurez	protégé
elles	auront	protégé

NOUVELLE ORTHOGRAPHE

je	protègerai
tu	protègeras
elle	protègera
nous	protègerons
vous	protègerez
elles	protègeront
je	protègerais
tu	protègerais
elle	protègerait
nous	protègerions
vous	protègeriez
elles	protègeraient

Conditionnel présent

° je	protégerais
° tu	protégerais
° elle	protégerait
° nous	protégerions
° vous	protégeriez
° elles	protégeraient

Conditionnel passé

j'	aurais	protégé
tu	aurais	protégé
elle	aurait	protégé
nous	aurions	protégé
vous	auriez	protégé
elles	auraient	protégé

SUBJONCTIF

Présent

- que je protège
- que tu protèges
- qu' elle protège
- que nous protégions
- que vous protégiez
- qu' elles protègent

Passé

- que j' aie protégé
- que tu aies protégé
- qu' elle ait protégé
- que nous ayons protégé
- que vous ayez protégé
- qu' elles aient protégé

Le é du radical devient è devant un e muet.

IMPÉRATIF

Présent

- protège
- protégeons
- protégez

INFINITIF

Présent

protéger

Le é du radical devient è devant un e muet.

Les verbes en -ger s'écrivent ge devant la voyelle o.

PARTICIPE

Présent

- protégeant

Passé

protégé / protégée
protégés / protégées

Les verbes en -ger s'écrivent ge devant la voyelle a.

Futur proche

je	vais	protéger
tu	vas	protéger
elle	va	protéger
nous	allons	protéger
vous	allez	protéger
elles	vont	protéger

⊙ Les principaux verbes qui se conjuguent comme *protéger* sont : *alléger, assiéger* et *piéger*.

⊙ Traditionnellement, on conservait le é du radical du verbe *protéger* au futur simple et au conditionnel présent, ce qui n'était pas conforme à la prononciation. En nouvelle orthographe, on change ce é du radical en è puisqu'il est devant un e muet. L'orthographe rectifiée est indiquée sur fond bleu en marge de la conjugaison concernée.

⊙ À la 2ᵉ personne du singulier du présent de l'impératif, les verbes en -er prennent un -s devant les pronoms -en et -y : *Protège des animaux. Protèges-en.*

Présent			**Passé composé**		
je	gagn**e**		j'	ai	gagné
tu	gagn**es**		tu	as	gagné
il	gagn**e**		il	a	gagné
nous	gagn**ons**		nous	avons	gagné
vous	gagn**ez**		vous	avez	gagné
ils	gagn**ent**		ils	ont	gagné

Imparfait			**Plus-que-parfait**		
je	gagn**ais**		j'	avais	gagné
tu	gagn**ais**		tu	avais	gagné
il	gagn**ait**		il	avait	gagné
nous	gagn**ions**		nous	avions	gagné
vous	gagn**iez**		vous	aviez	gagné
ils	gagn**aient**		ils	avaient	gagné

- Pour les verbes en -*gner*, n'oublie pas d'écrire le *i* de la terminaison après le son « gn » du radical.

Passé simple			**Passé antérieur**		
je	gagn**ai**		j'	eus	gagné
tu	gagn**as**		tu	eus	gagné
il	gagn**a**		il	eut	gagné
nous	gagn**âmes**		nous	eûmes	gagné
vous	gagn**âtes**		vous	eûtes	gagné
ils	gagn**èrent**		ils	eurent	gagné

Futur simple			**Futur antérieur**		
je	gagn**erai**		j'	aurai	gagné
tu	gagn**eras**		tu	auras	gagné
il	gagn**era**		il	aura	gagné
nous	gagn**erons**		nous	aurons	gagné
vous	gagn**erez**		vous	aurez	gagné
ils	gagn**eront**		ils	auront	gagné

Conditionnel présent			**Conditionnel passé**		
je	gagn**erais**		j'	aurais	gagné
tu	gagn**erais**		tu	aurais	gagné
il	gagn**erait**		il	aurait	gagné
nous	gagn**erions**		nous	aurions	gagné
vous	gagn**eriez**		vous	auriez	gagné
ils	gagn**eraient**		ils	auraient	gagné

SUBJONCTIF

Présent			Passé			
que	je	gagne	que	j'	aie	gagné
que	tu	gagnes	que	tu	aies	gagné
qu'	il	gagne	qu'	il	ait	gagné
que	nous	gagnions	que	nous	ayons	gagné
que	vous	gagniez	que	vous	ayez	gagné
qu'	ils	gagnent	qu'	ils	aient	gagné

Pour les verbes en *-gner*, n'oublie pas d'écrire le *i* de la terminaison après le son « gn » du radical.

IMPÉRATIF

Présent

gagne
gagnons
gagnez

INFINITIF

Présent

gagner

PARTICIPE

Présent

gagnant

Passé

gagné / gagnée
gagnés / gagnées

Futur proche

je	vais	gagner
tu	vas	gagner
il	va	gagner
nous	allons	gagner
vous	allez	gagner
ils	vont	gagner

⊚ Les principaux verbes qui se conjuguent comme *gagner* sont : *accompagner, baigner, dépeigner, éloigner, enseigner, peigner, renseigner, signer, soigner* et *souligner*.

⊚ À la 2e personne du singulier du présent de l'impératif, les verbes en *-er* prennent un *-s* devant les pronoms *-en* et *-y* : *Gagne des prix. Gagnes-en plusieurs.*

INDICATIF

Présent

je	cri**e**
tu	cri**es**
elle	cri**e**
nous	cri**ons**
vous	cri**ez**
elles	cri**ent**

- Le radical *cri-* se termine toujours par *i-* ; n'oublie pas de lui ajouter le *e* muet contenu dans la terminaison.

Passé composé

j'	ai	crié
tu	as	crié
elle	a	crié
nous	avons	crié
vous	avez	crié
elles	ont	crié

Imparfait

je	cri**ais**
tu	cri**ais**
elle	cri**ait**
nous	cri**ions**
vous	cri**iez**
elles	cri**aient**

- Attention : les verbes en *-ier* prennent un double *i*. L'un vient du radical, l'autre de la terminaison.

Plus-que-parfait

j'	avais	crié
tu	avais	crié
elle	avait	crié
nous	avions	crié
vous	aviez	crié
elles	avaient	crié

Passé simple

je	cri**ai**
tu	cri**as**
elle	cri**a**
nous	cri**âmes**
vous	cri**âtes**
elles	cri**èrent**

Passé antérieur

j'	eus	crié
tu	eus	crié
elle	eut	crié
nous	eûmes	crié
vous	eûtes	crié
elles	eurent	crié

Futur simple

je	cri**erai**
tu	cri**eras**
elle	cri**era**
nous	cri**erons**
vous	cri**erez**
elles	cri**eront**

- Le radical *cri-* se termine toujours par *i-* ; n'oublie pas de lui ajouter le *e* muet contenu dans la terminaison.

Futur antérieur

j'	aurai	crié
tu	auras	crié
elle	aura	crié
nous	aurons	crié
vous	aurez	crié
elles	auront	crié

Conditionnel présent

je	cri**erais**
tu	cri**erais**
elle	cri**erait**
nous	cri**erions**
vous	cri**eriez**
elles	cri**eraient**

- Le radical *cri-* se termine toujours par *i-* ; n'oublie pas de lui ajouter le *e* muet contenu dans la terminaison.

Conditionnel passé

j'	aurais	crié
tu	aurais	crié
elle	aurait	crié
nous	aurions	crié
vous	auriez	crié
elles	auraient	crié

Le radical *cri-* se termine toujours par *i-* ; n'oublie pas de lui ajouter le *e* muet contenu dans la terminaison.

Attention : les verbes en *-ier* prennent un double *i*. L'un vient du radical, l'autre de la terminaison.

SUBJONCTIF

Présent
- que je **crie**
- que tu **cries**
- qu' elle **crie**
- que nous **criions**
- que vous **criiez**
- qu' elles **crient**

Passé
- que j' aie crié
- que tu aies crié
- qu' elle ait crié
- que nous ayons crié
- que vous ayez crié
- qu' elles aient crié

Le radical *cri-* se termine toujours par *i-* ; n'oublie pas de lui ajouter le *e* muet contenu dans la terminaison.

IMPÉRATIF

Présent
- crie
crions
criez

INFINITIF

Présent
crier

PARTICIPE

Présent
criant

Passé
crié / criée
criés / criées

Futur proche

je	vais	crier
tu	vas	crier
elle	va	crier
nous	allons	crier
vous	allez	crier
elles	vont	crier

- Les principaux verbes qui se conjuguent comme *crier* sont : *apprécier, associer, colorier, copier, défier, s'écrier, étudier, modifier, multiplier, photographier, relier, remercier, signifier, simplifier, trier* et *vérifier*.
- À la 2e personne du singulier du présent de l'impératif, les verbes en *-er* prennent un *-s* devant les pronoms *-en* et *-y* : *Crie des ordres. Cries-en.*

INDICATIF

Présent

- On peut remplacer le *y* du radical par un *i* devant le *e* muet de la terminaison. N'oublie pas d'écrire le *e* muet de la terminaison.

je	pai**e**	/	pay**e**
tu	pai**es**	/	pay**es**
il	pai**e**	/	pay**e**
nous	pay**ons**		
vous	pay**ez**		
ils	pai**ent**	/	pay**ent**

Passé composé

j'	ai	payé
tu	as	payé
il	a	payé
nous	avons	payé
vous	avez	payé
ils	ont	payé

Imparfait

- Attention : les verbes en -*ayer* s'écrivent *yi*. Le *y* vient du radical et le *i* vient de la terminaison.

je	pay**ais**
tu	pay**ais**
il	pay**ait**
nous	pay**ions**
vous	pay**iez**
ils	pay**aient**

Plus-que-parfait

j'	avais	payé
tu	avais	payé
il	avait	payé
nous	avions	payé
vous	aviez	payé
ils	avaient	payé

Passé simple

je	pay**ai**
tu	pay**as**
il	pay**a**
nous	pay**âmes**
vous	pay**âtes**
ils	pay**èrent**

Passé antérieur

j'	eus	payé
tu	eus	payé
il	eut	payé
nous	eûmes	payé
vous	eûtes	payé
ils	eurent	payé

Futur simple

- On peut remplacer le *y* du radical par un *i* devant le *e* muet de la terminaison. N'oublie pas d'écrire le *e* muet de la terminaison.

je	pai**erai**	/	pay**erai**
tu	pai**eras**	/	pay**eras**
il	pai**era**	/	pay**era**
nous	pai**erons**	/	pay**erons**
vous	pai**erez**	/	pay**erez**
ils	pai**eront**	/	pay**eront**

Futur antérieur

j'	aurai	payé
tu	auras	payé
il	aura	payé
nous	aurons	payé
vous	aurez	payé
ils	auront	payé

Conditionnel présent

- On peut remplacer le *y* du radical par un *i* devant le *e* muet de la terminaison. N'oublie pas d'écrire le *e* muet de la terminaison.

je	pai**erais**	/	pay**erais**
tu	pai**erais**	/	pay**erais**
il	pai**erait**	/	pay**erait**
nous	pai**erions**	/	pay**erions**
vous	pai**eriez**	/	pay**eriez**
ils	pai**eraient**	/	pay**eraient**

Conditionnel passé

j'	aurais	payé
tu	aurais	payé
il	aurait	payé
nous	aurions	payé
vous	auriez	payé
ils	auraient	payé

On peut remplacer le *y* du radical par un *i* devant le *e* muet de la terminaison. N'oublie pas d'écrire le *e* muet de la terminaison.

Attention : les verbes en *-ayer* s'écrivent *yi*. Le *y* vient du radical et le *i* vient de la terminaison.

SUBJONCTIF

Présent

que	je	paie	/	paye
que	tu	paies	/	payes
qu'	il	paie	/	paye
que	nous	payions		
que	vous	payiez		
qu'	ils	paient	/	payent

Passé

que	j'	aie	payé
que	tu	aies	payé
qu'	il	ait	payé
que	nous	ayons	payé
que	vous	ayez	payé
qu'	ils	aient	payé

On peut remplacer le *y* du radical par un *i* devant le *e* muet de la terminaison. N'oublie pas d'écrire le *e* muet de la terminaison.

IMPÉRATIF

Présent

paie / paye
payons
payez

INFINITIF

Présent

payer

PARTICIPE

Présent

payant

Passé

payé / payée
payés / payées

Futur proche

je	vais	payer
tu	vas	payer
il	va	payer
nous	allons	payer
vous	allez	payer
ils	vont	payer

⊙ Les principaux verbes qui se conjuguent comme *payer* sont : *balayer, bégayer, déblayer, effrayer* et *essayer*.

⊙ À la 2ᵉ personne du singulier du présent de l'impératif, les verbes en *-er* prennent un *-s* devant les pronoms *-en* et *-y* : *Paye des factures. Payes-en. Paie des factures. Paies-en.*

INDICATIF

Attention : on remplace toujours le *y* du radical par un *i* devant un *e* muet. N'oublie pas d'écrire le *e* muet de la terminaison.

Présent

j'	emploie
tu	emploies
elle	emploie
nous	employons
vous	employez
elles	emploient

Passé composé

j'	ai	employé
tu	as	employé
elle	a	employé
nous	avons	employé
vous	avez	employé
elles	ont	employé

Attention : à la 1re et à la 2e personne du pluriel, les verbes en *-oyer* s'écrivent *yi*. Le *y* vient du radical et le *i* vient de la terminaison.

Imparfait

j'	employais
tu	employais
elle	employait
nous	employions
vous	employiez
elles	employaient

Plus-que-parfait

j'	avais	employé
tu	avais	employé
elle	avait	employé
nous	avions	employé
vous	aviez	employé
elles	avaient	employé

Passé simple

j'	employai
tu	employas
elle	employa
nous	employâmes
vous	employâtes
elles	employèrent

Passé antérieur

j'	eus	employé
tu	eus	employé
elle	eut	employé
nous	eûmes	employé
vous	eûtes	employé
elles	eurent	employé

Attention : on remplace toujours le *y* du radical par un *i* devant un *e* muet. N'oublie pas d'écrire le *e* muet de la terminaison.

Futur simple

j'	emploierai
tu	emploieras
elle	emploiera
nous	emploierons
vous	emploierez
elles	emploieront

Futur antérieur

j'	aurai	employé
tu	auras	employé
elle	aura	employé
nous	aurons	employé
vous	aurez	employé
elles	auront	employé

Attention : on remplace toujours le *y* du radical par un *i* devant un *e* muet. N'oublie pas d'écrire le *e* muet de la terminaison.

Conditionnel présent

j'	emploierais
tu	emploierais
elle	emploierait
nous	emploierions
vous	emploieriez
elles	emploieraient

Conditionnel passé

j'	aurais	employé
tu	aurais	employé
elle	aurait	employé
nous	aurions	employé
vous	auriez	employé
elles	auraient	employé

SUBJONCTIF

Présent

- que j' emplo**ie**
- que tu emplo**ies**
- qu' elle emplo**ie**
- que nous employ**ions**
- que vous employ**iez**
- qu' elles emplo**ient**

Passé

que	j'	aie	employé
que	tu	aies	employé
qu'	elle	ait	employé
que	nous	ayons	employé
que	vous	ayez	employé
qu'	elles	aient	employé

Attention : on remplace toujours le *y* du radical par un *i* devant un *e* muet. N'oublie pas d'écrire le *e* muet de la terminaison.

Attention : à la 1ʳᵉ et à la 2ᵉ personne du pluriel, les verbes en -*oyer* s'écrivent *yi*. Le *y* vient du radical et le *i* vient de la terminaison.

IMPÉRATIF

Présent
- emplo**ie**
- employ**ons**
- employ**ez**

Attention : on remplace toujours le *y* du radical par un *i* devant un *e* muet. N'oublie pas d'écrire le *e* muet de la terminaison.

INFINITIF

Présent
employ**er**

PARTICIPE

Présent
employ**ant**

Passé
employ**é** / employ**ée**
employ**és** / employ**ées**

Futur proche

je	vais	employer
tu	vas	employer
elle	va	employer
nous	allons	employer
vous	allez	employer
elles	vont	employer

- Les principaux verbes qui se conjuguent comme *employer* sont : *aboyer, broyer, nettoyer, noyer* et *vouvoyer*.
- À la 2ᵉ personne du singulier du présent de l'impératif, les verbes en -*er* prennent un -*s* devant les pronoms -*en* et -*y* : *Emploie des outils. Emploies-en.*

25 essuyer | verbes en -*uyer*

INDICATIF

<table>
<tr><td colspan="3">Présent</td><td colspan="3">Passé composé</td></tr>
<tr><td>• j'</td><td>essuie</td><td></td><td>j'</td><td>ai</td><td>essuyé</td></tr>
<tr><td>• tu</td><td>essuies</td><td></td><td>tu</td><td>as</td><td>essuyé</td></tr>
<tr><td>• il</td><td>essuie</td><td></td><td>il</td><td>a</td><td>essuyé</td></tr>
<tr><td>nous</td><td>essuyons</td><td></td><td>nous</td><td>avons</td><td>essuyé</td></tr>
<tr><td>vous</td><td>essuyez</td><td></td><td>vous</td><td>avez</td><td>essuyé</td></tr>
<tr><td>• ils</td><td>essuient</td><td></td><td>ils</td><td>ont</td><td>essuyé</td></tr>
</table>

• Attention : on remplace toujours le **y** du radical par un *i* devant un **e** muet. N'oublie pas d'écrire le **e** muet de la terminaison.

<table>
<tr><td colspan="3">Imparfait</td><td colspan="3">Plus-que-parfait</td></tr>
<tr><td>j'</td><td>essuyais</td><td></td><td>j'</td><td>avais</td><td>essuyé</td></tr>
<tr><td>tu</td><td>essuyais</td><td></td><td>tu</td><td>avais</td><td>essuyé</td></tr>
<tr><td>il</td><td>essuyait</td><td></td><td>il</td><td>avait</td><td>essuyé</td></tr>
<tr><td>• nous</td><td>essuyions</td><td></td><td>nous</td><td>avions</td><td>essuyé</td></tr>
<tr><td>• vous</td><td>essuyiez</td><td></td><td>vous</td><td>aviez</td><td>essuyé</td></tr>
<tr><td>ils</td><td>essuyaient</td><td></td><td>ils</td><td>avaient</td><td>essuyé</td></tr>
</table>

• Attention : à la 1re et à la 2e personne du pluriel, les verbes en -*uyer* s'écrivent *yi*. Le **y** vient du radical et le *i* vient de la terminaison.

<table>
<tr><td colspan="3">Passé simple</td><td colspan="3">Passé antérieur</td></tr>
<tr><td>j'</td><td>essuyai</td><td></td><td>j'</td><td>eus</td><td>essuyé</td></tr>
<tr><td>tu</td><td>essuyas</td><td></td><td>tu</td><td>eus</td><td>essuyé</td></tr>
<tr><td>il</td><td>essuya</td><td></td><td>il</td><td>eut</td><td>essuyé</td></tr>
<tr><td>nous</td><td>essuyâmes</td><td></td><td>nous</td><td>eûmes</td><td>essuyé</td></tr>
<tr><td>vous</td><td>essuyâtes</td><td></td><td>vous</td><td>eûtes</td><td>essuyé</td></tr>
<tr><td>ils</td><td>essuyèrent</td><td></td><td>ils</td><td>eurent</td><td>essuyé</td></tr>
</table>

• Attention : on remplace toujours le **y** du radical par un *i* devant un **e** muet. N'oublie pas d'écrire le **e** muet de la terminaison.

<table>
<tr><td colspan="3">Futur simple</td><td colspan="3">Futur antérieur</td></tr>
<tr><td>• j'</td><td>essuierai</td><td></td><td>j'</td><td>aurai</td><td>essuyé</td></tr>
<tr><td>• tu</td><td>essuieras</td><td></td><td>tu</td><td>auras</td><td>essuyé</td></tr>
<tr><td>• il</td><td>essuiera</td><td></td><td>il</td><td>aura</td><td>essuyé</td></tr>
<tr><td>• nous</td><td>essuierons</td><td></td><td>nous</td><td>aurons</td><td>essuyé</td></tr>
<tr><td>• vous</td><td>essuierez</td><td></td><td>vous</td><td>aurez</td><td>essuyé</td></tr>
<tr><td>• ils</td><td>essuieront</td><td></td><td>ils</td><td>auront</td><td>essuyé</td></tr>
</table>

• Attention : on remplace toujours le **y** du radical par un *i* devant un **e** muet. N'oublie pas d'écrire le **e** muet de la terminaison.

<table>
<tr><td colspan="3">Conditionnel présent</td><td colspan="3">Conditionnel passé</td></tr>
<tr><td>• j'</td><td>essuierais</td><td></td><td>j'</td><td>aurais</td><td>essuyé</td></tr>
<tr><td>• tu</td><td>essuierais</td><td></td><td>tu</td><td>aurais</td><td>essuyé</td></tr>
<tr><td>• il</td><td>essuierait</td><td></td><td>il</td><td>aurait</td><td>essuyé</td></tr>
<tr><td>• nous</td><td>essuierions</td><td></td><td>nous</td><td>aurions</td><td>essuyé</td></tr>
<tr><td>• vous</td><td>essuieriez</td><td></td><td>vous</td><td>auriez</td><td>essuyé</td></tr>
<tr><td>• ils</td><td>essuieraient</td><td></td><td>ils</td><td>auraient</td><td>essuyé</td></tr>
</table>

SUBJONCTIF

Attention : on remplace toujours le *y* du radical par un *i* devant un *e* muet. N'oublie pas d'écrire le *e* muet de la terminaison.

Attention : à la 1re et à la 2e personne du pluriel, les verbes en -*uyer* s'écrivent *yi*. Le *y* vient du radical et le *i* vient de la terminaison.

Présent

- que j'   essuie
- que tu   essuies
- qu' il   essuie
- que nous essuyions
- que vous essuyiez
- qu' ils   essuient

Passé

que j'   aie   essuyé
que tu   aies   essuyé
qu' il   ait   essuyé
que nous ayons   essuyé
que vous ayez   essuyé
qu' ils   aient   essuyé

IMPÉRATIF

Attention : on remplace le *y* du radical par un *i* devant un *e* muet. N'oublie pas d'écrire le *e* muet de la terminaison.

Présent

- essuie
  essuyons
  essuyez

INFINITIF

Présent
essuyer

PARTICIPE

Présent
essuyant

Passé
essuyé / essuyée
essuyés / essuyées

Futur proche

je	vais	essuyer
tu	vas	essuyer
il	va	essuyer
nous	allons	essuyer
vous	allez	essuyer
ils	vont	essuyer

⊙ Les principaux verbes qui se conjuguent comme *essuyer* sont : *appuyer* et *ennuyer*.

⊙ À la 2e personne du singulier du présent de l'impératif, les verbes en -*er* prennent un -*s* devant les pronoms -*en* et -*y* : *Essuie des verres. Essuies-en.*

INDICATIF

- Attention : on remplace toujours le **y** du radical par un **i** devant un **e** muet. N'oublie pas d'écrire le **e** muet de la terminaison.

- Attention : à la 1re et à la 2e personne du pluriel, les verbes en -*oyer* s'écrivent **yi**. Le **y** vient du radical et le **i** vient de la terminaison.

- Le radical *envoy*- devient *enver*-. Attention au double **r** : l'un vient du radical et l'autre de la terminaison.

- Le radical *envoy*- devient *enver*-. Attention au double **r** : l'un vient du radical et l'autre de la terminaison.

Présent

j'	envoi**e**
tu	envoi**es**
elle	envoi**e**
nous	envoy**ons**
vous	envoy**ez**
elles	envoi**ent**

Passé composé

j'	ai	envoyé
tu	as	envoyé
elle	a	envoyé
nous	avons	envoyé
vous	avez	envoyé
elles	ont	envoyé

Imparfait

j'	envoy**ais**
tu	envoy**ais**
elle	envoy**ait**
nous	envoy**ions**
vous	envoy**iez**
elles	envoy**aient**

Plus-que-parfait

j'	avais	envoyé
tu	avais	envoyé
elle	avait	envoyé
nous	avions	envoyé
vous	aviez	envoyé
elles	avaient	envoyé

Passé simple

j'	envoy**ai**
tu	envoy**as**
elle	envoy**a**
nous	envoy**âmes**
vous	envoy**âtes**
elles	envoy**èrent**

Passé antérieur

j'	eus	envoyé
tu	eus	envoyé
elle	eut	envoyé
nous	eûmes	envoyé
vous	eûtes	envoyé
elles	eurent	envoyé

Futur simple

j'	enve**rrai**
tu	enve**rras**
elle	enve**rra**
nous	enve**rrons**
vous	enve**rrez**
elles	enve**rront**

Futur antérieur

j'	aurai	envoyé
tu	auras	envoyé
elle	aura	envoyé
nous	aurons	envoyé
vous	aurez	envoyé
elles	auront	envoyé

Conditionnel présent

j'	enve**rrais**
tu	enve**rrais**
elle	enve**rrait**
nous	enve**rrions**
vous	enve**rriez**
elles	enve**rraient**

Conditionnel passé

j'	aurais	envoyé
tu	aurais	envoyé
elle	aurait	envoyé
nous	aurions	envoyé
vous	auriez	envoyé
elles	auraient	envoyé

Attention : on remplace toujours le *y* du radical par un *i* devant un *e* muet. N'oublie pas d'écrire le *e* muet de la terminaison.

Attention : à la 1ʳᵉ et à la 2ᵉ personne du pluriel, les verbes en -*oyer* s'écrivent *yi*. Le *y* vient du radical et le *i* vient de la terminaison.

Attention : on remplace toujours le *y* du radical par un *i* devant un *e* muet. N'oublie pas d'écrire le *e* muet de la terminaison.

SUBJONCTIF

Présent
- que j' envoie
- que tu envoies
- qu' elle envoie
- que nous envoyions
- que vous envoyiez
- qu' elles envoient

Passé
- que j' aie envoyé
- que tu aies envoyé
- qu' elle ait envoyé
- que nous ayons envoyé
- que vous ayez envoyé
- qu' elles aient envoyé

IMPÉRATIF

Présent
- envoie
- envoyons
- envoyez

INFINITIF

Présent
envoyer

PARTICIPE

Présent
envoyant

Passé
envoyé / envoyée
envoyés / envoyées

Futur proche

je	vais	envoyer
tu	vas	envoyer
elle	va	envoyer
nous	allons	envoyer
vous	allez	envoyer
elles	vont	envoyer

⊙ Le verbe *renvoyer* se conjugue comme *envoyer*.

⊙ À la 2ᵉ personne du singulier du présent de l'impératif, les verbes en -*er* prennent un -*s* devant les pronoms -*en* et -*y* : *Envoie des cartes postales. Envoies-en.*

finir | verbes réguliers en **-ir** (qui terminent en **-issons** à la 1re personne du pluriel de l'indicatif présent)

INDICATIF

Présent		Passé composé		
je	finis	j'	ai	fini
tu	finis	tu	as	fini
il	finit	il	a	fini
nous	finissons	nous	avons	fini
vous	finissez	vous	avez	fini
ils	finissent	ils	ont	fini

Imparfait		Plus-que-parfait		
je	finissais	j'	avais	fini
tu	finissais	tu	avais	fini
il	finissait	il	avait	fini
nous	finissions	nous	avions	fini
vous	finissiez	vous	aviez	fini
ils	finissaient	ils	avaient	fini

Passé simple		Passé antérieur		
je	finis	j'	eus	fini
tu	finis	tu	eus	fini
il	finit	il	eut	fini
nous	finîmes	nous	eûmes	fini
vous	finîtes	vous	eûtes	fini
ils	finirent	ils	eurent	fini

Futur simple		Futur antérieur		
je	finirai	j'	aurai	fini
tu	finiras	tu	auras	fini
il	finira	il	aura	fini
nous	finirons	nous	aurons	fini
vous	finirez	vous	aurez	fini
ils	finiront	ils	auront	fini

Conditionnel présent		Conditionnel passé		
je	finirais	j'	aurais	fini
tu	finirais	tu	aurais	fini
il	finirait	il	aurait	fini
nous	finirions	nous	aurions	fini
vous	finiriez	vous	auriez	fini
ils	finiraient	ils	auraient	fini

SUBJONCTIF

Présent			Passé			
que	je	finiss**e**	que	j'	aie	fini
que	tu	finiss**es**	que	tu	aies	fini
qu'	il	finiss**e**	qu'	il	ait	fini
que	nous	finiss**ions**	que	nous	ayons	fini
que	vous	finiss**iez**	que	vous	ayez	fini
qu'	ils	finiss**ent**	qu'	ils	aient	fini

IMPÉRATIF

Présent
fin**is**
finiss**ons**
finiss**ez**

INFINITIF

Présent
fin**ir**

PARTICIPE

Présent
finiss**ant**

Passé
fin**i** / fin**ie**
fin**is** / fin**ies**

Futur proche

je	vais	finir
tu	vas	finir
il	va	finir
nous	allons	finir
vous	allez	finir
ils	vont	finir

⊙ Tous les verbes en -*ir* qui terminent en -*issons* à la 1re personne du pluriel de l'indicatif présent (*nous finissons*) ont les mêmes terminaisons que le verbe *finir*.

⊙ Plus de 250 verbes se conjuguent comme *finir*. Les plus courants sont : *accomplir, agir, choisir, définir, fournir, réfléchir, remplir, réussir* et *subir*.

INDICATIF

- Attention : au singulier, on remplace le *ï* par un *i*. Les formes *hais* et *hait* se prononcent « è ».

Présent

je	ha**is**
tu	ha**is**
elle	ha**it**
nous	haïss**ons**
vous	haïss**ez**
elles	haïss**ent**

Passé composé

j'	ai	haï
tu	as	haï
elle	a	haï
nous	avons	haï
vous	avez	haï
elles	ont	haï

Imparfait

je	haïss**ais**
tu	haïss**ais**
elle	haïss**ait**
nous	haïss**ions**
vous	haïss**iez**
elles	haïss**aient**

Plus-que-parfait

j'	avais	haï
tu	avais	haï
elle	avait	haï
nous	avions	haï
vous	aviez	haï
elles	avaient	haï

- Contrairement à la plupart des autres verbes, le verbe *haïr* ne prend pas d'accent circonflexe à la 1re et à la 2e personne du pluriel à cause du tréma : *ï*.

Passé simple

je	ha**ïs**
tu	ha**ïs**
elle	ha**ït**
nous	ha**ïmes**
vous	ha**ïtes**
elles	ha**ïrent**

Passé antérieur

j'	eus	haï
tu	eus	haï
elle	eut	haï
nous	eûmes	haï
vous	eûtes	haï
elles	eurent	haï

Futur simple

je	ha**ïrai**
tu	ha**ïras**
elle	ha**ïra**
nous	ha**ïrons**
vous	ha**ïrez**
elles	ha**ïront**

Futur antérieur

j'	aurai	haï
tu	auras	haï
elle	aura	haï
nous	aurons	haï
vous	aurez	haï
elles	auront	haï

Conditionnel présent

je	ha**ïrais**
tu	ha**ïrais**
elle	ha**ïrait**
nous	ha**ïrions**
vous	ha**ïriez**
elles	ha**ïraient**

Conditionnel passé

j'	aurais	haï
tu	aurais	haï
elle	aurait	haï
nous	aurions	haï
vous	auriez	haï
elles	auraient	haï

SUBJONCTIF

Présent

que	je	haïsse
que	tu	haïsses
qu'	elle	haïsse
que	nous	haïssions
que	vous	haïssiez
qu'	elles	haïssent

Passé

que	j'	aie	haï
que	tu	aies	haï
qu'	elle	ait	haï
que	nous	ayons	haï
que	vous	ayez	haï
qu'	elles	aient	haï

IMPÉRATIF

Présent

- haïs
- haïssons
- haïssez

INFINITIF

Présent

haïr

Attention : au singulier, on remplace le *ï* par un *i*. La forme *hais* se prononce « è ».

PARTICIPE

Présent

haïssant

Passé

haï / haïe
haïs / haïes

Futur proche

je	vais	haïr
tu	vas	haïr
elle	va	haïr
nous	allons	haïr
vous	allez	haïr
elles	vont	haïr

⊙ Un seul autre verbe se conjugue comme *haïr*, mais on l'emploie rarement : *entrehaïr*.

INDICATIF

Au singulier et à la 3ᵉ personne du pluriel, le radical *all-* change de forme.

Présent

je	vai**s**
tu	va**s**
il / elle	va
nous	all**ons**
vous	all**ez**
ils / elles	v**ont**

Passé composé

je	suis	allé / ée
tu	es	allé / ée
il / elle	est	allé / ée
nous	sommes	allés / ées
vous	êtes	allés / ées
ils / elles	sont	allés / ées

Imparfait

j'	all**ais**
tu	all**ais**
il / elle	all**ait**
nous	all**ions**
vous	all**iez**
ils / elles	all**aient**

Plus-que-parfait

j'	étais	allé / ée
tu	étais	allé / ée
il / elle	était	allé / ée
nous	étions	allés / ées
vous	étiez	allés / ées
ils / elles	étaient	allés / ées

Passé simple

j'	all**ai**
tu	all**as**
il / elle	all**a**
nous	all**âmes**
vous	all**âtes**
ils / elles	all**èrent**

Passé antérieur

je	fus	allé / ée
tu	fus	allé / ée
il / elle	fut	allé / ée
nous	fûmes	allés / ées
vous	fûtes	allés / ées
ils / elles	furent	allés / ées

Futur simple

j'	i**rai**
tu	i**ras**
il / elle	i**ra**
nous	i**rons**
vous	i**rez**
ils / elles	i**ront**

Futur antérieur

je	serai	allé / ée
tu	seras	allé / ée
il / elle	sera	allé / ée
nous	serons	allés / ées
vous	serez	allés / ées
ils / elles	seront	allés / ées

Conditionnel présent

j'	i**rais**
tu	i**rais**
il / elle	i**rait**
nous	i**rions**
vous	i**riez**
ils / elles	i**raient**

Conditionnel passé

je	serais	allé / ée
tu	serais	allé / ée
il / elle	serait	allé / ée
nous	serions	allés / ées
vous	seriez	allés / ées
ils / elles	seraient	allés / ées

Présent		Passé		
que j'	aille	que je	sois	allé / ée
que tu	ailles	que tu	sois	allé / ée
qu' il / elle	aille	qu' il / elle	soit	allé / ée
que nous	allions	que nous	soyons	allés / ées
que vous	alliez	que vous	soyez	allés / ées
qu' ils / elles	aillent	qu' ils / elles	soient	allés / ées

Au singulier et à la 3ᵉ personne du pluriel, le radical *all-* devient *aill-*.

IMPÉRATIF

Présent
va
allons
allez

Au singulier, le radical *all-* change de forme.

INFINITIF

Présent
aller

PARTICIPE

Présent
allant

Passé
allé / allée
allés / allées

Futur proche

je	vais	aller
tu	vas	aller
il / elle	va	aller
nous	allons	aller
vous	allez	aller
ils / elles	vont	aller

⊙ *Aller* est le seul verbe irrégulier en *-er*.

⊙ *Aller* forme ses temps composés avec l'auxiliaire *être*.

⊙ À la 2ᵉ personne du singulier du présent de l'impératif, on ajoute un *-s* devant le pronom *-y* : *Vas-y*.

⊙ La forme pronominale du verbe *aller* est *s'en aller*. Elle se conjugue comme *aller* : *je m'en vais, tu t'en allais, nous nous en sommes allé(e)s*, etc.

INDICATIF

- Au singulier, le radical *ten*- devient *tien*-.
- Le radical *ten*- devient **tienn**- devant un *e* muet.

Présent

je	tien**s**
tu	tien**s**
il	tien**t**
nous	ten**ons**
vous	ten**ez**
ils	tienn**ent**

Passé composé

j'	ai	tenu
tu	as	tenu
il	a	tenu
nous	avons	tenu
vous	avez	tenu
ils	ont	tenu

Imparfait

je	ten**ais**
tu	ten**ais**
il	ten**ait**
nous	ten**ions**
vous	ten**iez**
ils	ten**aient**

Plus-que-parfait

j'	avais	tenu
tu	avais	tenu
il	avait	tenu
nous	avions	tenu
vous	aviez	tenu
ils	avaient	tenu

Passé simple

je	t**ins**
tu	t**ins**
il	t**int**
nous	t**înmes**
vous	t**întes**
ils	t**inrent**

Passé antérieur

j'	eus	tenu
tu	eus	tenu
il	eut	tenu
nous	eûmes	tenu
vous	eûtes	tenu
ils	eurent	tenu

Futur simple

je	tiend**rai**
tu	tiend**ras**
il	tiend**ra**
nous	tiend**rons**
vous	tiend**rez**
ils	tiend**ront**

Futur antérieur

j'	aurai	tenu
tu	auras	tenu
il	aura	tenu
nous	aurons	tenu
vous	aurez	tenu
ils	auront	tenu

Conditionnel présent

je	tiend**rais**
tu	tiend**rais**
il	tiend**rait**
nous	tiend**rions**
vous	tiend**riez**
ils	tiend**raient**

Conditionnel passé

j'	aurais	tenu
tu	aurais	tenu
il	aurait	tenu
nous	aurions	tenu
vous	auriez	tenu
ils	auraient	tenu

SUBJONCTIF

Présent

que	je	tienn**e**
que	tu	tienn**es**
qu'	il	tienn**e**
que	nous	ten**ions**
que	vous	ten**iez**
qu'	ils	tienn**ent**

Le radical *ten-* devient *tienn-* devant un *e* muet.

Passé

que	j'	aie	tenu
que	tu	aies	tenu
qu'	il	ait	tenu
que	nous	ayons	tenu
que	vous	ayez	tenu
qu'	ils	aient	tenu

IMPÉRATIF

Présent

- tien**s**
- ten**ons**
- ten**ez**

Au singulier, le radical *ten-* devient *tien-*.

INFINITIF

Présent

ten**ir**

PARTICIPE

Présent

ten**ant**

Passé

ten**u** / ten**ue**
ten**us** / ten**ues**

Futur proche

je	vais	tenir
tu	vas	tenir
il	va	tenir
nous	allons	tenir
vous	allez	tenir
ils	vont	tenir

- Les principaux verbes qui se conjuguent comme *tenir* sont : *appartenir, contenir, convenir, entretenir, maintenir, obtenir, prévenir, retenir* et *soutenir.*

- Les verbes suivants se conjuguent aussi comme *tenir* aux temps simples, mais forment leurs temps composés avec l'auxiliaire *être* : *devenir, intervenir, parvenir, redevenir, revenir, se souvenir, survenir* et *venir.*

INDICATIF

- Au singulier, le radical *acquér-* devient *acquier-*.
- Le radical *acquér-* devient *acquièr* devant un *e* muet.

Présent

j'	acquiers
tu	acquiers
elle	acquiert
nous	acquérons
vous	acquérez
elles	acquièrent

Passé composé

j'	ai	acquis
tu	as	acquis
elle	a	acquis
nous	avons	acquis
vous	avez	acquis
elles	ont	acquis

Imparfait

j'	acquérais
tu	acquérais
elle	acquérait
nous	acquérions
vous	acquériez
elles	acquéraient

Plus-que-parfait

j'	avais	acquis
tu	avais	acquis
elle	avait	acquis
nous	avions	acquis
vous	aviez	acquis
elles	avaient	acquis

Passé simple

j'	acquis
tu	acquis
elle	acquit
nous	acquîmes
vous	acquîtes
elles	acquirent

Passé antérieur

j'	eus	acquis
tu	eus	acquis
elle	eut	acquis
nous	eûmes	acquis
vous	eûtes	acquis
elles	eurent	acquis

- Attention au double *r* : l'un vient du radical et l'autre de la terminaison. Le *e* devant le double *r* perd son accent aigu.

Futur simple

j'	acquerrai
tu	acquerras
elle	acquerra
nous	acquerrons
vous	acquerrez
elles	acquerront

Futur antérieur

j'	aurai	acquis
tu	auras	acquis
elle	aura	acquis
nous	aurons	acquis
vous	aurez	acquis
elles	auront	acquis

- Attention au double *r* : l'un vient du radical et l'autre de la terminaison. Le *e* devant le double *r* perd son accent aigu.

Conditionnel présent

j'	acquerrais
tu	acquerrais
elle	acquerrait
nous	acquerrions
vous	acquerriez
elles	acquerraient

Conditionnel passé

j'	aurais	acquis
tu	aurais	acquis
elle	aurait	acquis
nous	aurions	acquis
vous	auriez	acquis
elles	auraient	acquis

SUBJONCTIF

Présent
- que j' acquièr**e**
- que tu acquièr**es**
- qu' elle acquièr**e**
- que nous acquér**ions**
- que vous acquér**iez**
- qu' elles acquièr**ent**

Passé
- que j' aie acquis
- que tu aies acquis
- qu' elle ait acquis
- que nous ayons acquis
- que vous ayez acquis
- qu' elles aient acquis

Le radical *acquér-* devient *acquièr-* devant un *e* muet.

IMPÉRATIF

Présent
- acquier**s**
- acquér**ons**
- acquér**ez**

Au singulier, le radical *acquér-* devient *acquier-*.

INFINITIF

Présent
acquér**ir**

PARTICIPE

Présent
acquér**ant**

Passé
acqui**s** / acqui**se**
acqui**s** / acqui**ses**

Futur proche

je	vais	acquérir
tu	vas	acquérir
elle	va	acquérir
nous	allons	acquérir
vous	allez	acquérir
elles	vont	acquérir

⊙ Les verbes *conquérir* et *reconquérir* se conjuguent comme *acquérir*.

32 sentir

Au singulier, le radical *sent-* perd sa consonne finale : il devient *sen-*. On lui ajoute les terminaisons habituelles : -s, -s, -t.

INDICATIF

Présent
je	sens
tu	sens
il	sent
nous	sentons
vous	sentez
ils	sentent

Passé composé
j'	ai	senti
tu	as	senti
il	a	senti
nous	avons	senti
vous	avez	senti
ils	ont	senti

Imparfait
je	sentais
tu	sentais
il	sentait
nous	sentions
vous	sentiez
ils	sentaient

Plus-que-parfait
j'	avais	senti
tu	avais	senti
il	avait	senti
nous	avions	senti
vous	aviez	senti
ils	avaient	senti

Passé simple
je	sentis
tu	sentis
il	sentit
nous	sentîmes
vous	sentîtes
ils	sentirent

Passé antérieur
j'	eus	senti
tu	eus	senti
il	eut	senti
nous	eûmes	senti
vous	eûtes	senti
ils	eurent	senti

Futur simple
je	sentirai
tu	sentiras
il	sentira
nous	sentirons
vous	sentirez
ils	sentiront

Futur antérieur
j'	aurai	senti
tu	auras	senti
il	aura	senti
nous	aurons	senti
vous	aurez	senti
ils	auront	senti

Conditionnel présent
je	sentirais
tu	sentirais
il	sentirait
nous	sentirions
vous	sentiriez
ils	sentiraient

Conditionnel passé
j'	aurais	senti
tu	aurais	senti
il	aurait	senti
nous	aurions	senti
vous	auriez	senti
ils	auraient	senti

110

SUBJONCTIF

Présent			Passé			
que	je	sente	que	j'	aie	senti
que	tu	sentes	que	tu	aies	senti
qu'	il	sente	qu'	il	ait	senti
que	nous	sentions	que	nous	ayons	senti
que	vous	sentiez	que	vous	ayez	senti
qu'	ils	sentent	qu'	ils	aient	senti

Au singulier, le radical *sent-* perd sa consonne finale : il devient *sen-*. On lui ajoute la terminaison habituelle : -*s*.

IMPÉRATIF

Présent
• sens
sentons
sentez

INFINITIF

Présent
sentir

PARTICIPE

Présent
sentant

Passé
senti / sentie
sentis / senties

Futur proche

je	vais	sentir
tu	vas	sentir
il	va	sentir
nous	allons	sentir
vous	allez	sentir
ils	vont	sentir

⊙ Les principaux verbes qui se conjuguent comme *sentir* sont : *mentir*, *partir*, *ressentir* et *sortir*.

⊙ Attention : le verbe *partir* (et aussi *sortir* dans certains contextes) forme ses temps composés avec l'auxiliaire *être*.

⊙ Le participe passé du verbe *mentir* est invariable : *menti*.

INDICATIF

Présent		**Passé composé**		
je	vêts	j'	ai	vêtu
tu	vêts	tu	as	vêtu
elle	vêt	elle	a	vêtu
nous	vêtons	nous	avons	vêtu
vous	vêtez	vous	avez	vêtu
elles	vêtent	elles	ont	vêtu

Imparfait		**Plus-que-parfait**		
je	vêtais	j'	avais	vêtu
tu	vêtais	tu	avais	vêtu
elle	vêtait	elle	avait	vêtu
nous	vêtions	nous	avions	vêtu
vous	vêtiez	vous	aviez	vêtu
elles	vêtaient	elles	avaient	vêtu

Passé simple		**Passé antérieur**		
je	vêtis	j'	eus	vêtu
tu	vêtis	tu	eus	vêtu
elle	vêtit	elle	eut	vêtu
nous	vêtîmes	nous	eûmes	vêtu
vous	vêtîtes	vous	eûtes	vêtu
elles	vêtirent	elles	eurent	vêtu

Futur simple		**Futur antérieur**		
je	vêtirai	j'	aurai	vêtu
tu	vêtiras	tu	auras	vêtu
elle	vêtira	elle	aura	vêtu
nous	vêtirons	nous	aurons	vêtu
vous	vêtirez	vous	aurez	vêtu
elles	vêtiront	elles	auront	vêtu

Conditionnel présent		**Conditionnel passé**		
je	vêtirais	j'	aurais	vêtu
tu	vêtirais	tu	aurais	vêtu
elle	vêtirait	elle	aurait	vêtu
nous	vêtirions	nous	aurions	vêtu
vous	vêtiriez	vous	auriez	vêtu
elles	vêtiraient	elles	auraient	vêtu

SUBJONCTIF

Présent

que	je	vête
que	tu	vêtes
qu'	elle	vête
que	nous	vêtions
que	vous	vêtiez
qu'	elles	vêtent

Passé

que	j'	aie	vêtu
que	tu	aies	vêtu
qu'	elle	ait	vêtu
que	nous	ayons	vêtu
que	vous	ayez	vêtu
qu'	elles	aient	vêtu

IMPÉRATIF

Présent

vêts
vêtons
vêtez

INFINITIF

Présent

vêtir

PARTICIPE

Présent

vêtant

Passé

vêtu / vêtue
vêtus / vêtues

Futur proche

je	vais	vêtir
tu	vas	vêtir
elle	va	vêtir
nous	allons	vêtir
vous	allez	vêtir
elles	vont	vêtir

⊙ Les verbes *dévêtir* et *revêtir* se conjuguent comme *vêtir*.

34 couvrir | verbes en *-ouvrir* et en *-ffrir*

INDICATIF

Présent
je	couvre
tu	couvres
il	couvre
nous	couvrons
vous	couvrez
ils	couvrent

Passé composé
j'	ai	couvert
tu	as	couvert
il	a	couvert
nous	avons	couvert
vous	avez	couvert
ils	ont	couvert

Imparfait
je	couvrais
tu	couvrais
il	couvrait
nous	couvrions
vous	couvriez
ils	couvraient

Plus-que-parfait
j'	avais	couvert
tu	avais	couvert
il	avait	couvert
nous	avions	couvert
vous	aviez	couvert
ils	avaient	couvert

Passé simple
je	couvris
tu	couvris
il	couvrit
nous	couvrîmes
vous	couvrîtes
ils	couvrirent

Passé antérieur
j'	eus	couvert
tu	eus	couvert
il	eut	couvert
nous	eûmes	couvert
vous	eûtes	couvert
ils	eurent	couvert

Futur simple
je	couvrirai
tu	couvriras
il	couvrira
nous	couvrirons
vous	couvrirez
ils	couvriront

Futur antérieur
j'	aurai	couvert
tu	auras	couvert
il	aura	couvert
nous	aurons	couvert
vous	aurez	couvert
ils	auront	couvert

Conditionnel présent
je	couvrirais
tu	couvrirais
il	couvrirait
nous	couvririons
vous	couvririez
ils	couvriraient

Conditionnel passé
j'	aurais	couvert
tu	aurais	couvert
il	aurait	couvert
nous	aurions	couvert
vous	auriez	couvert
ils	auraient	couvert

SUBJONCTIF

Présent			Passé		
que	je	couvre	que	j'	aie	couvert
que	tu	couvres	que	tu	aies	couvert
qu'	il	couvre	qu'	il	ait	couvert
que	nous	couvrions	que	nous	ayons	couvert
que	vous	couvriez	que	vous	ayez	couvert
qu'	ils	couvrent	qu'	ils	aient	couvert

IMPÉRATIF

Présent
couvre
couvrons
couvrez

INFINITIF

Présent
couvrir

PARTICIPE

Présent
couvrant

Passé
couvert / couverte
couverts / couvertes

Futur proche

je	vais	couvrir
tu	vas	couvrir
il	va	couvrir
nous	allons	couvrir
vous	allez	couvrir
ils	vont	couvrir

⊙ Les principaux verbes qui se conjuguent comme *couvrir* sont : *découvrir, entrouvrir, offrir, ouvrir, recouvrir, rouvrir* et *souffrir*.

⊙ À la 2e personne du singulier du présent de l'impératif, le verbe *couvrir* prend un *-s* devant les pronoms *-en* et *-y* : *Couvre des livres. Couvres-en.*

INDICATIF

Présent		Passé composé		
je	cueill**e**	j'	ai	cueilli
tu	cueill**es**	tu	as	cueilli
elle	cueill**e**	elle	a	cueilli
nous	cueill**ons**	nous	avons	cueilli
vous	cueill**ez**	vous	avez	cueilli
elles	cueill**ent**	elles	ont	cueilli

Imparfait		Plus-que-parfait		
je	cueill**ais**	j'	avais	cueilli
tu	cueill**ais**	tu	avais	cueilli
elle	cueill**ait**	elle	avait	cueilli
nous	cueill**ions**	nous	avions	cueilli
vous	cueill**iez**	vous	aviez	cueilli
elles	cueill**aient**	elles	avaient	cueilli

● Attention : n'oublie pas d'écrire le *i* de la terminaison après le son « ill » du radical.

Passé simple		Passé antérieur		
je	cueill**is**	j'	eus	cueilli
tu	cueill**is**	tu	eus	cueilli
elle	cueill**it**	elle	eut	cueilli
nous	cueill**îmes**	nous	eûmes	cueilli
vous	cueill**îtes**	vous	eûtes	cueilli
elles	cueill**irent**	elles	eurent	cueilli

Futur simple		Futur antérieur		
je	cueill**erai**	j'	aurai	cueilli
tu	cueill**eras**	tu	auras	cueilli
elle	cueill**era**	elle	aura	cueilli
nous	cueill**erons**	nous	aurons	cueilli
vous	cueill**erez**	vous	aurez	cueilli
elles	cueill**eront**	elles	auront	cueilli

● La terminaison commence par un *e* au futur simple, comme si le verbe *cueillir* était un verbe régulier en *-er*.

Conditionnel présent		Conditionnel passé		
je	cueill**erais**	j'	aurais	cueilli
tu	cueill**erais**	tu	aurais	cueilli
elle	cueill**erait**	elle	aurait	cueilli
nous	cueill**erions**	nous	aurions	cueilli
vous	cueill**eriez**	vous	auriez	cueilli
elles	cueill**eraient**	elles	auraient	cueilli

● La terminaison commence par un *e* au conditionnel présent, comme si le verbe *cueillir* était un verbe régulier en *-er*.

SUBJONCTIF

Présent		Passé		
que je	cueille	que j'	aie	cueilli
que tu	cueilles	que tu	aies	cueilli
qu' elle	cueille	qu' elle	ait	cueilli
que nous	cueillions	que nous	ayons	cueilli
que vous	cueilliez	que vous	ayez	cueilli
qu' elles	cueillent	qu' elles	aient	cueilli

Attention : n'oublie pas d'écrire le *i* de la terminaison après le son « *ill* » du radical.

IMPÉRATIF

Présent
cueille
cueillons
cueillez

INFINITIF

Présent
cueillir

PARTICIPE

Présent
cueillant

Passé
cueilli / cueillie
cueillis / cueillies

Futur proche

je	vais	cueillir
tu	vas	cueillir
elle	va	cueillir
nous	allons	cueillir
vous	allez	cueillir
elles	vont	cueillir

⊙ Les verbes *accueillir* et *recueillir* se conjuguent comme *cueillir*.

⊙ À la 2ᵉ personne du singulier du présent de l'impératif, le verbe *cueillir* prend un -s devant les pronoms -*en* et -*y* : *Cueille des fleurs. Cueilles-en.*

INDICATIF

Présent			Passé composé		
•			j'	ai	failli
•			tu	as	failli
•			il	a	failli
•			nous	avons	failli
•			vous	avez	failli
•			ils	ont	failli

Imparfait			Plus-que-parfait		
•			j'	avais	failli
•			tu	avais	failli
•			il	avait	failli
•			nous	avions	failli
•			vous	aviez	failli
•			ils	avaient	failli

Passé simple		Passé antérieur		
je	faillis	j'	eus	failli
tu	faillis	tu	eus	failli
il	faillit	il	eut	failli
nous	faillîmes	nous	eûmes	failli
vous	faillîtes	vous	eûtes	failli
ils	faillirent	ils	eurent	failli

Futur simple		Futur antérieur		
je	faillirai	j'	aurai	failli
tu	failliras	tu	auras	failli
il	faillira	il	aura	failli
nous	faillirons	nous	aurons	failli
vous	faillirez	vous	aurez	failli
ils	failliront	ils	auront	failli

Conditionnel présent		Conditionnel passé		
je	faillirais	j'	aurais	failli
tu	faillirais	tu	aurais	failli
il	faillirait	il	aurait	failli
nous	faillirions	nous	aurions	failli
vous	failliriez	vous	auriez	failli
ils	failliraient	ils	auraient	failli

SUBJONCTIF

Présent			Passé			
que	je	faill**isse**	que	j'	aie	failli
que	tu	faill**isses**	que	tu	aies	failli
qu'	il	faill**isse**	qu'	il	ait	failli
que	nous	faill**issions**	que	nous	ayons	failli
que	vous	faill**issiez**	que	vous	ayez	failli
qu'	ils	faill**issent**	qu'	ils	aient	failli

IMPÉRATIF

Présent
·
·
·

INFINITIF

Présent
faill**ir**

PARTICIPE

Le participe passé *failli* est invariable.

Présent
faill**ant**

Passé
· faill**i**

Futur proche

je	vais	faillir
tu	vas	faillir
il	va	faillir
nous	allons	faillir
vous	allez	faillir
ils	vont	faillir

⊙ Le verbe *faillir* n'est plus employé à ces temps : présent et imparfait de l'indicatif, et présent de l'impératif.

⊙ Aucun autre verbe ne se conjugue comme *faillir*.

- Au singulier, le radical *bouill-* devient *bou-*.

- Attention : n'oublie pas d'écrire le *i* de la terminaison après le son «ill» du radical.

INDICATIF

Présent
je	bou**s**
tu	bou**s**
elle	bou**t**
nous	bouill**ons**
vous	bouill**ez**
elles	bouill**ent**

Passé composé
j'	ai	bouilli
tu	as	bouilli
elle	a	bouilli
nous	avons	bouilli
vous	avez	bouilli
elles	ont	bouilli

Imparfait
je	bouill**ais**
tu	bouill**ais**
elle	bouill**ait**
nous	bouill**ions**
vous	bouill**iez**
elles	bouill**aient**

Plus-que-parfait
j'	avais	bouilli
tu	avais	bouilli
elle	avait	bouilli
nous	avions	bouilli
vous	aviez	bouilli
elles	avaient	bouilli

Passé simple
je	bouill**is**
tu	bouill**is**
elle	bouill**it**
nous	bouill**îmes**
vous	bouill**îtes**
elles	bouill**irent**

Passé antérieur
j'	eus	bouilli
tu	eus	bouilli
elle	eut	bouilli
nous	eûmes	bouilli
vous	eûtes	bouilli
elles	eurent	bouilli

Futur simple
je	bouill**irai**
tu	bouill**iras**
elle	bouill**ira**
nous	bouill**irons**
vous	bouill**irez**
elles	bouill**iront**

Futur antérieur
j'	aurai	bouilli
tu	auras	bouilli
elle	aura	bouilli
nous	aurons	bouilli
vous	aurez	bouilli
elles	auront	bouilli

Conditionnel présent
je	bouill**irais**
tu	bouill**irais**
elle	bouill**irait**
nous	bouill**irions**
vous	bouill**iriez**
elles	bouill**iraient**

Conditionnel passé
j'	aurais	bouilli
tu	aurais	bouilli
elle	aurait	bouilli
nous	aurions	bouilli
vous	auriez	bouilli
elles	auraient	bouilli

SUBJONCTIF

Présent

que	je	bouille
que	tu	bouilles
qu'	elle	bouille
que	nous	bouillions
que	vous	bouilliez
qu'	elles	bouillent

Passé

que	j'	aie	bouilli
que	tu	aies	bouilli
qu'	elle	ait	bouilli
que	nous	ayons	bouilli
que	vous	ayez	bouilli
qu'	elles	aient	bouilli

Attention : n'oublie pas d'écrire le *i* de la terminaison après le son « ill » du radical.

IMPÉRATIF

Présent

bous
bouillons
bouillez

INFINITIF

Présent

bouillir

Au singulier, le radical *bouill-* devient *bou-*.

PARTICIPE

Présent

bouillant

Passé

bouilli / bouillie
bouillis / bouillies

Futur proche

je	vais	bouillir
tu	vas	bouillir
elle	va	bouillir
nous	allons	bouillir
vous	allez	bouillir
elles	vont	bouillir

⊚ Aucun verbe courant ne se conjugue comme *bouillir*.

INDICATIF

- Au singulier, le radical *dorm-* perd sa consonne finale : il devient *dor-*.

Présent

• je	dor**s**
• tu	dor**s**
• il	dor**t**
nous	dorm**ons**
vous	dorm**ez**
ils	dorm**ent**

Passé composé

j'	ai	dormi
tu	as	dormi
il	a	dormi
nous	avons	dormi
vous	avez	dormi
ils	ont	dormi

Imparfait

je	dorm**ais**
tu	dorm**ais**
il	dorm**ait**
nous	dorm**ions**
vous	dorm**iez**
ils	dorm**aient**

Plus-que-parfait

j'	avais	dormi
tu	avais	dormi
il	avait	dormi
nous	avions	dormi
vous	aviez	dormi
ils	avaient	dormi

Passé simple

je	dorm**is**
tu	dorm**is**
il	dorm**it**
nous	dorm**îmes**
vous	dorm**îtes**
ils	dorm**irent**

Passé antérieur

j'	eus	dormi
tu	eus	dormi
il	eut	dormi
nous	eûmes	dormi
vous	eûtes	dormi
ils	eurent	dormi

Futur simple

je	dormi**rai**
tu	dormi**ras**
il	dormi**ra**
nous	dormi**rons**
vous	dormi**rez**
ils	dormi**ront**

Futur antérieur

j'	aurai	dormi
tu	auras	dormi
il	aura	dormi
nous	aurons	dormi
vous	aurez	dormi
ils	auront	dormi

Conditionnel présent

je	dormi**rais**
tu	dormi**rais**
il	dormi**rait**
nous	dormi**rions**
vous	dormi**riez**
ils	dormi**raient**

Conditionnel passé

j'	aurais	dormi
tu	aurais	dormi
il	aurait	dormi
nous	aurions	dormi
vous	auriez	dormi
ils	auraient	dormi

SUBJONCTIF

Présent

que	je	dorm**e**
que	tu	dorm**es**
qu'	il	dorm**e**
que	nous	dorm**ions**
que	vous	dorm**iez**
qu'	ils	dorm**ent**

Passé

que	j'	aie	dormi
que	tu	aies	dormi
qu'	il	ait	dormi
que	nous	ayons	dormi
que	vous	ayez	dormi
qu'	ils	aient	dormi

IMPÉRATIF

Au singulier, le radical *dorm-* perd sa consonne finale : il devient *dor-*.

Présent

• dor**s**
dorm**ons**
dorm**ez**

INFINITIF

Présent

dorm**ir**

PARTICIPE

Le participe passé *dormi* est invariable.

Présent

dorm**ant**

Passé

• dorm**i**

Futur proche

je	vais	dormir
tu	vas	dormir
il	va	dormir
nous	allons	dormir
vous	allez	dormir
ils	vont	dormir

⊙ Les verbes *endormir* et *rendormir* se conjuguent comme *dormir*.

⊙ Les participes passés des verbes *endormir* et *rendormir* sont variables : *endormi*, *endormie*, *endormis*, *endormies* ; *rendormi*, *rendormie*, *rendormis*, *rendormies*.

INDICATIF

Présent		Passé composé		
je	cour**s**	j'	ai	couru
tu	cour**s**	tu	as	couru
elle	cour**t**	elle	a	couru
nous	cour**ons**	nous	avons	couru
vous	cour**ez**	vous	avez	couru
elles	cour**ent**	elles	ont	couru

Imparfait		Plus-que-parfait		
je	cour**ais**	j'	avais	couru
tu	cour**ais**	tu	avais	couru
elle	cour**ait**	elle	avait	couru
nous	cour**ions**	nous	avions	couru
vous	cour**iez**	vous	aviez	couru
elles	cour**aient**	elles	avaient	couru

Passé simple		Passé antérieur		
je	cour**us**	j'	eus	couru
tu	cour**us**	tu	eus	couru
elle	cour**ut**	elle	eut	couru
nous	cour**ûmes**	nous	eûmes	couru
vous	cour**ûtes**	vous	eûtes	couru
elles	cour**urent**	elles	eurent	couru

Futur simple		Futur antérieur		
je	cour**rai**	j'	aurai	couru
tu	cour**ras**	tu	auras	couru
elle	cour**ra**	elle	aura	couru
nous	cour**rons**	nous	aurons	couru
vous	cour**rez**	vous	aurez	couru
elles	cour**ront**	elles	auront	couru

Conditionnel présent		Conditionnel passé		
je	cour**rais**	j'	aurais	couru
tu	cour**rais**	tu	aurais	couru
elle	cour**rait**	elle	aurait	couru
nous	cour**rions**	nous	aurions	couru
vous	cour**riez**	vous	auriez	couru
elles	cour**raient**	elles	auraient	couru

Attention au double r : l'un vient du radical et l'autre de la terminaison.

Attention au double r : l'un vient du radical et l'autre de la terminaison.

SUBJONCTIF

Présent

que je coure
que tu coures
qu' elle coure
que nous courions
que vous couriez
qu' elles courent

Passé

que j' aie couru
que tu aies couru
qu' elle ait couru
que nous ayons couru
que vous ayez couru
qu' elles aient couru

IMPÉRATIF

Présent

cours
courons
courez

INFINITIF

Présent

courir

PARTICIPE

Présent

courant

Passé

couru / courue
courus / courues

Futur proche

je vais courir
tu vas courir
elle va courir
nous allons courir
vous allez courir
elles vont courir

⊙ Les verbes *accourir*, *parcourir* et *secourir* se conjuguent comme *courir*.

INDICATIF

- Au singulier et à la 3e personne du pluriel, le radical *mour-* devient *meur-*.

Présent		Passé composé		
• je	meur**s**	je	suis	mort / te
• tu	meur**s**	tu	es	mort / te
• il / elle	meur**t**	il / elle	est	mort / te
nous	mour**ons**	nous	sommes	morts / tes
vous	mour**ez**	vous	êtes	morts / tes
• ils / elles	meur**ent**	ils / elles	sont	morts / tes

Imparfait		Plus-que-parfait		
je	mour**ais**	j'	étais	mort / te
tu	mour**ais**	tu	étais	mort / te
il / elle	mour**ait**	il / elle	était	mort / te
nous	mour**ions**	nous	étions	morts / tes
vous	mour**iez**	vous	étiez	morts / tes
ils / elles	mour**aient**	ils / elles	étaient	morts / tes

Passé simple		Passé antérieur		
je	mour**us**	je	fus	mort / te
tu	mour**us**	tu	fus	mort / te
il / elle	mour**ut**	il / elle	fut	mort / te
nous	mour**ûmes**	nous	fûmes	morts / tes
vous	mour**ûtes**	vous	fûtes	morts / tes
ils / elles	mour**urent**	ils / elles	furent	morts / tes

- Attention au double *r* : l'un vient du radical et l'autre de la terminaison.

Futur simple		Futur antérieur		
• je	mour**rai**	je	serai	mort / te
• tu	mour**ras**	tu	seras	mort / te
• il / elle	mour**ra**	il / elle	sera	mort / te
• nous	mour**rons**	nous	serons	morts / tes
• vous	mour**rez**	vous	serez	morts / tes
• ils / elles	mour**ront**	ils / elles	seront	morts / tes

- Attention au double *r* : l'un vient du radical et l'autre de la terminaison.

Conditionnel présent		Conditionnel passé		
• je	mour**rais**	je	serais	mort / te
• tu	mour**rais**	tu	serais	mort / te
• il / elle	mour**rait**	il / elle	serait	mort / te
• nous	mour**rions**	nous	serions	morts / tes
• vous	mour**riez**	vous	seriez	morts / tes
• ils / elles	mour**raient**	ils / elles	seraient	morts / tes

SUBJONCTIF

Au singulier et à la 3ᵉ personne du pluriel, le radical *mour-* devient *meur-*.

Présent			Passé			
que	je	meur**e**	que	je	sois	mort / te
que	tu	meur**es**	que	tu	sois	mort / te
qu'	il / elle	meur**e**	qu'	il / elle	soit	mort / te
que	nous	mour**ions**	que	nous	soyons	morts / tes
que	vous	mour**iez**	que	vous	soyez	morts / tes
qu'	ils / elles	meur**ent**	qu'	ils / elles	soient	morts / tes

IMPÉRATIF

Au singulier, le radical *mour-* devient *meur-*.

Présent
• meur**s**
mour**ons**
mour**ez**

INFINITIF

Présent
mour**ir**

PARTICIPE

Présent
mour**ant**

Passé
mor**t** / mor**te**
mor**ts** / mor**tes**

Futur proche

je	vais	mourir
tu	vas	mourir
il / elle	va	mourir
nous	allons	mourir
vous	allez	mourir
ils / elles	vont	mourir

⊙ Aucun autre verbe ne se conjugue comme *mourir*.

⊙ Le verbe *mourir* forme ses temps composés avec l'auxiliaire *être*.

INDICATIF

Présent

je	ser**s**
tu	ser**s**
il	ser**t**
nous	serv**ons**
vous	serv**ez**
ils	serv**ent**

Passé composé

j'	ai	servi
tu	as	servi
il	a	servi
nous	avons	servi
vous	avez	servi
ils	ont	servi

Imparfait

je	serv**ais**
tu	serv**ais**
il	serv**ait**
nous	serv**ions**
vous	serv**iez**
ils	serv**aient**

Plus-que-parfait

j'	avais	servi
tu	avais	servi
il	avait	servi
nous	avions	servi
vous	aviez	servi
ils	avaient	servi

Passé simple

je	serv**is**
tu	serv**is**
il	serv**it**
nous	serv**îmes**
vous	serv**îtes**
ils	serv**irent**

Passé antérieur

j'	eus	servi
tu	eus	servi
il	eut	servi
nous	eûmes	servi
vous	eûtes	servi
ils	eurent	servi

Futur simple

je	serv**irai**
tu	serv**iras**
il	serv**ira**
nous	serv**irons**
vous	serv**irez**
ils	serv**iront**

Futur antérieur

j'	aurai	servi
tu	auras	servi
il	aura	servi
nous	aurons	servi
vous	aurez	servi
ils	auront	servi

Conditionnel présent

je	serv**irais**
tu	serv**irais**
il	serv**irait**
nous	serv**irions**
vous	serv**iriez**
ils	serv**iraient**

Conditionnel passé

j'	aurais	servi
tu	aurais	servi
il	aurait	servi
nous	aurions	servi
vous	auriez	servi
ils	auraient	servi

SUBJONCTIF

		Présent				Passé
que	je	serve	que	j'	aie	servi
que	tu	serves	que	tu	aies	servi
qu'	il	serve	qu'	il	ait	servi
que	nous	servions	que	nous	ayons	servi
que	vous	serviez	que	vous	ayez	servi
qu'	ils	servent	qu'	ils	aient	servi

Au singulier, le radical *serv-* perd sa consonne finale : il devient *ser-*.

IMPÉRATIF

Présent
- sers
servons
servez

INFINITIF

Présent
servir

PARTICIPE

Présent
servant

Passé
servi / servie
servis / servies

Futur proche

je	vais	servir
tu	vas	servir
il	va	servir
nous	allons	servir
vous	allez	servir
ils	vont	servir

Les verbes *desservir* et *resservir* se conjuguent comme *servir*.

42   fuir

- À la 1re et à la 2e personne du pluriel, le radical *fui-* devient **fuy-**.

- À la 1re et à la 2e personne du pluriel, le radical *fui-* devient **fuy-**.

- Attention : à la 1re et à la 2e personne du pluriel, le verbe *fuir* s'écrit **yi**. Le **y** vient du radical de l'imparfait *fuy-* et le *i* vient de la terminaison.

INDICATIF

Présent

je	fuis
tu	fuis
elle	fuit
nous	fuyons
vous	fuyez
elles	fuient

Passé composé

j'	ai	fui
tu	as	fui
elle	a	fui
nous	avons	fui
vous	avez	fui
elles	ont	fui

Imparfait

je	fuyais
tu	fuyais
elle	fuyait
nous	fuyions
vous	fuyiez
elles	fuyaient

Plus-que-parfait

j'	avais	fui
tu	avais	fui
elle	avait	fui
nous	avions	fui
vous	aviez	fui
elles	avaient	fui

Passé simple

je	fuis
tu	fuis
elle	fuit
nous	fuîmes
vous	fuîtes
elles	fuirent

Passé antérieur

j'	eus	fui
tu	eus	fui
elle	eut	fui
nous	eûmes	fui
vous	eûtes	fui
elles	eurent	fui

Futur simple

je	fuirai
tu	fuiras
elle	fuira
nous	fuirons
vous	fuirez
elles	fuiront

Futur antérieur

j'	aurai	fui
tu	auras	fui
elle	aura	fui
nous	aurons	fui
vous	aurez	fui
elles	auront	fui

Conditionnel présent

je	fuirais
tu	fuirais
elle	fuirait
nous	fuirions
vous	fuiriez
elles	fuiraient

Conditionnel passé

j'	aurais	fui
tu	aurais	fui
elle	aurait	fui
nous	aurions	fui
vous	auriez	fui
elles	auraient	fui

SUBJONCTIF

Présent			Passé		
que	je	fuie	que	j'	aie	fui
que	tu	fuies	que	tu	aies	fui
qu'	elle	fuie	qu'	elle	ait	fui
que	nous	fuyions	que	nous	ayons	fui
que	vous	fuyiez	que	vous	ayez	fui
qu'	elles	fuient	qu'	elles	aient	fui

Attention : à la 1re et à la 2e personne du pluriel, le verbe *fuir* s'écrit *yi*. Le *y* vient du radical de l'imparfait *fuy-* et le *i* vient de la terminaison.

IMPÉRATIF

Présent
fuis
• fuyons
• fuyez

Au pluriel, le radical *fui-* devient *fuy-*.

INFINITIF

Présent
fuir

PARTICIPE

Présent
fuyant

Passé
fui / fuie
fuis / fuies

Futur proche
je	vais	fuir
tu	vas	fuir
elle	va	fuir
nous	allons	fuir
vous	allez	fuir
elles	vont	fuir

⊚ Le verbe *s'enfuir* se conjugue comme *fuir*, mais il forme ses temps composés avec l'auxiliaire *être*.

- Au singulier, le radical recev- devient *reçoi-*. Attention de bien ajouter la cédille sous le *c* (*ç*) devant la voyelle *o*.
- Le radical *recev-* devient *reçoiv-* devant un *e* muet. Attention de bien ajouter la cédille sous le *c* (*ç*) devant la voyelle *o*.

- Attention de bien ajouter la cédille sous le *c* (*ç*) devant la voyelle *u*.

INDICATIF

Présent		**Passé composé**		
je	reçois	j'	ai	reçu
tu	reçois	tu	as	reçu
il	reçoit	il	a	reçu
nous	recevons	nous	avons	reçu
vous	recevez	vous	avez	reçu
ils	reçoivent	ils	ont	reçu

Imparfait		**Plus-que-parfait**		
je	recevais	j'	avais	reçu
tu	recevais	tu	avais	reçu
il	recevait	il	avait	reçu
nous	recevions	nous	avions	reçu
vous	receviez	vous	aviez	reçu
ils	recevaient	ils	avaient	reçu

Passé simple		**Passé antérieur**		
je	reçus	j'	eus	reçu
tu	reçus	tu	eus	reçu
il	reçut	il	eut	reçu
nous	reçûmes	nous	eûmes	reçu
vous	reçûtes	vous	eûtes	reçu
ils	reçurent	ils	eurent	reçu

Futur simple		**Futur antérieur**		
je	recevrai	j'	aurai	reçu
tu	recevras	tu	auras	reçu
il	recevra	il	aura	reçu
nous	recevrons	nous	aurons	reçu
vous	recevrez	vous	aurez	reçu
ils	recevront	ils	auront	reçu

Conditionnel présent		**Conditionnel passé**		
je	recevrais	j'	aurais	reçu
tu	recevrais	tu	aurais	reçu
il	recevrait	il	aurait	reçu
nous	recevrions	nous	aurions	reçu
vous	recevriez	vous	auriez	reçu
ils	recevraient	ils	auraient	reçu

SUBJONCTIF

Présent

- que je reçoive
- que tu reçoives
- qu' il reçoive
- que nous recevions
- que vous receviez
- qu' ils reçoivent

Passé

que	j'	aie	reçu
que	tu	aies	reçu
qu'	il	ait	reçu
que	nous	ayons	reçu
que	vous	ayez	reçu
qu'	ils	aient	reçu

Le radical *recev-* devient *reçoiv-* devant un *e* muet. Attention de bien ajouter la cédille sous le *c* (*ç*) devant la voyelle *o*.

IMPÉRATIF

Présent

- reçois
- recevons
- recevez

Au singulier, le radical *recev-* devient *reçoi-*. Attention de bien ajouter la cédille sous le *c* (*ç*) devant la voyelle *o*.

INFINITIF

Présent

recevoir

PARTICIPE

Présent

recevant

Passé

- reçu / reçue
  reçus / reçues

Attention de bien ajouter la cédille sous le *c* (*ç*) devant la voyelle *u*.

Futur proche

je	vais	recevoir
tu	vas	recevoir
il	va	recevoir
nous	allons	recevoir
vous	allez	recevoir
ils	vont	recevoir

⊙ Les verbes *apercevoir*, *concevoir*, *décevoir* et *percevoir* se conjuguent comme *recevoir*.

INDICATIF

Présent		Passé composé		
je	vois	j'	ai	vu
tu	vois	tu	as	vu
elle	voit	elle	a	vu
nous	voyons	nous	avons	vu
vous	voyez	vous	avez	vu
elles	voient	elles	ont	vu

- À la 1re et 2e personne du pluriel, le radical *voi-* devient **voy-**.

Imparfait		Plus-que-parfait		
je	voyais	j'	avais	vu
tu	voyais	tu	avais	vu
elle	voyait	elle	avait	vu
nous	voyions	nous	avions	vu
vous	voyiez	vous	aviez	vu
elles	voyaient	elles	avaient	vu

- Attention : à la 1re et 2e personne du pluriel, le verbe *voir* s'écrit *yi*. Le **y** vient du radical de l'imparfait *voy-* et le *i* vient de la terminaison.

Passé simple		Passé antérieur		
je	vis	j'	eus	vu
tu	vis	tu	eus	vu
elle	vit	elle	eut	vu
nous	vîmes	nous	eûmes	vu
vous	vîtes	vous	eûtes	vu
elles	virent	elles	eurent	vu

Futur simple		Futur antérieur		
je	verrai	j'	aurai	vu
tu	verras	tu	auras	vu
elle	verra	elle	aura	vu
nous	verrons	nous	aurons	vu
vous	verrez	vous	aurez	vu
elles	verront	elles	auront	vu

- Le radical du verbe *voir* devient **ver-**. Attention au double *r* : l'un vient du radical et l'autre de la terminaison. Le verbe *prévoir* se conjugue différemment au futur simple (voir la note au bas de la page 135).

Conditionnel présent		Conditionnel passé		
je	verrais	j'	aurais	vu
tu	verrais	tu	aurais	vu
elle	verrait	elle	aurait	vu
nous	verrions	nous	aurions	vu
vous	verriez	vous	auriez	vu
elles	verraient	elles	auraient	vu

- Le radical du verbe *voir* devient **ver-**. Attention au double *r* : l'un vient du radical et l'autre de la terminaison. Le verbe *prévoir* se conjugue différemment au conditionnel présent (voir la note au bas de la page 135).

SUBJONCTIF

Présent			Passé			
que	je	voi**e**	que	j'	aie	vu
que	tu	voi**es**	que	tu	aies	vu
qu'	elle	voi**e**	qu'	elle	ait	vu
que	nous	voy**ions**	que	nous	ayons	vu
que	vous	voy**iez**	que	vous	ayez	vu
qu'	elles	voi**ent**	qu'	elles	aient	vu

Attention : à la 1re et 2e personne du pluriel, le verbe *voir* s'écrit **yi**. Le **y** vient du radical *voy*- et le **i** vient de la terminaison.

IMPÉRATIF

Présent
voi**s**
voy**ons**
voy**ez**

Au pluriel, le radical *voi*- devient *voy*-.

INFINITIF

Présent
v**oir**

PARTICIPE

Présent
voy**ant**

Passé
v**u** / v**ue**
v**us** / v**ues**

Futur proche

je	vais	voir
tu	vas	voir
elle	va	voir
nous	allons	voir
vous	allez	voir
elles	vont	voir

⊚ Les verbes *entrevoir* et *revoir* se conjuguent comme *voir*.

⊚ Le verbe *prévoir* se conjugue aussi sur ce modèle, mais il est régulier au futur simple et au conditionnel présent : *je prévoirai* (futur simple), *je prévoirais* (conditionnel présent).

INDICATIF

Présent			Passé composé		
• je	sais		j'	ai	su
• tu	sais		tu	as	su
• il	sait		il	a	su
nous	savons		nous	avons	su
vous	savez		vous	avez	su
ils	savent		ils	ont	su

Imparfait			Plus-que-parfait		
je	savais		j'	avais	su
tu	savais		tu	avais	su
il	savait		il	avait	su
nous	savions		nous	avions	su
vous	saviez		vous	aviez	su
ils	savaient		ils	avaient	su

Passé simple			Passé antérieur		
je	sus		j'	eus	su
tu	sus		tu	eus	su
il	sut		il	eut	su
nous	sûmes		nous	eûmes	su
vous	sûtes		vous	eûtes	su
ils	surent		ils	eurent	su

Futur simple			Futur antérieur		
je	saurai		j'	aurai	su
tu	sauras		tu	auras	su
il	saura		il	aura	su
nous	saurons		nous	aurons	su
vous	saurez		vous	aurez	su
ils	sauront		ils	auront	su

Conditionnel présent			Conditionnel passé		
je	saurais		j'	aurais	su
tu	saurais		tu	aurais	su
il	saurait		il	aurait	su
nous	saurions		nous	aurions	su
vous	sauriez		vous	auriez	su
ils	sauraient		ils	auraient	su

• Au singulier, le radical *sav-* devient *sai-*.

SUBJONCTIF

Présent

que	je	sache
que	tu	saches
qu'	il	sache
que	nous	sachions
que	vous	sachiez
qu'	ils	sachent

Passé

que	j'	aie	su
que	tu	aies	su
qu'	il	ait	su
que	nous	ayons	su
que	vous	ayez	su
qu'	ils	aient	su

IMPÉRATIF

Présent

sache
sachons
sachez

INFINITIF

Présent

savoir

PARTICIPE

Présent

sachant

Passé

su / sue
sus / sues

Futur proche

je	vais	savoir
tu	vas	savoir
il	va	savoir
nous	allons	savoir
vous	allez	savoir
ils	vont	savoir

⊙ Aucun autre verbe ne se conjugue comme *savoir*.

⊙ À la 2ᵉ personne du singulier du présent de l'impératif, le verbe *savoir* prend un *-s* devant les pronoms *-en* et *-y*: *Sache des poèmes. Saches-en.*

- Au singulier, le radical *dev-* devient *doi-*.
- Le radical *dev-* devient *doiv-* devant un *e* muet.

Présent
• je	doi**s**
• tu	doi**s**
• elle	doi**t**
nous	dev**ons**
vous	dev**ez**
• elles	doi**vent**

Passé composé
j'	ai	dû
tu	as	dû
elle	a	dû
nous	avons	dû
vous	avez	dû
elles	ont	dû

Imparfait
je	dev**ais**
tu	dev**ais**
elle	dev**ait**
nous	dev**ions**
vous	dev**iez**
elles	dev**aient**

Plus-que-parfait
j'	avais	dû
tu	avais	dû
elle	avait	dû
nous	avions	dû
vous	aviez	dû
elles	avaient	dû

Passé simple
je	d**us**
tu	d**us**
elle	d**ut**
nous	d**ûmes**
vous	d**ûtes**
elles	d**urent**

Passé antérieur
j'	eus	dû
tu	eus	dû
elle	eut	dû
nous	eûmes	dû
vous	eûtes	dû
elles	eurent	dû

Futur simple
je	dev**rai**
tu	dev**ras**
elle	dev**ra**
nous	dev**rons**
vous	dev**rez**
elles	dev**ront**

Futur antérieur
j'	aurai	dû
tu	auras	dû
elle	aura	dû
nous	aurons	dû
vous	aurez	dû
elles	auront	dû

Conditionnel présent
je	dev**rais**
tu	dev**rais**
elle	dev**rait**
nous	dev**rions**
vous	dev**riez**
elles	dev**raient**

Conditionnel passé
j'	aurais	dû
tu	aurais	dû
elle	aurait	dû
nous	aurions	dû
vous	auriez	dû
elles	auraient	dû

SUBJONCTIF

Présent
- que je doiv**e**
- que tu doiv**es**
- qu' elle doiv**e**
- que nous dev**ions**
- que vous dev**iez**
- qu' elles doiv**ent**

Passé
- que j' aie dû
- que tu aies dû
- qu' elle ait dû
- que nous ayons dû
- que vous ayez dû
- qu' elles aient dû

Le radical *dev-* devient *doiv-* devant un *e* muet.

IMPÉRATIF

Présent
- doi**s**
- dev**ons**
- dev**ez**

Au singulier, le radical *dev-* devient *doi-*.

INFINITIF

Présent
dev**oir**

PARTICIPE

Présent
dev**ant**

Passé
- d**û** / d**ue**
- d**us** / d**ues**

Au masculin singulier, le participe passé *dû* prend un accent circonflexe sur la voyelle *u* (*û*).

Futur proche

je	vais	devoir
tu	vas	devoir
elle	va	devoir
nous	allons	devoir
vous	allez	devoir
elles	vont	devoir

⊙ Aucun verbe courant ne se conjugue comme *devoir*.

- Au singulier, le radical *pouv-* devient *peu-*. À la 1re et à la 2e personne du singulier, attention à la terminaison : *-x*.
- Le radical *pouv-* devient *peuv-* devant un *e* muet.

INDICATIF

Présent
je	peu**x** / pui**s**
tu	peu**x**
il	peu**t**
nous	pouv**ons**
vous	pouv**ez**
ils	peu**vent**

Passé composé
j'	ai	pu
tu	as	pu
il	a	pu
nous	avons	pu
vous	avez	pu
ils	ont	pu

Imparfait
je	pouv**ais**
tu	pouv**ais**
il	pouv**ait**
nous	pouv**ions**
vous	pouv**iez**
ils	pouv**aient**

Plus-que-parfait
j'	avais	pu
tu	avais	pu
il	avait	pu
nous	avions	pu
vous	aviez	pu
ils	avaient	pu

Passé simple
je	p**us**
tu	p**us**
il	p**ut**
nous	p**ûmes**
vous	p**ûtes**
ils	p**urent**

Passé antérieur
j'	eus	pu
tu	eus	pu
il	eut	pu
nous	eûmes	pu
vous	eûtes	pu
ils	eurent	pu

Futur simple
je	pour**rai**
tu	pour**ras**
il	pour**ra**
nous	pour**rons**
vous	pour**rez**
ils	pour**ront**

Futur antérieur
j'	aurai	pu
tu	auras	pu
il	aura	pu
nous	aurons	pu
vous	aurez	pu
ils	auront	pu

- Le radical du verbe *pouvoir* devient *pour-*. Attention au double *r* : l'un vient du radical et l'autre de la terminaison.

Conditionnel présent
je	pour**rais**
tu	pour**rais**
il	pour**rait**
nous	pour**rions**
vous	pour**riez**
ils	pour**raient**

Conditionnel passé
j'	aurais	pu
tu	aurais	pu
il	aurait	pu
nous	aurions	pu
vous	auriez	pu
ils	auraient	pu

- Le radical du verbe *pouvoir* devient *pour-*. Attention au double *r* : l'un vient du radical et l'autre de la terminaison.

SUBJONCTIF

Présent

que	je	puisse
que	tu	puisses
qu'	il	puisse
que	nous	puissions
que	vous	puissiez
qu'	ils	puissent

Passé

que	j'	aie	pu
que	tu	aies	pu
qu'	il	ait	pu
que	nous	ayons	pu
que	vous	ayez	pu
qu'	ils	aient	pu

IMPÉRATIF

Présent

.
.
.

INFINITIF

Présent

pouvoir

PARTICIPE

Présent

pouvant

Passé

• pu

Le participe passé *pu* est invariable.

Futur proche

je	vais	pouvoir
tu	vas	pouvoir
il	va	pouvoir
nous	allons	pouvoir
vous	allez	pouvoir
ils	vont	pouvoir

⊙ Aucun verbe courant ne se conjugue comme *pouvoir*.

⊙ Le verbe *pouvoir* ne se conjugue pas à l'impératif.

- Au singulier, le radical *émouv-* devient *émeu-*.
- Le radical *émouv-* devient *émeuv-* devant un *e* muet.

INDICATIF

Présent

j'	émeu**s**
tu	émeu**s**
elle	émeu**t**
nous	émouv**ons**
vous	émouv**ez**
elles	émeuv**ent**

Passé composé

j'	ai	ému
tu	as	ému
elle	a	ému
nous	avons	ému
vous	avez	ému
elles	ont	ému

Imparfait

j'	émouv**ais**
tu	émouv**ais**
elle	émouv**ait**
nous	émouv**ions**
vous	émouv**iez**
elles	émouv**aient**

Plus-que-parfait

j'	avais	ému
tu	avais	ému
elle	avait	ému
nous	avions	ému
vous	aviez	ému
elles	avaient	ému

Passé simple

j'	ém**us**
tu	ém**us**
elle	ém**ut**
nous	ém**ûmes**
vous	ém**ûtes**
elles	ém**urent**

Passé antérieur

j'	eus	ému
tu	eus	ému
elle	eut	ému
nous	eûmes	ému
vous	eûtes	ému
elles	eurent	ému

Futur simple

j'	émouv**rai**
tu	émouv**ras**
elle	émouv**ra**
nous	émouv**rons**
vous	émouv**rez**
elles	émouv**ront**

Futur antérieur

j'	aurai	ému
tu	auras	ému
elle	aura	ému
nous	aurons	ému
vous	aurez	ému
elles	auront	ému

Conditionnel présent

j'	émouv**rais**
tu	émouv**rais**
elle	émouv**rait**
nous	émouv**rions**
vous	émouv**riez**
elles	émouv**raient**

Conditionnel passé

j'	aurais	ému
tu	aurais	ému
elle	aurait	ému
nous	aurions	ému
vous	auriez	ému
elles	auraient	ému

SUBJONCTIF

	Présent			Passé		
que	j'	émeuve	que	j'	aie	ému
que	tu	émeuves	que	tu	aies	ému
qu'	elle	émeuve	qu'	elle	ait	ému
que	nous	émouvions	que	nous	ayons	ému
que	vous	émouviez	que	vous	ayez	ému
qu'	elles	émeuvent	qu'	elles	aient	ému

Le radical *émouv-* devient *émeuv-* devant un *e* muet.

IMPÉRATIF

Présent
émeus
émouvons
émouvez

INFINITIF

Présent
émouvoir

Au singulier, le radical *émouv-* devient *émeu-*.

PARTICIPE

Présent
émouvant

Passé
ému / émue
émus / émues

Futur proche

je	vais	émouvoir
tu	vas	émouvoir
elle	va	émouvoir
nous	allons	émouvoir
vous	allez	émouvoir
elles	vont	émouvoir

⊙ Aucun verbe courant ne se conjugue comme *émouvoir*.

INDICATIF

Présent		Passé composé		
•		•		
•		•		
il	pleu**t**	il	a	plu
•		•		
•		•		
•		•		

Imparfait		Plus-que-parfait		
•		•		
•		•		
il	pleuv**ait**	il	avait	plu
•		•		
•		•		
•		•		

Passé simple		Passé antérieur		
•		•		
•		•		
il	pl**ut**	il	eut	plu
•		•		
•		•		
•		•		

Futur simple		Futur antérieur		
•		•		
•		•		
il	pleuv**ra**	il	aura	plu
•		•		
•		•		
•		•		

Conditionnel présent		Conditionnel passé		
•		•		
•		•		
il	pleuv**rait**	il	aurait	plu
•		•		
•		•		
•		•		

SUBJONCTIF

Présent

Passé

•

•

•

•

qu' il   pleuv**e**

qu' il   ait   plu

•

•

•

•

•

•

IMPÉRATIF

INFINITIF

Présent

Présent
pleuv**oir**

•

•

•

PARTICIPE

Présent
pleuv**ant**

Passé
• pl**u**

Le participe passé *plu* est invariable.

Futur proche

•

•

il   va   pleuvoir

•

•

•

• •

⊙ Le verbe *pleuvoir* est un verbe impersonnel. Il se conjugue seulement avec *il*, aux temps indiqués dans le tableau.

⊙ Aucun verbe courant ne se conjugue comme *pleuvoir*.

INDICATIF

Présent

·
·
il   fau**t**
·
·
·

Passé composé

·
·
il   a   fallu
·
·
·

Imparfait

·
·
il   fall**ait**
·
·
·

Plus-que-parfait

·
·
il   avait   fallu
·
·
·

Passé simple

·
·
il   fall**ut**
·
·
·

Passé antérieur

·
·
il   eut   fallu
·
·
·

Futur simple

·
·
il   faud**ra**
·
·
·

Futur antérieur

·
·
il   aura   fallu
·
·
·

Conditionnel présent

·
·
il   faud**rait**
·
·
·

Conditionnel passé

·
·
il   aurait   fallu
·
·
·

SUBJONCTIF

Présent

·
·
qu' il faill**e**
·
·
·

Passé

·
·
qu' il ait fallu
·
·
·

IMPÉRATIF

Présent

·
·
·

INFINITIF

Présent
fall**oir**

PARTICIPE

Présent

·

Le participe passé *fallu* est invariable.

Passé

· fall**u**

Futur proche

·
·
il va falloir
·
·
·

· ·

⊙ Le verbe *falloir* est un verbe impersonnel. Il se conjugue seulement avec *il*, aux temps indiqués dans le tableau.

⊙ Aucun autre verbe ne se conjugue comme *falloir*.

Au singulier, le radical *val-* devient *vau-*. À la 1re et à la 2e personne du singulier, attention à la terminaison : *-x*.

INDICATIF

Présent		Passé composé		
je	vau**x**	j'	ai	valu
tu	vau**x**	tu	as	valu
il	vau**t**	il	a	valu
nous	val**ons**	nous	avons	valu
vous	val**ez**	vous	avez	valu
ils	val**ent**	ils	ont	valu

Imparfait		Plus-que-parfait		
je	val**ais**	j'	avais	valu
tu	val**ais**	tu	avais	valu
il	val**ait**	il	avait	valu
nous	val**ions**	nous	avions	valu
vous	val**iez**	vous	aviez	valu
ils	val**aient**	ils	avaient	valu

Passé simple		Passé antérieur		
je	val**us**	j'	eus	valu
tu	val**us**	tu	eus	valu
il	val**ut**	il	eut	valu
nous	val**ûmes**	nous	eûmes	valu
vous	val**ûtes**	vous	eûtes	valu
ils	val**urent**	ils	eurent	valu

Futur simple		Futur antérieur		
je	vaud**rai**	j'	aurai	valu
tu	vaud**ras**	tu	auras	valu
il	vaud**ra**	il	aura	valu
nous	vaud**rons**	nous	aurons	valu
vous	vaud**rez**	vous	aurez	valu
ils	vaud**ront**	ils	auront	valu

Conditionnel présent		Conditionnel passé		
je	vaud**rais**	j'	aurais	valu
tu	vaud**rais**	tu	aurais	valu
il	vaud**rait**	il	aurait	valu
nous	vaud**rions**	nous	aurions	valu
vous	vaud**riez**	vous	auriez	valu
ils	vaud**raient**	ils	auraient	valu

SUBJONCTIF

Présent

que	je	vaille
que	tu	vailles
qu'	il	vaille
que	nous	valions
que	vous	valiez
qu'	ils	vaillent

Passé

que	j'	aie	valu
que	tu	aies	valu
qu'	il	ait	valu
que	nous	ayons	valu
que	vous	ayez	valu
qu'	ils	aient	valu

Le radical *val*- devient *vaill*- devant un *e* muet.

IMPÉRATIF

Présent

vaux
valons
valez

Au singulier, le radical *val*- devient *vau*-. Attention à la terminaison : -*x*.

INFINITIF

Présent

valoir

PARTICIPE

Présent

valant

Passé

valu / value
valus / values

Futur proche

je	vais	valoir
tu	vas	valoir
Il	va	valoir
nous	allons	valoir
vous	allez	valoir
ils	vont	valoir

⊙ Le verbe *équivaloir* se conjugue comme *valoir*.

52 vouloir

- Au singlier, le radical *voul-* devient *veu-*. À la 1re et à la 2e personne du singulier, attention à la terminaison : *-x*.
- Le radical *voul-* devient *veul-* devant un *e* muet.

INDICATIF

Présent
- je veux
- tu veux
- elle veut
- nous voulons
- vous voulez
- elles veulent

Passé composé
j' ai voulu
tu as voulu
elle a voulu
nous avons voulu
vous avez voulu
elles ont voulu

Imparfait
je voulais
tu voulais
elle voulait
nous voulions
vous vouliez
elles voulaient

Plus-que-parfait
j' avais voulu
tu avais voulu
elle avait voulu
nous avions voulu
vous aviez voulu
elles avaient voulu

Passé simple
je voulus
tu voulus
elle voulut
nous voulûmes
vous voulûtes
elles voulurent

Passé antérieur
j' eus voulu
tu eus voulu
elle eut voulu
nous eûmes voulu
vous eûtes voulu
elles eurent voulu

Futur simple
je voudrai
tu voudras
elle voudra
nous voudrons
vous voudrez
elles voudront

Futur antérieur
j' aurai voulu
tu auras voulu
elle aura voulu
nous aurons voulu
vous aurez voulu
elles auront voulu

Conditionnel présent
je voudrais
tu voudrais
elle voudrait
nous voudrions
vous voudriez
elles voudraient

Conditionnel passé
j' aurais voulu
tu aurais voulu
elle aurait voulu
nous aurions voulu
vous auriez voulu
elles auraient voulu

SUBJONCTIF

Présent

que	je	veuill**e**
que	tu	veuill**es**
qu'	elle	veuill**e**
que	nous	voul**ions** / veuill**ions**
que	vous	voul**iez** / veuill**iez**
qu'	elles	veuill**ent**

Passé

que	j'	aie	voulu
que	tu	aies	voulu
qu'	elle	ait	voulu
que	nous	ayons	voulu
que	vous	ayez	voulu
qu'	elles	aient	voulu

Le radical *voul-* devient **veuill-** devant un *e* muet.

IMPÉRATIF

Présent

veu**x** / veuill**e**
voul**ons** / veuill**ons**
voul**ez** / veuill**ez**

Au singulier, le radical *voul-* devient *veu-*. Attention à la terminaison : -*x*.

INFINITIF

Présent

voul**oir**

PARTICIPE

Présent

voul**ant**

Passé

voul**u** / voul**ue**
voul**us** / voul**ues**

Futur proche

je	vais	vouloir
tu	vas	vouloir
elle	va	vouloir
nous	allons	vouloir
vous	allez	vouloir
elles	vont	vouloir

⊙ Aucun verbe courant ne se conjugue comme *vouloir*.

INDICATIF

- À la 1re et à la 2e personne du pluriel, le radical *assoi-* devient *assoy-*.

- Attention : à la 1re et à la 2e personne du pluriel, n'oublie pas d'écrire le *i* après le *y*. Le *y* vient du radical de l'imparfait *assoy-* et le *i* vient de la terminaison.

Présent

j'	assois
tu	assois
il	assoit
nous	assoyons
vous	assoyez
ils	assoient

Passé composé

j'	ai	assis
tu	as	assis
il	a	assis
nous	avons	assis
vous	avez	assis
ils	ont	assis

Imparfait

j'	assoyais
tu	assoyais
il	assoyait
nous	assoyions
vous	assoyiez
ils	assoyaient

Plus-que-parfait

j'	avais	assis
tu	avais	assis
il	avait	assis
nous	avions	assis
vous	aviez	assis
ils	avaient	assis

Passé simple

j'	assis
tu	assis
il	assit
nous	assîmes
vous	assîtes
ils	assirent

Passé antérieur

j'	eus	assis
tu	eus	assis
il	eut	assis
nous	eûmes	assis
vous	eûtes	assis
ils	eurent	assis

Futur simple

j'	assoirai
tu	assoiras
il	assoira
nous	assoirons
vous	assoirez
ils	assoiront

Futur antérieur

j'	aurai	assis
tu	auras	assis
il	aura	assis
nous	aurons	assis
vous	aurez	assis
ils	auront	assis

Conditionnel présent

j'	assoirais
tu	assoirais
il	assoirait
nous	assoirions
vous	assoiriez
ils	assoiraient

Conditionnel passé

j'	aurais	assis
tu	aurais	assis
il	aurait	assis
nous	aurions	assis
vous	auriez	assis
ils	auraient	assis

SUBJONCTIF

Présent

que j' assoi**e**
que tu assoi**es**
qu' il assoi**e**
• que nous assoy**ions**
• que vous assoy**iez**
qu' ils assoi**ent**

Passé

que j' aie assis
que tu aies assis
qu' il ait assis
que nous ayons assis
que vous ayez assis
qu' ils aient assis

Attention : à la 1ʳᵉ et à la 2ᵉ personne du pluriel, n'oublie pas d'écrire le *i* après le *y*. Le *y* vient du radical de l'imparfait *assoy-* et le *i* vient de la terminaison.

NOUVELLE ORTHOGRAPHE

assoir

Au pluriel, le radical *assoi-* devient *assoy-*.

IMPÉRATIF

Présent

assoi**s**
• assoy**ons**
• assoy**ez**

INFINITIF

Présent

○ ass**eoir**

PARTICIPE

Présent

assoy**ant**

Passé

assi**s** / assi**se**
assi**s** / assi**ses**

NOUVELLE ORTHOGRAPHE

je	vais	assoir
tu	vas	assoir
il	va	assoir
nous	allons	assoir
vous	allez	assoir
ils	vont	assoir

Futur proche

○ je vais asseoir
○ tu vas asseoir
○ il va asseoir
○ nous allons asseoir
○ vous allez asseoir
○ ils vont asseoir

⊙ En nouvelle orthographe, ce verbe s'écrit *assoir* (sans *e*) à l'infinitif. L'orthographe rectifiée est indiquée sur fond bleu en marge de la conjugaison concernée.

⊙ Le verbe *rasseoir* (*rassoir*) se conjugue comme *asseoir* (*assoir*) : *je rassois* (présent de l'indicatif). Comme le verbe *asseoir* (*assoir*), il peut aussi se conjuguer sur le modèle du tableau 54 : *je rassieds* (présent de l'indicatif).

INDICATIF

- Au singulier, le radical est *assied-*.

Présent

• j'	assie**ds**
• tu	assie**ds**
• elle	assie**d**
nous	assey**ons**
vous	assey**ez**
elles	assey**ent**

Passé composé

j'	ai	assis
tu	as	assis
elle	a	assis
nous	avons	assis
vous	avez	assis
elles	ont	assis

Imparfait

j'	assey**ais**
tu	assey**ais**
elle	assey**ait**
• nous	asse**yions**
• vous	asse**yiez**
elles	assey**aient**

Plus-que-parfait

j'	avais	assis
tu	avais	assis
elle	avait	assis
nous	avions	assis
vous	aviez	assis
elles	avaient	assis

- Attention : à la 1re et à la 2e personne du pluriel, n'oublie pas d'écrire le *i* après le *y*. Le *y* vient du radical de l'imparfait *assey-* et le *i* vient de la terminaison.

Passé simple

j'	ass**is**
tu	ass**is**
elle	ass**it**
nous	ass**îmes**
vous	ass**îtes**
elles	ass**irent**

Passé antérieur

j'	eus	assis
tu	eus	assis
elle	eut	assis
nous	eûmes	assis
vous	eûtes	assis
elles	eurent	assis

Futur simple

j'	assié**rai**
tu	assié**ras**
elle	assié**ra**
nous	assié**rons**
vous	assié**rez**
elles	assié**ront**

Futur antérieur

j'	aurai	assis
tu	auras	assis
elle	aura	assis
nous	aurons	assis
vous	aurez	assis
elles	auront	assis

Conditionnel présent

j'	assié**rais**
tu	assié**rais**
elle	assié**rait**
nous	assié**rions**
vous	assié**riez**
elles	assié**raient**

Conditionnel passé

j'	aurais	assis
tu	aurais	assis
elle	aurait	assis
nous	aurions	assis
vous	auriez	assis
elles	auraient	assis

Attention : à la 1re et à la 2e personne du pluriel, n'oublie pas d'écrire le *i* après le *y*. Le *y* vient du radical *assoy-* et le *i* vient de la terminaison.

SUBJONCTIF

Présent

que j' asseye
que tu asseyes
qu' elle asseye
que nous asseyions
que vous asseyiez
qu' elles asseyent

Passé

que j' aie assis
que tu aies assis
qu' elle ait assis
que nous ayons assis
que vous ayez assis
qu' elles aient assis

NOUVELLE ORTHOGRAPHE

assoir

Au singulier, le radical est *assied-*.

IMPÉRATIF

Présent

assieds
asseyons
asseyez

INFINITIF

Présent

asseoir

PARTICIPE

Présent

asseyant

Passé

assis / assise
assis / assises

NOUVELLE ORTHOGRAPHE

je	vais	assoir
tu	vas	assoir
elle	va	assoir
nous	allons	assoir
vous	allez	assoir
elles	vont	assoir

Futur proche

je vais asseoir
tu vas asseoir
elle va asseoir
nous allons asseoir
vous allez asseoir
elles vont asseoir

○ En nouvelle orthographe, ce verbe s'écrit *assoir* (sans e) à l'infinitif. L'orthographe rectifiée est indiquée sur fond bleu en marge de la conjugaison concernée.

○ Le verbe *rasseoir* (*rassoir*) se conjugue comme *asseoir* (*assoir*) : *je rassieds* (présent de l'indicatif). Comme le verbe *asseoir* (*assoir*), il peut aussi se conjuguer sur le modèle du tableau 53 : *je rassois* (présent de l'indicatif).

rendre | verbes en *-andre*, en *-endre* (sauf *prendre* et ses composés), en *-ondre*, en *-erdre* et en *-ord*

INDICATIF

- Au singulier, le radical *rend-* garde son *d* muet.

Présent		Passé composé		
je	rend**s**	j'	ai	rendu
tu	rend**s**	tu	as	rendu
il	ren**d**	il	a	rendu
nous	rend**ons**	nous	avons	rendu
vous	rend**ez**	vous	avez	rendu
ils	rend**ent**	ils	ont	rendu

Imparfait		Plus-que-parfait		
je	rend**ais**	j'	avais	rendu
tu	rend**ais**	tu	avais	rendu
il	rend**ait**	il	avait	rendu
nous	rend**ions**	nous	avions	rendu
vous	rend**iez**	vous	aviez	rendu
ils	rend**aient**	ils	avaient	rendu

Passé simple		Passé antérieur		
je	rend**is**	j'	eus	rendu
tu	rend**is**	tu	eus	rendu
il	rend**it**	il	eut	rendu
nous	rend**îmes**	nous	eûmes	rendu
vous	rend**îtes**	vous	eûtes	rendu
ils	rend**irent**	ils	eurent	rendu

Futur simple		Futur antérieur		
je	rend**rai**	j'	aurai	rendu
tu	rend**ras**	tu	auras	rendu
il	rend**ra**	il	aura	rendu
nous	rend**rons**	nous	aurons	rendu
vous	rend**rez**	vous	aurez	rendu
ils	rend**ront**	ils	auront	rendu

Conditionnel présent		Conditionnel passé		
je	rend**rais**	j'	aurais	rendu
tu	rend**rais**	tu	aurais	rendu
il	rend**rait**	il	aurait	rendu
nous	rend**rions**	nous	aurions	rendu
vous	rend**riez**	vous	auriez	rendu
ils	rend**raient**	ils	auraient	rendu

SUBJONCTIF

Présent

que	je	rende
que	tu	rendes
qu'	il	rende
que	nous	rendions
que	vous	rendiez
qu'	ils	rendent

Passé

que	j'	aie	rendu
que	tu	aies	rendu
qu'	il	ait	rendu
que	nous	ayons	rendu
que	vous	ayez	rendu
qu'	ils	aient	rendu

IMPÉRATIF

Présent

• rends
rendons
rendez

INFINITIF

Présent

rendre

Au singulier, le radical *rend*- garde son *d* muet.

PARTICIPE

Présent

rendant

Passé

rendu / rendue
rendus / rendues

Futur proche

je	vais	rendre
tu	vas	rendre
il	va	rendre
nous	allons	rendre
vous	allez	rendre
ils	vont	rendre

⊙ Plus de 50 verbes se conjuguent comme *rendre*. Les plus courants sont : *attendre, confondre, correspondre, défendre, dépendre, descendre, détendre, entendre, fendre, fondre, mordre, pendre, perdre, pondre, prétendre, redescendre, répandre, répondre, sous-entendre, suspendre, tendre, tondre, tordre* et *vendre*.

157

- Au singulier, le radical *prend-* garde son *d* muet.
- À la 1re et à la 2e personne du pluriel, le radical *prend-* devient *pren-*.
- Le radical *prend-* devient *prenn-* devant un *e* muet.

INDICATIF

Présent

• je	prend**s**
• tu	prend**s**
• elle	prend
• nous	pren**ons**
• vous	pren**ez**
• elles	prenn**ent**

Passé composé

j'	ai	pris
tu	as	pris
elle	a	pris
nous	avons	pris
vous	avez	pris
elles	ont	pris

Imparfait

je	pren**ais**
tu	pren**ais**
elle	pren**ait**
nous	pren**ions**
vous	pren**iez**
elles	pren**aient**

Plus-que-parfait

j'	avais	pris
tu	avais	pris
elle	avait	pris
nous	avions	pris
vous	aviez	pris
elles	avaient	pris

Passé simple

je	pr**is**
tu	pr**is**
elle	pr**it**
nous	prî**mes**
vous	prî**tes**
elles	pr**irent**

Passé antérieur

j'	eus	pris
tu	eus	pris
elle	eut	pris
nous	eûmes	pris
vous	eûtes	pris
elles	eurent	pris

Futur simple

je	prend**rai**
tu	prend**ras**
elle	prend**ra**
nous	prend**rons**
vous	prend**rez**
elles	prend**ront**

Futur antérieur

j'	aurai	pris
tu	auras	pris
elle	aura	pris
nous	aurons	pris
vous	aurez	pris
elles	auront	pris

Conditionnel présent

je	prend**rais**
tu	prend**rais**
elle	prend**rait**
nous	prend**rions**
vous	prend**riez**
elles	prend**raient**

Conditionnel passé

j'	aurais	pris
tu	aurais	pris
elle	aurait	pris
nous	aurions	pris
vous	auriez	pris
elles	auraient	pris

SUBJONCTIF

Présent

que	je	prenne
que	tu	prennes
qu'	elle	prenne
que	nous	prenions
que	vous	preniez
qu'	elles	prennent

Passé

que	j'	aie	pris
que	tu	aies	pris
qu'	elle	ait	pris
que	nous	ayons	pris
que	vous	ayez	pris
qu'	elles	aient	pris

À la 1re et à la 2e personne du pluriel, le radical *prenn-* devient *pren-*.

IMPÉRATIF

Présent

- prends
- prenons
- prenez

Au singulier, le radical *prend-* garde son *d* muet.

À la 1re et à la 2e personne du pluriel, le radical *prend-* devient *pren-*.

INFINITIF

Présent

prendre

PARTICIPE

Présent

prenant

Passé

pris / prise
pris / prises

Futur proche

je	vais	prendre
tu	vas	prendre
elle	va	prendre
nous	allons	prendre
vous	allez	prendre
elles	vont	prendre

⊚ Les verbes courants qui se conjuguent comme *prendre* sont : *apprendre*, *comprendre*, *entreprendre*, *reprendre* et *surprendre*.

INDICATIF

- Au singulier, le radical *romp-* garde son *p* muet.

Présent

je	romp**s**
tu	romp**s**
il	romp**t**
nous	romp**ons**
vous	romp**ez**
ils	romp**ent**

Passé composé

j'	ai	rompu
tu	as	rompu
il	a	rompu
nous	avons	rompu
vous	avez	rompu
ils	ont	rompu

Imparfait

je	romp**ais**
tu	romp**ais**
il	romp**ait**
nous	romp**ions**
vous	romp**iez**
ils	romp**aient**

Plus-que-parfait

j'	avais	rompu
tu	avais	rompu
il	avait	rompu
nous	avions	rompu
vous	aviez	rompu
ils	avaient	rompu

Passé simple

je	romp**is**
tu	romp**is**
il	romp**it**
nous	romp**îmes**
vous	romp**îtes**
ils	romp**irent**

Passé antérieur

j'	eus	rompu
tu	eus	rompu
il	eut	rompu
nous	eûmes	rompu
vous	eûtes	rompu
ils	eurent	rompu

Futur simple

je	romp**rai**
tu	romp**ras**
il	romp**ra**
nous	romp**rons**
vous	romp**rez**
ils	romp**ront**

Futur antérieur

j'	aurai	rompu
tu	auras	rompu
il	aura	rompu
nous	aurons	rompu
vous	aurez	rompu
ils	auront	rompu

Conditionnel présent

je	romp**rais**
tu	romp**rais**
il	romp**rait**
nous	romp**rions**
vous	romp**riez**
ils	romp**raient**

Conditionnel passé

j'	aurais	rompu
tu	aurais	rompu
il	aurait	rompu
nous	aurions	rompu
vous	auriez	rompu
ils	auraient	rompu

SUBJONCTIF

Présent			Passé			
que	je	romp**e**	que	j'	aie	rompu
que	tu	romp**es**	que	tu	aies	rompu
qu'	il	romp**e**	qu'	il	ait	rompu
que	nous	romp**ions**	que	nous	ayons	rompu
que	vous	romp**iez**	que	vous	ayez	rompu
qu'	ils	romp**ent**	qu'	ils	aient	rompu

Au singulier, le radical *romp-* garde son *p* muet.

IMPÉRATIF

Présent
• romp**s**
romp**ons**
romp**ez**

INFINITIF

Présent
romp**re**

PARTICIPE

Présent
romp**ant**

Passé
romp**u** / romp**ue**
romp**us** / romp**ues**

Futur proche

je	vais	rompre
tu	vas	rompre
il	va	rompre
nous	allons	rompre
vous	allez	rompre
ils	vont	rompre

• •

⊙ Les verbes courants qui se conjuguent comme *rompre* sont : *interrompre* et *corrompre*.

58 battre

- Au singulier, le radical *batt-* devient *bat-* et garde son *t* muet.

INDICATIF

Présent
je	bats
tu	bats
elle	bat
nous	battons
vous	battez
elles	battent

Passé composé
j'	ai	battu
tu	as	battu
elle	a	battu
nous	avons	battu
vous	avez	battu
elles	ont	battu

Imparfait
je	battais
tu	battais
elle	battait
nous	battions
vous	battiez
elles	battaient

Plus-que-parfait
j'	avais	battu
tu	avais	battu
elle	avait	battu
nous	avions	battu
vous	aviez	battu
elles	avaient	battu

Passé simple
je	battis
tu	battis
elle	battit
nous	battîmes
vous	battîtes
elles	battirent

Passé antérieur
j'	eus	battu
tu	eus	battu
elle	eut	battu
nous	eûmes	battu
vous	eûtes	battu
elles	eurent	battu

Futur simple
je	battrai
tu	battras
elle	battra
nous	battrons
vous	battrez
elles	battront

Futur antérieur
j'	aurai	battu
tu	auras	battu
elle	aura	battu
nous	aurons	battu
vous	aurez	battu
elles	auront	battu

Conditionnel présent
je	battrais
tu	battrais
elle	battrait
nous	battrions
vous	battriez
elles	battraient

Conditionnel passé
j'	aurais	battu
tu	aurais	battu
elle	aurait	battu
nous	aurions	battu
vous	auriez	battu
elles	auraient	battu

SUBJONCTIF

Présent

que	je	batt**e**
que	tu	batt**es**
qu'	elle	batt**e**
que	nous	batt**ions**
que	vous	batt**iez**
qu'	elles	batt**ent**

Passé

que	j'	aie	battu
que	tu	aies	battu
qu'	elle	ait	battu
que	nous	ayons	battu
que	vous	ayez	battu
qu'	elles	aient	battu

Au singulier, le radical *batt*- devient *bat*- et garde son *t* muet.

IMPÉRATIF

Présent

- bat**s**
- batt**ons**
- batt**ez**

INFINITIF

Présent

batt**re**

PARTICIPE

Présent

batt**ant**

Passé

batt**u** / batt**ue**
batt**us** / batt**ues**

Futur proche

je	vais	battre
tu	vas	battre
elle	va	battre
nous	allons	battre
vous	allez	battre
elles	vont	battre

⊙ Les verbes courants qui se conjuguent comme *battre* sont : *abattre*, *combattre* et *débattre*.

- Au singulier, le radical *mett-* devient *met-* et garde son *t* muet.

INDICATIF

Présent		Passé composé		
• je	met**s**	j'	ai	mis
• tu	met**s**	tu	as	mis
• il	me**t**	il	a	mis
nous	mett**ons**	nous	avons	mis
vous	mett**ez**	vous	avez	mis
ils	mett**ent**	ils	ont	mis

Imparfait		Plus-que-parfait		
je	mett**ais**	j'	avais	mis
tu	mett**ais**	tu	avais	mis
il	mett**ait**	il	avait	mis
nous	mett**ions**	nous	avions	mis
vous	mett**iez**	vous	aviez	mis
ils	mett**aient**	ils	avaient	mis

Passé simple		Passé antérieur		
je	m**is**	j'	eus	mis
tu	m**is**	tu	eus	mis
il	m**it**	il	eut	mis
nous	m**îmes**	nous	eûmes	mis
vous	m**îtes**	vous	eûtes	mis
ils	m**irent**	ils	eurent	mis

Futur simple		Futur antérieur		
je	mett**rai**	j'	aurai	mis
tu	mett**ras**	tu	auras	mis
il	mett**ra**	il	aura	mis
nous	mett**rons**	nous	aurons	mis
vous	mett**rez**	vous	aurez	mis
ils	mett**ront**	ils	auront	mis

Conditionnel présent		Conditionnel passé		
je	mett**rais**	j'	aurais	mis
tu	mett**rais**	tu	aurais	mis
il	mett**rait**	il	aurait	mis
nous	mett**rions**	nous	aurions	mis
vous	mett**riez**	vous	auriez	mis
ils	mett**raient**	ils	auraient	mis

SUBJONCTIF

Présent

que	je	mett**e**
que	tu	mett**es**
qu'	il	mett**e**
que	nous	mett**ions**
que	vous	mett**iez**
qu'	ils	mett**ent**

Passé

que	j'	aie	mis
que	tu	aies	mis
qu'	il	ait	mis
que	nous	ayons	mis
que	vous	ayez	mis
qu'	ils	aient	mis

Au singulier, le radical *mett-* devient *met-* et garde son *t* muet.

IMPÉRATIF

Présent

- met**s**
  mett**ons**
  mett**ez**

INFINITIF

Présent

mett**re**

PARTICIPE

Présent

mett**ant**

Passé

mi**s** / mi**se**
mi**s** / mi**ses**

Futur proche

je	vais	mettre
tu	vas	mettre
il	va	mettre
nous	allons	mettre
vous	allez	mettre
ils	vont	mettre

⊙ Les verbes courants qui se conjuguent comme *mettre* sont : *admettre, commettre, émettre, permettre, promettre, remettre, soumettre* et *transmettre*.

- Au pluriel, le radical *pein-* devient *peign-*.

- Attention : n'oublie pas d'écrire le *i* de la terminaison après le son « gn » du radical.

INDICATIF

Présent

je	peins
tu	peins
elle	peint
• nous	peignons
• vous	peignez
• elles	peignent

Passé composé

j'	ai	peint
tu	as	peint
elle	a	peint
nous	avons	peint
vous	avez	peint
elles	ont	peint

Imparfait

je	peignais
tu	peignais
elle	peignait
• nous	peignions
• vous	peigniez
elles	peignaient

Plus-que-parfait

j'	avais	peint
tu	avais	peint
elle	avait	peint
nous	avions	peint
vous	aviez	peint
elles	avaient	peint

Passé simple

je	peignis
tu	peignis
elle	peignit
nous	peignîmes
vous	peignîtes
elles	peignirent

Passé antérieur

j'	eus	peint
tu	eus	peint
elle	eut	peint
nous	eûmes	peint
vous	eûtes	peint
elles	eurent	peint

Futur simple

je	peindrai
tu	peindras
elle	peindra
nous	peindrons
vous	peindrez
elles	peindront

Futur antérieur

j'	aurai	peint
tu	auras	peint
elle	aura	peint
nous	aurons	peint
vous	aurez	peint
elles	auront	peint

Conditionnel présent

je	peindrais
tu	peindrais
elle	peindrait
nous	peindrions
vous	peindriez
elles	peindraient

Conditionnel passé

j'	aurais	peint
tu	aurais	peint
elle	aurait	peint
nous	aurions	peint
vous	auriez	peint
elles	auraient	peint

SUBJONCTIF

Présent		
que	je	peigne
que	tu	peignes
qu'	elle	peigne
que	nous	peignions
que	vous	peigniez
qu'	elles	peignent

Passé			
que	j'	aie	peint
que	tu	aies	peint
qu'	elle	ait	peint
que	nous	ayons	peint
que	vous	ayez	peint
qu'	elles	aient	peint

Attention : n'oublie pas d'écrire le *i* de la terminaison après le son « gn » du radical.

IMPÉRATIF

Présent
peins
peignons
peignez

INFINITIF

Présent
peindre

Au pluriel, le radical *pein-* devient *peign-*.

PARTICIPE

Présent
peignant

Passé
peint / peinte
peints / peintes

Futur proche

je	vais	peindre
tu	vas	peindre
elle	va	peindre
nous	allons	peindre
vous	allez	peindre
elles	vont	peindre

⊙ Les verbes courants qui se conjuguent comme *peindre* sont : *atteindre*, *déteindre*, *éteindre*, *teindre*, et *repeindre*.

- Au pluriel, le radical *join-* devient *joign-*.

- Attention : n'oublie pas d'écrire le *i* de la terminaison après le son « gn » du radical.

INDICATIF

Présent			Passé composé		
je	joins		j'	ai	joint
tu	joins		tu	as	joint
il	joint		il	a	joint
nous	joignons		nous	avons	joint
vous	joignez		vous	avez	joint
ils	joignent		ils	ont	joint

Imparfait			Plus-que-parfait		
je	joignais		j'	avais	joint
tu	joignais		tu	avais	joint
il	joignait		il	avait	joint
nous	joignions		nous	avions	joint
vous	joigniez		vous	aviez	joint
ils	joignaient		ils	avaient	joint

Passé simple			Passé antérieur		
je	joignis		j'	eus	joint
tu	joignis		tu	eus	joint
il	joignit		il	eut	joint
nous	joignîmes		nous	eûmes	joint
vous	joignîtes		vous	eûtes	joint
ils	joignirent		ils	eurent	joint

Futur simple			Futur antérieur		
je	joindrai		j'	aurai	joint
tu	joindras		tu	auras	joint
il	joindra		il	aura	joint
nous	joindrons		nous	aurons	joint
vous	joindrez		vous	aurez	joint
ils	joindront		ils	auront	joint

Conditionnel présent			Conditionnel passé		
je	joindrais		j'	aurais	joint
tu	joindrais		tu	aurais	joint
il	joindrait		il	aurait	joint
nous	joindrions		nous	aurions	joint
vous	joindriez		vous	auriez	joint
ils	joindraient		ils	auraient	joint

SUBJONCTIF

Présent

que	je	joigne
que	tu	joignes
qu'	il	joigne
que	nous	joignions
que	vous	joigniez
qu'	ils	joignent

Passé

que	j'	aie	joint
que	tu	aies	joint
qu'	il	ait	joint
que	nous	ayons	joint
que	vous	ayez	joint
qu'	ils	aient	joint

Attention : n'oublie pas d'écrire le *i* de la terminaison après le son « gn » du radical.

IMPÉRATIF

Présent

joins
joignons
joignez

INFINITIF

Présent

joindre

Au pluriel, le radical *join-* devient *joign-*.

PARTICIPE

Présent

joignant

Passé

joint / jointe
joints / jointes

Futur proche

je	vais	joindre
tu	vas	joindre
il	va	joindre
nous	allons	joindre
vous	allez	joindre
ils	vont	joindre

⊙ Un autre verbe courant se conjugue comme *joindre* : *rejoindre*.

- Au pluriel, le radical *crain-* devient *craign-*.

- Attention : n'oublie pas d'écrire le *i* de la terminaison après le son « gn » du radical.

INDICATIF

Présent		**Passé composé**		
je	crains	j'	ai	craint
tu	crains	tu	as	craint
elle	craint	elle	a	craint
nous	craignons	nous	avons	craint
vous	craignez	vous	avez	craint
elles	craignent	elles	ont	craint

Imparfait		**Plus-que-parfait**		
je	craignais	j'	avais	craint
tu	craignais	tu	avais	craint
elle	craignait	elle	avait	craint
nous	craignions	nous	avions	craint
vous	craigniez	vous	aviez	craint
elles	craignaient	elles	avaient	craint

Passé simple		**Passé antérieur**		
je	craignis	j'	eus	craint
tu	craignis	tu	eus	craint
elle	craignit	elle	eut	craint
nous	craignîmes	nous	eûmes	craint
vous	craignîtes	vous	eûtes	craint
elles	craignirent	elles	eurent	craint

Futur simple		**Futur antérieur**		
je	craindrai	j'	aurai	craint
tu	craindras	tu	auras	craint
elle	craindra	elle	aura	craint
nous	craindrons	nous	aurons	craint
vous	craindrez	vous	aurez	craint
elles	craindront	elles	auront	craint

Conditionnel présent		**Conditionnel passé**		
je	craindrais	j'	aurais	craint
tu	craindrais	tu	aurais	craint
elle	craindrait	elle	aurait	craint
nous	craindrions	nous	aurions	craint
vous	craindriez	vous	auriez	craint
elles	craindraient	elles	auraient	craint

SUBJONCTIF

Présent

que	je	craign**e**
que	tu	craign**es**
qu'	elle	craign**e**
que	nous	craign**ions**
que	vous	craign**iez**
qu'	elles	craign**ent**

Passé

que	j'	aie	craint
que	tu	aies	craint
qu'	elle	ait	craint
que	nous	ayons	craint
que	vous	ayez	craint
qu'	elles	aient	craint

Attention : n'oublie pas d'écrire le *i* de la terminaison après le son « gn » du radical.

IMPÉRATIF

Présent

crain**s**
craign**ons**
craign**ez**

Au pluriel, le radical *crain-* devient *craign-*.

INFINITIF

Présent

crain**dre**

PARTICIPE

Présent

craign**ant**

Passé

crain**t** / crain**te**
crain**ts** / crain**tes**

Futur proche

je	vais	craindre
tu	vas	craindre
elle	va	craindre
nous	allons	craindre
vous	allez	craindre
elles	vont	craindre

⊙ Les verbes *contraindre* et *plaindre* se conjuguent comme *craindre*.

171

63   vaincre

- Au singulier, le radical *vainc-* garde son *c* muet. Attention à la terminaison de la 3ᵉ personne du singulier : *-c*.
- Au pluriel, le radical *vainc-* devient *vainqu-*.

INDICATIF

Présent

je	vaincs
tu	vaincs
il	vainc
nous	vainquons
vous	vainquez
ils	vainquent

Passé composé

j'	ai	vaincu
tu	as	vaincu
il	a	vaincu
nous	avons	vaincu
vous	avez	vaincu
ils	ont	vaincu

Imparfait

je	vainquais
tu	vainquais
il	vainquait
nous	vainquions
vous	vainquiez
ils	vainquaient

Plus-que-parfait

j'	avais	vaincu
tu	avais	vaincu
il	avait	vaincu
nous	avions	vaincu
vous	aviez	vaincu
ils	avaient	vaincu

Passé simple

je	vainquis
tu	vainquis
il	vainquit
nous	vainquîmes
vous	vainquîtes
ils	vainquirent

Passé antérieur

j'	eus	vaincu
tu	eus	vaincu
il	eut	vaincu
nous	eûmes	vaincu
vous	eûtes	vaincu
ils	eurent	vaincu

Futur simple

je	vaincrai
tu	vaincras
il	vaincra
nous	vaincrons
vous	vaincrez
ils	vaincront

Futur antérieur

j'	aurai	vaincu
tu	auras	vaincu
il	aura	vaincu
nous	aurons	vaincu
vous	aurez	vaincu
ils	auront	vaincu

Conditionnel présent

je	vaincrais
tu	vaincrais
il	vaincrait
nous	vaincrions
vous	vaincriez
ils	vaincraient

Conditionnel passé

j'	aurais	vaincu
tu	aurais	vaincu
il	aurait	vaincu
nous	aurions	vaincu
vous	auriez	vaincu
ils	auraient	vaincu

SUBJONCTIF

Présent			Passé			
que	je	vainque	que	j'	aie	vaincu
que	tu	vainques	que	tu	aies	vaincu
qu'	il	vainque	qu'	il	ait	vaincu
que	nous	vainquions	que	nous	ayons	vaincu
que	vous	vainquiez	que	vous	ayez	vaincu
qu'	ils	vainquent	qu'	ils	aient	vaincu

Au singulier, le radical *vainc-* garde son *c* muet.

Au pluriel, le radical *vainc-* devient *vainqu-*.

IMPÉRATIF

Présent
- vaincs
- vainquons
- vainquez

INFINITIF

Présent
vaincre

PARTICIPE

Présent
vainquant

Passé
vaincu / vaincue
vaincus / vaincues

Futur proche

je	vais	vaincre
tu	vas	vaincre
il	va	vaincre
nous	allons	vaincre
vous	allez	vaincre
ils	vont	vaincre

⊙ Le verbe *convaincre* se conjugue comme *vaincre*.

INDICATIF

Présent

je	soustrai**s**
tu	soustrai**s**
elle	soustrai**t**
nous	soustray**ons**
vous	soustray**ez**
elles	soustrai**ent**

Passé composé

j'	ai	soustrait
tu	as	soustrait
elle	a	soustrait
nous	avons	soustrait
vous	avez	soustrait
elles	ont	soustrait

- À la 1re et à la 2e personne du pluriel, le radical *soustrai-* devient *soustray-*.

Imparfait

je	soustray**ais**
tu	soustray**ais**
elle	soustray**ait**
nous	soustray**ions**
vous	soustray**iez**
elles	soustray**aient**

Plus-que-parfait

j'	avais	soustrait
tu	avais	soustrait
elle	avait	soustrait
nous	avions	soustrait
vous	aviez	soustrait
elles	avaient	soustrait

- Attention : à la 1re et à la 2e personne du pluriel, n'oublie pas d'écrire le *i* après le *y*. Le *y* vient du radical de l'imparfait *soustray-* et le *i* vient de la terminaison.

Passé simple

•	
•	
•	
•	
•	
•	

Passé antérieur

j'	eus	soustrait
tu	eus	soustrait
elle	eut	soustrait
nous	eûmes	soustrait
vous	eûtes	soustrait
elles	eurent	soustrait

Futur simple

je	soustrai**rai**
tu	soustrai**ras**
elle	soustrai**ra**
nous	soustrai**rons**
vous	soustrai**rez**
elles	soustrai**ront**

Futur antérieur

j'	aurai	soustrait
tu	auras	soustrait
elle	aura	soustrait
nous	aurons	soustrait
vous	aurez	soustrait
elles	auront	soustrait

Conditionnel présent

je	soustrai**rais**
tu	soustrai**rais**
elle	soustrai**rait**
nous	soustrai**rions**
vous	soustrai**riez**
elles	soustrai**raient**

Conditionnel passé

j'	aurais	soustrait
tu	aurais	soustrait
elle	aurait	soustrait
nous	aurions	soustrait
vous	auriez	soustrait
elles	auraient	soustrait

SUBJONCTIF

Présent

que	je	soustraie
que	tu	soustraies
qu'	elle	soustraie
• que	nous	soustray**ions**
• que	vous	soustray**iez**
qu'	elles	soustrai**ent**

Passé

que	j'	aie	soustrait
que	tu	aies	soustrait
qu'	elle	ait	soustrait
que	nous	ayons	soustrait
que	vous	ayez	soustrait
qu'	elles	aient	soustrait

Attention : à la 1ʳᵉ et à la 2ᵉ personne du pluriel, n'oublie pas d'écrire le *i* après le *y*. Le *y* vient du radical de l'imparfait *soustray-* et le *i* vient de la terminaison.

IMPÉRATIF

Présent

soustrai**s**
• soustray**ons**
• soustray**ez**

INFINITIF

Présent

soustrai**re**

Au pluriel, le radical *soustrai-* devient *soustray-*.

PARTICIPE

Présent

soustray**ant**

Passé

soustrai**t** / soustrai**te**
soustrai**ts** / soustrai**tes**

Futur proche

je	vais	soustraire
tu	vas	soustraire
elle	va	soustraire
nous	allons	soustraire
vous	allez	soustraire
elles	vont	soustraire

⊙ Les verbes courants qui se conjuguent comme *soustraire* sont : *distraire*, *extraire* et *traire*.
⊙ Le verbe *soustraire* ne se conjugue pas au passé simple.

INDICATIF

- À la 1re et à la 3e personne du pluriel, le radical *fai-* change de forme.
- À la 2e personne du pluriel, attention à la terminaison : *-tes*.

Présent
je	fais
tu	fais
il	fait
• nous	faisons
• vous	faites
• ils	font

Passé composé
j'	ai	fait
tu	as	fait
il	a	fait
nous	avons	fait
vous	avez	fait
ils	ont	fait

Imparfait
je	faisais
tu	faisais
il	faisait
nous	faisions
vous	faisiez
ils	faisaient

Plus-que-parfait
j'	avais	fait
tu	avais	fait
il	avait	fait
nous	avions	fait
vous	aviez	fait
ils	avaient	fait

Passé simple
je	fis
tu	fis
il	fit
nous	fîmes
vous	fîtes
ils	firent

Passé antérieur
j'	eus	fait
tu	eus	fait
il	eut	fait
nous	eûmes	fait
vous	eûtes	fait
ils	eurent	fait

Futur simple
je	ferai
tu	feras
il	fera
nous	ferons
vous	ferez
ils	feront

Futur antérieur
j'	aurai	fait
tu	auras	fait
il	aura	fait
nous	aurons	fait
vous	aurez	fait
ils	auront	fait

Conditionnel présent
je	ferais
tu	ferais
il	ferait
nous	ferions
vous	feriez
ils	feraient

Conditionnel passé
j'	aurais	fait
tu	aurais	fait
il	aurait	fait
nous	aurions	fait
vous	auriez	fait
ils	auraient	fait

SUBJONCTIF

Présent

que	je	fass**e**
que	tu	fass**es**
qu'	il	fass**e**
que	nous	fass**ions**
que	vous	fass**iez**
qu'	ils	fass**ent**

Passé

que	j'	aie	fait
que	tu	aies	fait
qu'	il	ait	fait
que	nous	ayons	fait
que	vous	ayez	fait
qu'	ils	aient	fait

IMPÉRATIF

Présent

fai**s**
• fais**ons**
• fai**tes**

À la 1re personne du pluriel, le radical *fai-* change de forme.

À la 2e personne du pluriel, attention à la terminaison : -*tes*.

INFINITIF

Présent

fai**re**

PARTICIPE

Présent

fais**ant**

Passé

fai**t** / fai**te**
fai**ts** / fai**tes**

Futur proche

je	vais	faire
tu	vas	faire
il	va	faire
nous	allons	faire
vous	allez	faire
ils	vont	faire

Les verbes *défaire*, *refaire* et *satisfaire* se conjuguent comme *faire*.

177

INDICATIF

Présent
je	plais
tu	plais
○ elle	plaît
• nous	plaisons
• vous	plaisez
• elles	plaisent

Passé composé
j'	ai	plu
tu	as	plu
elle	a	plu
nous	avons	plu
vous	avez	plu
elles	ont	plu

Imparfait
je	plaisais
tu	plaisais
elle	plaisait
nous	plaisions
vous	plaisiez
elles	plaisaient

Plus-que-parfait
j'	avais	plu
tu	avais	plu
elle	avait	plu
nous	avions	plu
vous	aviez	plu
elles	avaient	plu

Passé simple
je	plus
tu	plus
elle	plut
nous	plûmes
vous	plûtes
elles	plurent

Passé antérieur
j'	eus	plu
tu	eus	plu
elle	eut	plu
nous	eûmes	plu
vous	eûtes	plu
elles	eurent	plu

Futur simple
je	plairai
tu	plairas
elle	plaira
nous	plairons
vous	plairez
elles	plairont

Futur antérieur
j'	aurai	plu
tu	auras	plu
elle	aura	plu
nous	aurons	plu
vous	aurez	plu
elles	auront	plu

Conditionnel présent
je	plairais
tu	plairais
elle	plairait
nous	plairions
vous	plairiez
elles	plairaient

Conditionnel passé
j'	aurais	plu
tu	aurais	plu
elle	aurait	plu
nous	aurions	plu
vous	auriez	plu
elles	auraient	plu

SUBJONCTIF

Présent

que	je	plais**e**
que	tu	plais**es**
qu'	elle	plais**e**
que	nous	plais**ions**
que	vous	plais**iez**
qu'	elles	plais**ent**

Passé

que	j'	aie	plu
que	tu	aies	plu
qu'	elle	ait	plu
que	nous	ayons	plu
que	vous	ayez	plu
qu'	elles	aient	plu

IMPÉRATIF

Présent

plai**s**
- plais**ons**
- plais**ez**

Au pluriel, le radical *plai-* devient *plais-*.

INFINITIF

Présent

plai**re**

PARTICIPE

Présent

plais**ant**

Le participe passé *plu* est invariable.

Passé

- pl**u**

Futur proche

je	vais	plaire
tu	vas	plaire
elle	va	plaire
nous	allons	plaire
vous	allez	plaire
elles	vont	plaire

⊙ Les verbes courants qui se conjuguent comme *plaire* sont : *déplaire* et *taire*.

⊙ À la 3ᵉ personne du singulier de l'indicatif présent, le verbe *taire* ne prend pas d'accent circonflexe sur le *i* : *elle tait*. Le participe passé du verbe *taire* est variable : *tu*, *tue*, *tus*, *tues*.

⊙ Selon l'orthographe traditionnelle, les verbes *plaire* et *déplaire* s'écrivent avec un accent circonflexe sur le *i* à la 3ᵉ personne du singulier du présent de l'indicatif : *elle plaît*, *elle déplaît*. En nouvelle orthographe, ces verbes s'écrivent sans accent circonflexe : *elle plait*, *elle déplait*. L'orthographe rectifiée est indiquée sur fond bleu en marge de la conjugaison concernée.

INDICATIF

Présent			Passé composé		
je	parai**s**		j'	ai	paru
tu	parai**s**		tu	as	paru
il	para**î**t		il	a	paru
nous	paraiss**ons**		nous	avons	paru
vous	paraiss**ez**		vous	avez	paru
ils	paraiss**ent**		ils	ont	paru

Imparfait			Plus-que-parfait		
je	paraiss**ais**		j'	avais	paru
tu	paraiss**ais**		tu	avais	paru
il	paraiss**ait**		il	avait	paru
nous	paraiss**ions**		nous	avions	paru
vous	paraiss**iez**		vous	aviez	paru
ils	paraiss**aient**		ils	avaient	paru

Passé simple			Passé antérieur		
je	par**us**		j'	eus	paru
tu	par**us**		tu	eus	paru
il	par**ut**		il	eut	paru
nous	par**ûmes**		nous	eûmes	paru
vous	par**ûtes**		vous	eûtes	paru
ils	par**urent**		ils	eurent	paru

Futur simple			Futur antérieur		
je	para**î**trai		j'	aurai	paru
tu	para**î**tras		tu	auras	paru
il	para**î**tra		il	aura	paru
nous	para**î**trons		nous	aurons	paru
vous	para**î**trez		vous	aurez	paru
ils	para**î**tront		ils	auront	paru

Conditionnel présent			Conditionnel passé		
je	para**î**trais		j'	aurais	paru
tu	para**î**trais		tu	aurais	paru
il	para**î**trait		il	aurait	paru
nous	para**î**trions		nous	aurions	paru
vous	para**î**triez		vous	auriez	paru
ils	para**î**traient		ils	auraient	paru

SUBJONCTIF

Présent

que	je	paraisse
que	tu	paraisses
qu'	il	paraisse
que	nous	paraissions
que	vous	paraissiez
qu'	ils	paraissent

Passé

que	j'	aie	paru
que	tu	aies	paru
qu'	il	ait	paru
que	nous	ayons	paru
que	vous	ayez	paru
qu'	ils	aient	paru

IMPÉRATIF

Présent

parais
• paraissons
• paraissez

INFINITIF

Présent

º paraître

PARTICIPE

Présent

paraissant

Passé

paru / parue
parus / parues

Futur proche

º je	vais	paraître
º tu	vas	paraître
º il	va	paraître
º nous	allons	paraître
º vous	allez	paraître
º ils	vont	paraître

⊙ Les verbes courants qui se conjuguent comme *paraître* (*paraitre*) sont : *apparaître* (*apparaitre*), *disparaître* (*disparaitre*), *réapparaître* (*réapparaitre*), *connaître* (*connaitre*) et *reconnaître* (*reconnaitre*).

⊙ Selon l'orthographe traditionnelle, les verbes en *-aître* prennent un accent circonflexe sur le *i* (*î*) lorsqu'il est placé devant le *t*. En nouvelle orthographe, on écrit les verbes en *-aitre* sans accent circonflexe sur le *i*. L'orthographe rectifiée est indiquée sur fond bleu en marge de chaque conjugaison concernée.

68 naître/naitre

INDICATIF

NOUVELLE ORTHOGRAPHE

elle naît

• Au pluriel, le radical *nai-* devient **naiss-**.

Présent

je	nais
tu	nais
il / elle	naît
nous	naiss**ons**
vous	naiss**ez**
ils / elles	naiss**ent**

Passé composé

je	suis	né / ée
tu	es	né / ée
il / elle	est	né / ée
nous	sommes	nés / ées
vous	êtes	nés / ées
ils / elles	sont	nés / ées

Imparfait

je	naiss**ais**
tu	naiss**ais**
il / elle	naiss**ait**
nous	naiss**ions**
vous	naiss**iez**
ils / elles	naiss**aient**

Plus-que-parfait

j'	étais	né / ée
tu	étais	né / ée
il / elle	était	né / ée
nous	étions	nés / ées
vous	étiez	nés / ées
ils / elles	étaient	nés / ées

Passé simple

je	naqu**is**
tu	naqu**is**
il / elle	naqu**it**
nous	naqu**îmes**
vous	naqu**îtes**
Ils / elles	naqu**irent**

Passé antérieur

je	fus	né / ée
tu	fus	né / ée
il / elle	fut	né / ée
nous	fûmes	nés / ées
vous	fûtes	nés / ées
ils / elles	furent	nés / ées

NOUVELLE ORTHOGRAPHE

je	naitrai
tu	naitras
elle	naitra
nous	naitrons
vous	naitrez
elles	naitront

Futur simple

je	naît**rai**
tu	naît**ras**
il / elle	naît**ra**
nous	naît**rons**
vous	naît**rez**
ils / elles	naît**ront**

Futur antérieur

je	serai	né / ée
tu	seras	né / ée
il / elle	sera	né / ée
nous	serons	nés / ées
vous	serez	nés / ées
ils / elles	seront	nés / ées

je	naitrais
tu	naitrais
elle	naitrait
nous	naitrions
vous	naitriez
elles	naitraient

Conditionnel présent

je	naît**rais**
tu	naît**rais**
il / elle	naît**rait**
nous	naît**rions**
vous	naît**riez**
ils / elles	naît**raient**

Conditionnel passé

je	serais	né / ée
tu	serais	né / ée
il / elle	serait	né / ée
nous	serions	nés / ées
vous	seriez	nés / ées
ils / elles	seraient	nés / ées

SUBJONCTIF

	Présent			Passé	
que	je	naisse	que	je	sois	né / ée
que	tu	naisses	que	tu	sois	né / ée
qu'	il / elle	naisse	qu'	il / elle	soit	né / ée
que	nous	naissions	que	nous	soyons	nés / ées
que	vous	naissiez	que	vous	soyez	nés / ées
qu'	ils / elles	naissent	qu'	ils / elles	soient	nés / ées

NOUVELLE ORTHOGRAPHE

aître

Au pluriel, le radical *nai-* devient *naiss-*.

IMPÉRATIF

Présent

nais
- naissons
- naissez

INFINITIF

Présent

○ naître

PARTICIPE

Présent

naissant

Passé

né / née
nés / nées

NOUVELLE ORTHOGRAPHE

e	vais	naître
tu	vas	naître
elle	va	naître
nous	allons	naître
vous	allez	naître
elles	vont	naître

Futur proche

○ je	vais	naître
○ tu	vas	naître
○ il / elle	va	naître
○ nous	allons	naître
○ vous	allez	naître
○ ils / elles	vont	naître

⊙ Le verbe *renaître* (*renaitre*) se conjugue comme *naître* (*naitre*).

⊙ Selon l'orthographe traditionnelle, les verbes en -*aître* prennent un accent circonflexe sur le *i* (*î*) lorsqu'il est placé devant le *t* : *î*. En nouvelle orthographe, on écrit les verbes en -*aitre* sans accent circonflexe sur le *i*. L'orthographe rectifiée est indiquée sur fond bleu en marge de chaque conjugaison concernée.

- Au singulier, le verbe *croître* (*croitre*) prend un accent circonflexe sur le *i* (*î*) pour éviter qu'on le confonde avec le verbe *croire* (voir tableau 70).
- Au pluriel, le radical *croî-* devient *croiss-*.

- Au singulier et à la 3e personne du pluriel, le verbe *croître* (*croitre*) prend un accent circonflexe sur le *u* (*û*) pour éviter qu'on le confonde avec le verbe *croire*.

NOUVELLE ORTHOGRAPHE	
je	croitrai
tu	croitras
elle	croitra
nous	croitrons
vous	croitrez
elles	croitront
je	croitrais
tu	croitrais
elle	croitrait
nous	croitrions
vous	croitriez
elles	croitraient

INDICATIF

Présent
je	crois
tu	crois
elle	croît
nous	croiss**ons**
vous	croiss**ez**
elles	croiss**ent**

Passé composé
j'	ai	crû
tu	as	crû
elle	a	crû
nous	avons	crû
vous	avez	crû
elles	ont	crû

Imparfait
je	croiss**ais**
tu	croiss**ais**
elle	croiss**ait**
nous	croiss**ions**
vous	croiss**iez**
elles	croiss**aient**

Plus-que-parfait
j'	avais	crû
tu	avais	crû
elle	avait	crû
nous	avions	crû
vous	aviez	crû
elles	avaient	crû

Passé simple
je	crûs
tu	crûs
elle	crût
nous	crûmes
vous	crûtes
elles	crûrent

Passé antérieur
j'	eus	crû
tu	eus	crû
elle	eut	crû
nous	eûmes	crû
vous	eûtes	crû
elles	eurent	crû

Futur simple
je	croît**rai**
tu	croît**ras**
elle	croît**ra**
nous	croît**rons**
vous	croît**rez**
elles	croît**ront**

Futur antérieur
j'	aurai	crû
tu	auras	crû
elle	aura	crû
nous	aurons	crû
vous	aurez	crû
elles	auront	crû

Conditionnel présent
je	croît**rais**
tu	croît**rais**
elle	croît**rait**
nous	croît**rions**
vous	croît**riez**
elles	croît**raient**

Conditionnel passé
j'	aurais	crû
tu	aurais	crû
elle	aurait	crû
nous	aurions	crû
vous	auriez	crû
elles	auraient	crû

SUBJONCTIF

Présent			**Passé**		
que	je	croiss**e**	que	j'	aie	crû
que	tu	croiss**es**	que	tu	aies	crû
qu'	elle	croiss**e**	qu'	elle	ait	crû
que	nous	croiss**ions**	que	nous	ayons	crû
que	vous	croiss**iez**	que	vous	ayez	crû
qu'	elles	croiss**ent**	qu'	elles	aient	crû

NOUVELLE ORTHOGRAPHE

croître

Au singulier, *croître* (*croitre*) prend un accent circonflexe sur *i* (*î*).

Au pluriel, le radical *croî*- devient *croiss*-.

IMPÉRATIF

Présent
- croî**s**
- croiss**ons**
- croiss**ez**

INFINITIF

Présent
- croître

Le participe passé *crû* est invariable. On met un accent circonflexe sur le *u* (*û*), afin d'éviter qu'on le confonde avec le participe passé du verbe *croire* (voir tableau 70).

PARTICIPE

Présent
croiss**ant**

Passé
- cr**û**

NOUVELLE ORTHOGRAPHE

je	vais	croître
tu	vas	croître
elle	va	croître
nous	allons	croître
vous	allez	croître
elles	vont	croître

Futur proche
- je vais croître
- tu vas croître
- elle va croître
- nous allons croître
- vous allez croître
- elles vont croître

⊙ Aucun autre verbe ne se conjugue comme *croître* (*croitre*).

⊙ Selon l'orthographe traditionnelle, les verbes en *croître* prennent un accent circonflexe sur le *i* (*î*) lorsqu'il est placé devant le *t*. En nouvelle orthographe, on écrit le verbe *croitre* sans accent circonflexe sur le *i*, sauf au singulier du présent de l'indicatif et au passé simple, à toutes les personnes (voir la note en marge de ces conjugaisons). L'orthographe rectifiée est indiquée sur fond bleu en marge de chaque conjugaison concernée.

INDICATIF

Présent

je	crois
tu	crois
il	croit
nous	croyons
vous	croyez
ils	croient

- À la 1re et à la 2e personne du pluriel, le radical *croi-* devient **croy-**.

Passé composé

j'	ai	cru
tu	as	cru
il	a	cru
nous	avons	cru
vous	avez	cru
ils	ont	cru

Imparfait

je	croyais
tu	croyais
il	croyait
nous	croyions
vous	croyiez
ils	croyaient

- Attention : à la 1re et à la 2e personne du pluriel, n'oublie pas d'écrire le *i* après le *y*. Le *y* vient du radical de l'imparfait *croy-* et le *i* vient de la terminaison.

Plus-que-parfait

j'	avais	cru
tu	avais	cru
il	avait	cru
nous	avions	cru
vous	aviez	cru
ils	avaient	cru

Passé simple

je	crus
tu	crus
il	crut
nous	crûmes
vous	crûtes
ils	crurent

Passé antérieur

j'	eus	cru
tu	eus	cru
il	eut	cru
nous	eûmes	cru
vous	eûtes	cru
ils	eurent	cru

Futur simple

je	croirai
tu	croiras
il	croira
nous	croirons
vous	croirez
ils	croiront

Futur antérieur

j'	aurai	cru
tu	auras	cru
il	aura	cru
nous	aurons	cru
vous	aurez	cru
ils	auront	cru

Conditionnel présent

je	croirais
tu	croirais
il	croirait
nous	croirions
vous	croiriez
ils	croiraient

Conditionnel passé

j'	aurais	cru
tu	aurais	cru
il	aurait	cru
nous	aurions	cru
vous	auriez	cru
ils	auraient	cru

SUBJONCTIF

Présent			Passé			
que	je	croi**e**	que	j'	aie	cru
que	tu	croi**es**	que	tu	aies	cru
qu'	il	croi**e**	qu'	il	ait	cru
que	nous	croy**ions**	que	nous	ayons	cru
que	vous	croy**iez**	que	vous	ayez	cru
qu'	ils	croi**ent**	qu'	ils	aient	cru

Attention : à la 1ʳᵉ et à la 2ᵉ personne du pluriel, n'oublie pas d'écrire le *i* après le *y*. Le *y* vient du radical de l'imparfait *croy-* et le *i* vient de la terminaison.

IMPÉRATIF

Présent
croi**s**
croy**ons**
croy**ez**

Au pluriel, le radical *croi-* devient *croy-*.

INFINITIF

Présent
croi**re**

PARTICIPE

Présent
croy**ant**

Passé
cr**u** / cr**ue**
cr**us** / cr**ues**

Futur proche

je	vais	croire
tu	vas	croire
il	va	croire
nous	allons	croire
vous	allez	croire
ils	vont	croire

⊙ Aucun verbe courant ne se conjugue comme *croire*.

INDICATIF

Présent
j'	accrois
tu	accrois
elle	accroît
nous	accroissons
vous	accroissez
elles	accroissent

Passé composé
j'	ai	accru
tu	as	accru
elle	a	accru
nous	avons	accru
vous	avez	accru
elles	ont	accru

Imparfait
j'	accroissais
tu	accroissais
elle	accroissait
nous	accroissions
vous	accroissiez
elles	accroissaient

Plus-que-parfait
j'	avais	accru
tu	avais	accru
elle	avait	accru
nous	avions	accru
vous	aviez	accru
elles	avaient	accru

Passé simple
j'	accrus
tu	accrus
elle	accrut
nous	accrûmes
vous	accrûtes
elles	accrurent

Passé antérieur
j'	eus	accru
tu	eus	accru
elle	eut	accru
nous	eûmes	accru
vous	eûtes	accru
elles	eurent	accru

Futur simple
j'	accroîtrai
tu	accroîtras
elle	accroîtra
nous	accroîtrons
vous	accroîtrez
elles	accroîtront

Futur antérieur
j'	aurai	accru
tu	auras	accru
elle	aura	accru
nous	aurons	accru
vous	aurez	accru
elles	auront	accru

Conditionnel présent
j'	accroîtrais
tu	accroîtrais
elle	accroîtrait
nous	accroîtrions
vous	accroîtriez
elles	accroîtraient

Conditionnel passé
j'	aurais	accru
tu	aurais	accru
elle	aurait	accru
nous	aurions	accru
vous	auriez	accru
elles	auraient	accru

SUBJONCTIF

Présent			Passé			
que	j'	accroisse	que	j'	aie	accru
que	tu	accroisses	que	tu	aies	accru
qu'	elle	accroisse	qu'	elle	ait	accru
que	nous	accroissions	que	nous	ayons	accru
que	vous	accroissiez	que	vous	ayez	accru
qu'	elles	accroissent	qu'	elles	aient	accru

NOUVELLE ORTHOGRAPHE

accroitre

Au pluriel, le radical accroi- devient accroiss-.

IMPÉRATIF

Présent
accrois
accroissons
accroissez

INFINITIF

Présent
accroître

PARTICIPE

Présent
accroissant

Passé
accru / accrue
accrus / accrues

NOUVELLE ORTHOGRAPHE

je	vais	accroitre
tu	vas	accroitre
elle	va	accroitre
nous	allons	accroitre
vous	allez	accroitre
elles	vont	accroitre

Futur proche

je	vais	accroître
tu	vas	accroître
elle	va	accroître
nous	allons	accroître
vous	allez	accroître
elles	vont	accroître

- Aucun verbe courant ne se conjugue comme *accroître* (*accroitre*).
- Selon l'orthographe traditionnelle, le verbe *accroître* prend un accent circonflexe sur le *i* (*î*) lorsqu'il est placé devant le *t*. En nouvelle orthographe, on écrit ce verbe sans accent circonflexe sur le *i*. L'orthographe rectifiée est indiquée sur fond bleu en marge de chaque conjugaison concernée.

À la 1re et à la 2e personne du pluriel, le radical *boi-* devient *buv-*.

Le radical *boi-* devient *boiv-* devant un *e* muet.

INDICATIF

Présent
je	bois
tu	bois
il	boit
nous	buvons
vous	buvez
ils	boivent

Passé composé
j'	ai	bu
tu	as	bu
il	a	bu
nous	avons	bu
vous	avez	bu
ils	ont	bu

Imparfait
je	buvais
tu	buvais
il	buvait
nous	buvions
vous	buviez
ils	buvaient

Plus-que-parfait
j'	avais	bu
tu	avais	bu
il	avait	bu
nous	avions	bu
vous	aviez	bu
ils	avaient	bu

Passé simple
je	bus
tu	bus
il	but
nous	bûmes
vous	bûtes
ils	burent

Passé antérieur
j'	eus	bu
tu	eus	bu
il	eut	bu
nous	eûmes	bu
vous	eûtes	bu
ils	eurent	bu

Futur simple
je	boirai
tu	boiras
il	boira
nous	boirons
vous	boirez
ils	boiront

Futur antérieur
j'	aurai	bu
tu	auras	bu
il	aura	bu
nous	aurons	bu
vous	aurez	bu
ils	auront	bu

Conditionnel présent
je	boirais
tu	boirais
il	boirait
nous	boirions
vous	boiriez
ils	boiraient

Conditionnel passé
j'	aurais	bu
tu	aurais	bu
il	aurait	bu
nous	aurions	bu
vous	auriez	bu
ils	auraient	bu

SUBJONCTIF

Présent			Passé		
que	je	boive	que	j'	aie	bu
que	tu	boives	que	tu	aies	bu
qu'	il	boive	qu'	il	ait	bu
• que	nous	buvions	que	nous	ayons	bu
• que	vous	buviez	que	vous	ayez	bu
qu'	ils	boivent	qu'	ils	aient	bu

À la 1re et à la 2e personne du pluriel, le radical *boiv-* devient **buv-**.

IMPÉRATIF

Présent
bois
• buvons
• buvez

INFINITIF

Présent
boire

Au pluriel, le radical *boi-* devient **buv-**.

PARTICIPE

Présent
buvant

Passé
bu / bue
bus / bues

Futur proche

je	vais	boire
tu	vas	boire
il	va	boire
nous	allons	boire
vous	allez	boire
ils	vont	boire

⊙ Aucun verbe courant ne se conjugue comme le verbe *boire*.

À la 3e personne du singulier, le verbe *clore* prend un accent circonflexe sur le *o* (*ô*).

INDICATIF

Présent		Passé composé		
je	clo**s**	j'	ai	clos
tu	clo**s**	tu	as	clos
• elle	clô**t**	elle	a	clos
•		nous	avons	clos
•		vous	avez	clos
elles	clos**ent**	elles	ont	clos

Imparfait		Plus-que-parfait		
•		j'	avais	clos
•		tu	avais	clos
•		elle	avait	clos
•		nous	avions	clos
•		vous	aviez	clos
•		elles	avaient	clos

Passé simple		Passé antérieur		
•		j'	eus	clos
•		tu	eus	clos
•		elle	eut	clos
•		nous	eûmes	clos
•		vous	eûtes	clos
•		elles	eurent	clos

Futur simple		Futur antérieur		
je	clo**rai**	j'	aurai	clos
tu	clo**ras**	tu	auras	clos
elle	clo**ra**	elle	aura	clos
nous	clo**rons**	nous	aurons	clos
vous	clo**rez**	vous	aurez	clos
elles	clo**ront**	elles	auront	clos

Conditionnel présent		Conditionnel passé		
je	clo**rais**	j'	aurais	clos
tu	clo**rais**	tu	aurais	clos
elle	clo**rait**	elle	aurait	clos
nous	clo**rions**	nous	aurions	clos
vous	clo**riez**	vous	auriez	clos
elles	clo**raient**	elles	auraient	clos

SUBJONCTIF

Présent			Passé			
que	je	clos**e**	que	j'	aie	clos
que	tu	clos**es**	que	tu	aies	clos
qu'	elle	clos**e**	qu'	elle	ait	clos
que	nous	clos**ions**	que	nous	ayons	clos
que	vous	clos**iez**	que	vous	ayez	clos
qu'	elles	clos**ent**	qu'	elles	aient	clos

IMPÉRATIF

Présent

clo**s**

.

.

INFINITIF

Présent

clo**re**

PARTICIPE

Présent

clos**ant**

Passé

clo**s** / clo**se**

clo**s** / clo**ses**

Futur proche

je	vais	clore
tu	vas	clore
elle	va	clore
nous	allons	clore
vous	allez	clore
elles	vont	clore

⊙ Un verbe courant se conjugue comme *clore* : *éclore*.

⊙ Le verbe *clore* n'est plus employé : à la 1re et à la 2e personne du pluriel de l'indicatif présent ; à l'imparfait ; au passé simple ; à la 1re et à la 2e personne du pluriel de l'impératif présent.

⊙ Le verbe *éclore* se conjugue surtout à la 3e personne du singulier et à la 3e personne du pluriel. Au présent de l'indicatif, on peut écrire *elle éclot* sans accent circonflexe. Le verbe *éclore* n'est pas employé à l'imparfait, ni au passé simple, ni à l'impératif présent.

INDICATIF

Présent		Passé composé		
j'	exclus	j'	ai	exclu
tu	exclus	tu	as	exclu
il	exclut	il	a	exclu
nous	excluons	nous	avons	exclu
vous	excluez	vous	avez	exclu
ils	excluent	ils	ont	exclu

Imparfait		Plus-que-parfait		
j'	excluais	j'	avais	exclu
tu	excluais	tu	avais	exclu
il	excluait	il	avait	exclu
nous	excluions	nous	avions	exclu
vous	excluiez	vous	aviez	exclu
ils	excluaient	ils	avaient	exclu

Passé simple		Passé antérieur		
j'	exclus	j'	eus	exclu
tu	exclus	tu	eus	exclu
il	exclut	il	eut	exclu
nous	exclûmes	nous	eûmes	exclu
vous	exclûtes	vous	eûtes	exclu
ils	exclurent	ils	eurent	exclu

Futur simple		Futur antérieur		
j'	exclurai	j'	aurai	exclu
tu	excluras	tu	auras	exclu
il	exclura	il	aura	exclu
nous	exclurons	nous	aurons	exclu
vous	exclurez	vous	aurez	exclu
ils	excluront	ils	auront	exclu

Conditionnel présent		Conditionnel passé		
j'	exclurais	j'	aurais	exclu
tu	exclurais	tu	aurais	exclu
il	exclurait	il	aurait	exclu
nous	exclurions	nous	aurions	exclu
vous	excluriez	vous	auriez	exclu
ils	excluraient	ils	auraient	exclu

SUBJONCTIF

Présent			Passé			
que	j'	exclue	que	j'	aie	exclu
que	tu	exclues	que	tu	aies	exclu
qu'	il	exclue	qu'	il	ait	exclu
que	nous	excluions	que	nous	ayons	exclu
que	vous	excluiez	que	vous	ayez	exclu
qu'	ils	excluent	qu'	ils	aient	exclu

IMPÉRATIF

Présent
exclus
excluons
excluez

INFINITIF

Présent
exclure

PARTICIPE

Présent
excluant

Passé
exclu / exclue
exclus / exclues

Futur proche

je	vais	exclure
tu	vas	exclure
il	va	exclure
nous	allons	exclure
vous	allez	exclure
ils	vont	exclure

⊙ Le verbe *conclure* se conjugue comme *exclure*.

INDICATIF

Présent
j'	incl**us**
tu	incl**us**
elle	incl**ut**
nous	inclu**ons**
vous	inclu**ez**
elles	inclu**ent**

Passé composé
j'	ai	inclus
tu	as	inclus
elle	a	inclus
nous	avons	inclus
vous	avez	inclus
elles	ont	inclus

Imparfait
j'	inclu**ais**
tu	inclu**ais**
elle	inclu**ait**
nous	inclu**ions**
vous	inclu**iez**
elles	inclu**aient**

Plus-que-parfait
j'	avais	inclus
tu	avais	inclus
elle	avait	inclus
nous	avions	inclus
vous	aviez	inclus
elles	avaient	inclus

Passé simple
j'	incl**us**
tu	incl**us**
elle	incl**ut**
nous	incl**ûmes**
vous	incl**ûtes**
elles	incl**urent**

Passé antérieur
j'	eus	inclus
tu	eus	inclus
elle	eut	inclus
nous	eûmes	inclus
vous	eûtes	inclus
elles	eurent	inclus

Futur simple
j'	inclu**rai**
tu	inclu**ras**
elle	inclu**ra**
nous	inclu**rons**
vous	inclu**rez**
elles	inclu**ront**

Futur antérieur
j'	aurai	inclus
tu	auras	inclus
elle	aura	inclus
nous	aurons	inclus
vous	aurez	inclus
elles	auront	inclus

Conditionnel présent
j'	inclu**rais**
tu	inclu**rais**
elle	inclu**rait**
nous	inclu**rions**
vous	inclu**riez**
elles	inclu**raient**

Conditionnel passé
j'	aurais	inclus
tu	aurais	inclus
elle	aurait	inclus
nous	aurions	inclus
vous	auriez	inclus
elles	auraient	inclus

SUBJONCTIF

Présent

que	j'	inclue
que	tu	inclues
qu'	elle	inclue
que	nous	incluions
que	vous	incluiez
qu'	elles	incluent

Passé

que	j'	aie	inclus
que	tu	aies	inclus
qu'	elle	ait	inclus
que	nous	ayons	inclus
que	vous	ayez	inclus
qu'	elles	aient	inclus

IMPÉRATIF

Présent

inclus
incluons
incluez

INFINITIF

Présent

inclure

PARTICIPE

Présent

incluant

Passé

inclus / incluse
inclus / incluses

Futur proche

je	vais	inclure
tu	vas	inclure
elle	va	inclure
nous	allons	inclure
vous	allez	inclure
elles	vont	inclure

⊙ Aucun verbe courant ne se conjugue comme *inclure*.

• Au pluriel, le radical *dissou-* devient *dissolv-*.

INDICATIF

Présent
je	dissous
tu	dissous
il	dissout
• nous	dissolvons
• vous	dissolvez
• ils	dissolvent

Passé composé
j'	ai	dissous
tu	as	dissous
il	a	dissous
nous	avons	dissous
vous	avez	dissous
ils	ont	dissous

Imparfait
je	dissolvais
tu	dissolvais
il	dissolvait
nous	dissolvions
vous	dissolviez
ils	dissolvaient

Plus-que-parfait
j'	avais	dissous
tu	avais	dissous
il	avait	dissous
nous	avions	dissous
vous	aviez	dissous
ils	avaient	dissous

Passé simple
je	dissolus
tu	dissolus
il	dissolut
nous	dissolûmes
vous	dissolûtes
ils	dissolurent

Passé antérieur
j'	eus	dissous
tu	eus	dissous
il	eut	dissous
nous	eûmes	dissous
vous	eûtes	dissous
ils	eurent	dissous

Futur simple
je	dissoudrai
tu	dissoudras
il	dissoudra
nous	dissoudrons
vous	dissoudrez
ils	dissoudront

Futur antérieur
j'	aurai	dissous
tu	auras	dissous
il	aura	dissous
nous	aurons	dissous
vous	aurez	dissous
ils	auront	dissous

Conditionnel présent
je	dissoudrais
tu	dissoudrais
il	dissoudrait
nous	dissoudrions
vous	dissoudriez
ils	dissoudraient

Conditionnel passé
j'	aurais	dissous
tu	aurais	dissous
il	aurait	dissous
nous	aurions	dissous
vous	auriez	dissous
ils	auraient	dissous

SUBJONCTIF

Présent

que	je	dissolve
que	tu	dissolves
qu'	il	dissolve
que	nous	dissolvions
que	vous	dissolviez
qu'	ils	dissolvent

Passé

que	j'	aie	dissous
que	tu	aies	dissous
qu'	il	ait	dissous
que	nous	ayons	dissous
que	vous	ayez	dissous
qu'	ils	aient	dissous

IMPÉRATIF

Présent

dissous
- dissolvons
- dissolvez

Au pluriel, le radical *dissou-* devient *dissolv-*.

INFINITIF

Présent

dissoudre

NOUVELLE ORTHOGRAPHE

dissout / dissoute
dissouts / dissoutes

PARTICIPE

Présent

dissolvant

Passé

- dissous / dissoute
- dissous / dissoutes

Futur proche

je	vais	dissoudre
tu	vas	dissoudre
il	va	dissoudre
nous	allons	dissoudre
vous	allez	dissoudre
ils	vont	dissoudre

⊚ Aucun verbe courant ne se conjugue comme *dissoudre*.

⊚ Selon l'orthographe traditionnelle, le participe passé des verbes *absoudre* et *dissoudre* se termine par la lettre *-s* au masculin singulier et au masculin pluriel : *absous, absoute, absous, absoutes ; dissous, dissoute, dissous, dissoutes*. En nouvelle orthographe, on écrit le participe passé de ces verbes avec un *-t* au masculin singulier et au masculin pluriel : *absout, absoute, absouts, absoutes ; dissout, dissoute, dissouts, dissoutes*.

• Au pluriel, le radical *résou-* devient *résolv-*.

INDICATIF

Présent		Passé composé		
je	résous	j'	ai	résolu
tu	résous	tu	as	résolu
elle	résout	elle	a	résolu
• nous	résolvons	nous	avons	résolu
• vous	résolvez	vous	avez	résolu
• elles	résolvent	elles	ont	résolu

Imparfait		Plus-que-parfait		
je	résolvais	j'	avais	résolu
tu	résolvais	tu	avais	résolu
elle	résolvait	elle	avait	résolu
nous	résolvions	nous	avions	résolu
vous	résolviez	vous	aviez	résolu
elles	résolvaient	elles	avaient	résolu

Passé simple		Passé antérieur		
je	résolus	j'	eus	résolu
tu	résolus	tu	eus	résolu
elle	résolut	elle	eut	résolu
nous	résolûmes	nous	eûmes	résolu
vous	résolûtes	vous	eûtes	résolu
elles	résolurent	elles	eurent	résolu

Futur simple		Futur antérieur		
je	résoudrai	j'	aurai	résolu
tu	résoudras	tu	auras	résolu
elle	résoudra	elle	aura	résolu
nous	résoudrons	nous	aurons	résolu
vous	résoudrez	vous	aurez	résolu
elles	résoudront	elles	auront	résolu

Conditionnel présent		Conditionnel passé		
je	résoudrais	j'	aurais	résolu
tu	résoudrais	tu	aurais	résolu
elle	résoudrait	elle	aurait	résolu
nous	résoudrions	nous	aurions	résolu
vous	résoudriez	vous	auriez	résolu
elles	résoudraient	elles	auraient	résolu

SUBJONCTIF

Présent			Passé			
que	je	résolve	que	j'	aie	résolu
que	tu	résolves	que	tu	aies	résolu
qu'	elle	résolve	qu'	elle	ait	résolu
que	nous	résolvions	que	nous	ayons	résolu
que	vous	résolviez	que	vous	ayez	résolu
qu'	elles	résolvent	qu'	elles	aient	résolu

IMPÉRATIF

Présent

résous
- résolvons
- résolvez

Au pluriel, le radical *résou-* devient *résolv-*.

INFINITIF

Présent

résoudre

PARTICIPE

Présent

résolvant

Passé

résolu / résolue
résolus / résolues

Futur proche

je	vais	résoudre
tu	vas	résoudre
elle	va	résoudre
nous	allons	résoudre
vous	allez	résoudre
elles	vont	résoudre

⊙ Aucun autre verbe ne se conjugue comme *résoudre*.

78 coudre

- Au singulier, le radical *coud-* garde son *d* muet.
- Au pluriel, le radical *coud-* devient *cous-*.

INDICATIF

Présent			Passé composé		
je	couds		j'	ai	cousu
tu	couds		tu	as	cousu
il	coud		il	a	cousu
nous	cousons		nous	avons	cousu
vous	cousez		vous	avez	cousu
ils	cousent		ils	ont	cousu

Imparfait			Plus-que-parfait		
je	cousais		j'	avais	cousu
tu	cousais		tu	avais	cousu
il	cousait		il	avait	cousu
nous	cousions		nous	avions	cousu
vous	cousiez		vous	aviez	cousu
ils	cousaient		ils	avaient	cousu

Passé simple			Passé antérieur		
je	cousis		j'	eus	cousu
tu	cousis		tu	eus	cousu
il	cousit		il	eut	cousu
nous	cousîmes		nous	eûmes	cousu
vous	cousîtes		vous	eûtes	cousu
ils	cousirent		ils	eurent	cousu

Futur simple			Futur antérieur		
je	coudrai		j'	aurai	cousu
tu	coudras		tu	auras	cousu
il	coudra		il	aura	cousu
nous	coudrons		nous	aurons	cousu
vous	coudrez		vous	aurez	cousu
ils	coudront		ils	auront	cousu

Conditionnel présent			Conditionnel passé		
je	coudrais		j'	aurais	cousu
tu	coudrais		tu	aurais	cousu
il	coudrait		il	aurait	cousu
nous	coudrions		nous	aurions	cousu
vous	coudriez		vous	auriez	cousu
ils	coudraient		ils	auraient	cousu

SUBJONCTIF

Présent

que je couse
que tu couses
qu' il couse
que nous cousions
que vous cousiez
qu' ils cousent

Passé

que j' aie cousu
que tu aies cousu
qu' il ait cousu
que nous ayons cousu
que vous ayez cousu
qu' ils aient cousu

IMPÉRATIF

Présent
- couds
- cousons
- cousez

INFINITIF

Présent
coudre

Au singulier, le radical *coud-* garde son *d* muet.

Au pluriel, le radical *coud-* devient *cous-*.

PARTICIPE

Présent
cousant

Passé
cousu / cousue
cousus / cousues

Futur proche

je vais coudre
tu vas coudre
il va coudre
nous allons coudre
vous allez coudre
ils vont coudre

◉ Les verbes *découdre* et *recoudre* se conjuguent comme *coudre*.

- Au singulier, le radical *moud-* garde son *d* muet.
- Au pluriel, le radical *moud-* devient *moul-*.

INDICATIF

Présent
- je mou**d**s
- tu mou**d**s
- elle mou**d**
- nous moul**ons**
- vous moul**ez**
- elles moul**ent**

Passé composé
j'	ai	moulu
tu	as	moulu
elle	a	moulu
nous	avons	moulu
vous	avez	moulu
elles	ont	moulu

Imparfait
- je moul**ais**
- tu moul**ais**
- elle moul**ait**
- nous moul**ions**
- vous moul**iez**
- elles moul**aient**

Plus-que-parfait
j'	avais	moulu
tu	avais	moulu
elle	avait	moulu
nous	avions	moulu
vous	aviez	moulu
elles	avaient	moulu

Passé simple
- je moul**us**
- tu moul**us**
- elle moul**ut**
- nous moul**ûmes**
- vous moul**ûtes**
- elles moul**urent**

Passé antérieur
j'	eus	moulu
tu	eus	moulu
elle	eut	moulu
nous	eûmes	moulu
vous	eûtes	moulu
elles	eurent	moulu

Futur simple
- je moud**rai**
- tu moud**ras**
- elle moud**ra**
- nous moud**rons**
- vous moud**rez**
- elles moud**ront**

Futur antérieur
j'	aurai	moulu
tu	auras	moulu
elle	aura	moulu
nous	aurons	moulu
vous	aurez	moulu
elles	auront	moulu

Conditionnel présent
- je moud**rais**
- tu moud**rais**
- elle moud**rait**
- nous moud**rions**
- vous moud**riez**
- elles moud**raient**

Conditionnel passé
j'	aurais	moulu
tu	aurais	moulu
elle	aurait	moulu
nous	aurions	moulu
vous	auriez	moulu
elles	auraient	moulu

SUBJONCTIF

Présent

que je moul**e**
que tu moul**es**
qu' elle moul**e**
que nous moul**ions**
que vous moul**iez**
qu' elles moul**ent**

Passé

que j' aie moulu
que tu aies moulu
qu' elle ait moulu
que nous ayons moulu
que vous ayez moulu
qu' elles aient moulu

IMPÉRATIF

Présent

• mou**ds**
• moul**ons**
• moul**ez**

INFINITIF

Présent

moud**re**

Au singulier, le radical *moud-* garde son *d* muet.

Au pluriel, le radical *moud-* devient *moul-*.

PARTICIPE

Présent

moul**ant**

Passé

moul**u** / moul**ue**
moul**us** / moul**ues**

Futur proche

je vais moudre
tu vas moudre
elle va moudre
nous allons moudre
vous allez moudre
elles vont moudre

⊙ Aucun verbe courant ne se conjugue comme *moudre*.

INDICATIF

Présent

je	suis
tu	suis
il	suit
nous	suivons
vous	suivez
ils	suivent

Passé composé

j'	ai	suivi
tu	as	suivi
il	a	suivi
nous	avons	suivi
vous	avez	suivi
ils	ont	suivi

Imparfait

je	suivais
tu	suivais
il	suivait
nous	suivions
vous	suiviez
ils	suivaient

Plus-que-parfait

j'	avais	suivi
tu	avais	suivi
il	avait	suivi
nous	avions	suivi
vous	aviez	suivi
ils	avaient	suivi

Passé simple

je	suivis
tu	suivis
il	suivit
nous	suivîmes
vous	suivîtes
ils	suivirent

Passé antérieur

j'	eus	suivi
tu	eus	suivi
il	eut	suivi
nous	eûmes	suivi
vous	eûtes	suivi
ils	eurent	suivi

Futur simple

je	suivrai
tu	suivras
il	suivra
nous	suivrons
vous	suivrez
ils	suivront

Futur antérieur

j'	aurai	suivi
tu	auras	suivi
il	aura	suivi
nous	aurons	suivi
vous	aurez	suivi
ils	auront	suivi

Conditionnel présent

je	suivrais
tu	suivrais
il	suivrait
nous	suivrions
vous	suivriez
ils	suivraient

Conditionnel passé

j'	aurais	suivi
tu	aurais	suivi
il	aurait	suivi
nous	aurions	suivi
vous	auriez	suivi
ils	auraient	suivi

SUBJONCTIF

Présent

que	je	suive
que	tu	suives
qu'	il	suive
que	nous	suivions
que	vous	suiviez
qu'	ils	suivent

Passé

que	j'	aie	suivi
que	tu	aies	suivi
qu'	il	ait	suivi
que	nous	ayons	suivi
que	vous	ayez	suivi
qu'	ils	aient	suivi

IMPÉRATIF

Présent

suis
suivons
suivez

INFINITIF

Présent

suivre

PARTICIPE

Présent

suivant

Passé

suivi / suivie
suivis / suivies

Futur proche

je	vais	suivre
tu	vas	suivre
il	va	suivre
nous	allons	suivre
vous	allez	suivre
ils	vont	suivre

⊙ Un autre verbe courant se conjugue comme *suivre* : *poursuivre*.

INDICATIF

Présent

je	vis
tu	vis
elle	vit
nous	vivons
vous	vivez
elles	vivent

Passé composé

j'	ai	vécu
tu	as	vécu
elle	a	vécu
nous	avons	vécu
vous	avez	vécu
elles	ont	vécu

Imparfait

je	vivais
tu	vivais
elle	vivait
nous	vivions
vous	viviez
elles	vivaient

Plus-que-parfait

j'	avais	vécu
tu	avais	vécu
elle	avait	vécu
nous	avions	vécu
vous	aviez	vécu
elles	avaient	vécu

Passé simple

je	vécus
tu	vécus
elle	vécut
nous	vécûmes
vous	vécûtes
elles	vécurent

Passé antérieur

j'	eus	vécu
tu	eus	vécu
elle	eut	vécu
nous	eûmes	vécu
vous	eûtes	vécu
elles	eurent	vécu

Futur simple

je	vivrai
tu	vivras
elle	vivra
nous	vivrons
vous	vivrez
elles	vivront

Futur antérieur

j'	aurai	vécu
tu	auras	vécu
elle	aura	vécu
nous	aurons	vécu
vous	aurez	vécu
elles	auront	vécu

Conditionnel présent

je	vivrais
tu	vivrais
elle	vivrait
nous	vivrions
vous	vivriez
elles	vivraient

Conditionnel passé

j'	aurais	vécu
tu	aurais	vécu
elle	aurait	vécu
nous	aurions	vécu
vous	auriez	vécu
elles	auraient	vécu

SUBJONCTIF

Présent

que	je	vive
que	tu	vives
qu'	elle	vive
que	nous	vivions
que	vous	viviez
qu'	elles	vivent

Passé

que	j'	aie	vécu
que	tu	aies	vécu
qu'	elle	ait	vécu
que	nous	ayons	vécu
que	vous	ayez	vécu
qu'	elles	aient	vécu

IMPÉRATIF

Présent

vis
vivons
vivez

INFINITIF

Présent

vivre

PARTICIPE

Présent

vivant

Passé

vécu / vécue
vécus / vécues

Futur proche

je	vais	vivre
tu	vas	vivre
elle	va	vivre
nous	allons	vivre
vous	allez	vivre
elles	vont	vivre

Les verbes *revivre* et *survivre* se conjuguent comme *vivre*.

INDICATIF

Au pluriel, le radical *li-* devient *lis-*.

Présent		Passé composé		
je	lis	j'	ai	lu
tu	lis	tu	as	lu
il	lit	il	a	lu
nous	lisons	nous	avons	lu
vous	lisez	vous	avez	lu
ils	lisent	ils	ont	lu

Imparfait		Plus-que-parfait		
je	lisais	j'	avais	lu
tu	lisais	tu	avais	lu
il	lisait	il	avait	lu
nous	lisions	nous	avions	lu
vous	lisiez	vous	aviez	lu
ils	lisaient	ils	avaient	lu

Passé simple		Passé antérieur		
je	lus	j'	eus	lu
tu	lus	tu	eus	lu
il	lut	il	eut	lu
nous	lûmes	nous	eûmes	lu
vous	lûtes	vous	eûtes	lu
ils	lurent	ils	eurent	lu

Futur simple		Futur antérieur		
je	lirai	j'	aurai	lu
tu	liras	tu	auras	lu
il	lira	il	aura	lu
nous	lirons	nous	aurons	lu
vous	lirez	vous	aurez	lu
ils	liront	ils	auront	lu

Conditionnel présent		Conditionnel passé		
je	lirais	j'	aurais	lu
tu	lirais	tu	aurais	lu
il	lirait	il	aurait	lu
nous	lirions	nous	aurions	lu
vous	liriez	vous	auriez	lu
ils	liraient	ils	auraient	lu

SUBJONCTIF

Présent		
que	je	lis**e**
que	tu	lis**es**
qu'	il	lis**e**
que	nous	lis**ions**
que	vous	lis**iez**
qu'	ils	lis**ent**

Passé			
que	j'	aie	lu
que	tu	aies	lu
qu'	il	ait	lu
que	nous	ayons	lu
que	vous	ayez	lu
qu'	ils	aient	lu

IMPÉRATIF

Présent
lis
• lis**ons**
• lis**ez**

Au pluriel, le radical *li*- devient *lis*-.

INFINITIF

Présent
li**re**

PARTICIPE

Présent
lis**ant**

Passé
l**u** / l**ue**
l**us** / l**ues**

Futur proche

je	vais	lire
tu	vas	lire
il	va	lire
nous	allons	lire
vous	allez	lire
ils	vont	lire

Les verbes *élire*, *réélire* et *relire* se conjuguent comme *lire*.

- À la 1ʳᵉ et à la 3ᵉ personne du pluriel, le radical *di-* devient *dis-*.
- À la 2ᵉ personne du pluriel, attention à la terminaison : *-tes*.

INDICATIF

Présent		Passé composé		
je	dis	j'	ai	dit
tu	dis	tu	as	dit
elle	dit	elle	a	dit
nous	disons	nous	avons	dit
vous	dites	vous	avez	dit
elles	disent	elles	ont	dit

Imparfait		Plus-que-parfait		
je	disais	j'	avais	dit
tu	disais	tu	avais	dit
elle	disait	elle	avait	dit
nous	disions	nous	avions	dit
vous	disiez	vous	aviez	dit
elles	disaient	elles	avaient	dit

Passé simple		Passé antérieur		
je	dis	j'	eus	dit
tu	dis	tu	eus	dit
elle	dit	elle	eut	dit
nous	dîmes	nous	eûmes	dit
vous	dîtes	vous	eûtes	dit
elles	dirent	elles	eurent	dit

Futur simple		Futur antérieur		
je	dirai	j'	aurai	dit
tu	diras	tu	auras	dit
elle	dira	elle	aura	dit
nous	dirons	nous	aurons	dit
vous	direz	vous	aurez	dit
elles	diront	elles	auront	dit

Conditionnel présent		Conditionnel passé		
je	dirais	j'	aurais	dit
tu	dirais	tu	aurais	dit
elle	dirait	elle	aurait	dit
nous	dirions	nous	aurions	dit
vous	diriez	vous	auriez	dit
elles	diraient	elles	auraient	dit

SUBJONCTIF

Présent			Passé			
que	je	dis**e**	que	j'	aie	dit
que	tu	dis**es**	que	tu	aies	dit
qu'	elle	dis**e**	qu'	elle	ait	dit
que	nous	dis**ions**	que	nous	ayons	dit
que	vous	dis**iez**	que	vous	ayez	dit
qu'	elles	dis**ent**	qu'	elles	aient	dit

IMPÉRATIF

À la 1re personne du pluriel, le radical *di*- devient *dis*-.

À la 2e personne du pluriel, attention à la terminaison : -*tes*.

Présent

dis
- dis**ons**
- di**tes**

INFINITIF

Présent

di**re**

PARTICIPE

Présent

dis**ant**

Passé

di**t** / di**te**
di**ts** / di**tes**

Futur proche

je	vais	dire
tu	vas	dire
elle	va	dire
nous	allons	dire
vous	allez	dire
elles	vont	dire

⊚ Le verbe *redire* se conjugue comme *dire*.

INDICATIF

Au pluriel, le radical *prédi-* devient *prédis-*.

Présent			Passé composé		
je	prédis		j'	ai	prédit
tu	prédis		tu	as	prédit
il	prédit		il	a	prédit
nous	prédisons		nous	avons	prédit
vous	prédisez		vous	avez	prédit
ils	prédisent		ils	ont	prédit

Imparfait			Plus-que-parfait		
je	prédisais		j'	avais	prédit
tu	prédisais		tu	avais	prédit
il	prédisait		il	avait	prédit
nous	prédisions		nous	avions	prédit
vous	prédisiez		vous	aviez	prédit
ils	prédisaient		ils	avaient	prédit

Passé simple			Passé antérieur		
je	prédis		j'	eus	prédit
tu	prédis		tu	eus	prédit
il	prédit		il	eut	prédit
nous	prédîmes		nous	eûmes	prédit
vous	prédîtes		vous	eûtes	prédit
ils	prédirent		ils	eurent	prédit

Futur simple			Futur antérieur		
je	prédirai		j'	aurai	prédit
tu	prédiras		tu	auras	prédit
il	prédira		il	aura	prédit
nous	prédirons		nous	aurons	prédit
vous	prédirez		vous	aurez	prédit
ils	prédiront		ils	auront	prédit

Conditionnel présent			Conditionnel passé		
je	prédirais		j'	aurais	prédit
tu	prédirais		tu	aurais	prédit
il	prédirait		il	aurait	prédit
nous	prédirions		nous	aurions	prédit
vous	prédiriez		vous	auriez	prédit
ils	prédiraient		ils	auraient	prédit

SUBJONCTIF

Présent			Passé			
que	je	prédise	que	j'	aie	prédit
que	tu	prédises	que	tu	aies	prédit
qu'	il	prédise	qu'	il	ait	prédit
que	nous	prédisions	que	nous	ayons	prédit
que	vous	prédisiez	que	vous	ayez	prédit
qu'	ils	prédisent	qu'	ils	aient	prédit

IMPÉRATIF

Présent
prédis
• prédisons
• prédisez

Au pluriel, le radical *prédi-* devient *prédis-*.

INFINITIF

Présent
prédire

PARTICIPE

Présent
prédisant

Passé
prédit / prédite
prédits / prédites

Futur proche

je	vais	prédire
tu	vas	prédire
il	va	prédire
nous	allons	prédire
vous	allez	prédire
ils	vont	prédire

⊙ Les verbes courants qui se conjuguent comme *prédire* sont : *contredire* et *interdire*.

INDICATIF

	Présent			**Passé composé**	
je	ris		j'	ai	ri
tu	ris		tu	as	ri
elle	rit		elle	a	ri
nous	rions		nous	avons	ri
vous	riez		vous	avez	ri
elles	rient		elles	ont	ri

	Imparfait			**Plus-que-parfait**	
je	riais		j'	avais	ri
tu	riais		tu	avais	ri
elle	riait		elle	avait	ri
nous	riions		nous	avions	ri
vous	riiez		vous	aviez	ri
elles	riaient		elles	avaient	ri

• Le verbe *rire* prend un **double** *i* : le premier *i* vient du radical, le deuxième vient de la terminaison.

	Passé simple			**Passé antérieur**	
je	ris		j'	eus	ri
tu	ris		tu	eus	ri
elle	rit		elle	eut	ri
nous	rîmes		nous	eûmes	ri
vous	rîtes		vous	eûtes	ri
elles	rirent		elles	eurent	ri

	Futur simple			**Futur antérieur**	
je	rirai		j'	aurai	ri
tu	riras		tu	auras	ri
elle	rira		elle	aura	ri
nous	rirons		nous	aurons	ri
vous	rirez		vous	aurez	ri
elles	riront		elles	auront	ri

	Conditionnel présent			**Conditionnel passé**	
je	rirais		j'	aurais	ri
tu	rirais		tu	aurais	ri
elle	rirait		elle	aurait	ri
nous	ririons		nous	aurions	ri
vous	ririez		vous	auriez	ri
elles	riraient		elles	auraient	ri

SUBJONCTIF

Présent

que	je	ri**e**
que	tu	ri**es**
qu'	elle	ri**e**
que	nous	ri**ions**
que	vous	ri**iez**
qu'	elles	ri**ent**

Passé

que	j'	aie	ri
que	tu	aies	ri
qu'	elle	ait	ri
que	nous	ayons	ri
que	vous	ayez	ri
qu'	elles	aient	ri

Le verbe *rire* prend un double *i* : le premier *i* vient du radical, le deuxième vient de la terminaison.

IMPÉRATIF

Présent

ri**s**
ri**ons**
ri**ez**

INFINITIF

Présent

ri**re**

PARTICIPE

Présent

ri**ant**

Passé

ri

Le participe passé *ri* est invariable.

Futur proche

je	vais	rire
tu	vas	rire
elle	va	rire
nous	allons	rire
vous	allez	rire
elles	vont	rire

Le verbe *sourire* se conjugue comme *rire*.

Au pluriel, le radical *écri-* devient *écriv-*.

INDICATIF

Présent
j'	écris
tu	écris
il	écrit
nous	écrivons
vous	écrivez
ils	écrivent

Passé composé
j'	ai	écrit
tu	as	écrit
il	a	écrit
nous	avons	écrit
vous	avez	écrit
ils	ont	écrit

Imparfait
j'	écrivais
tu	écrivais
il	écrivait
nous	écrivions
vous	écriviez
ils	écrivaient

Plus-que-parfait
j'	avais	écrit
tu	avais	écrit
il	avait	écrit
nous	avions	écrit
vous	aviez	écrit
ils	avaient	écrit

Passé simple
j'	écrivis
tu	écrivis
il	écrivit
nous	écrivîmes
vous	écrivîtes
ils	écrivirent

Passé antérieur
j'	eus	écrit
tu	eus	écrit
il	eut	écrit
nous	eûmes	écrit
vous	eûtes	écrit
ils	eurent	écrit

Futur simple
j'	écrirai
tu	écriras
il	écrira
nous	écrirons
vous	écrirez
ils	écriront

Futur antérieur
j'	aurai	écrit
tu	auras	écrit
il	aura	écrit
nous	aurons	écrit
vous	aurez	écrit
ils	auront	écrit

Conditionnel présent
j'	écrirais
tu	écrirais
il	écrirait
nous	écririons
vous	écririez
ils	écriraient

Conditionnel passé
j'	aurais	écrit
tu	aurais	écrit
il	aurait	écrit
nous	aurions	écrit
vous	auriez	écrit
ils	auraient	écrit

SUBJONCTIF

Présent		
que	j'	écriv**e**
que	tu	écriv**es**
qu'	il	écriv**e**
que	nous	écriv**ions**
que	vous	écriv**iez**
qu'	ils	écriv**ent**

Passé			
que	j'	aie	écrit
que	tu	aies	écrit
qu'	il	ait	écrit
que	nous	ayons	écrit
que	vous	ayez	écrit
qu'	ils	aient	écrit

IMPÉRATIF

Présent

écri**s**
- écriv**ons**
- écriv**ez**

INFINITIF

Présent

écri**re**

Au pluriel, le radical *écri-* devient *écriv-*.

PARTICIPE

Présent

écriv**ant**

Passé

écri**t** / écri**te**
écri**ts** / écri**tes**

Futur proche

je	vais	écrire
tu	vas	écrire
il	va	écrire
nous	allons	écrire
vous	allez	écrire
ils	vont	écrire

• •

⊙ Les verbes courants qui se conjuguent comme *écrire* sont : *décrire, inscrire, prescrire, récrire (réécrire), retranscrire* et *transcrire*.

INDICATIF

Au pluriel, le radical *suffi-* devient *suffis-*.

Présent		Passé composé		
je	suffis	j'	ai	suffi
tu	suffis	tu	as	suffi
elle	suffit	elle	a	suffi
nous	suffisons	nous	avons	suffi
vous	suffisez	vous	avez	suffi
elles	suffisent	elles	ont	suffi

Imparfait		Plus-que-parfait		
je	suffisais	j'	avais	suffi
tu	suffisais	tu	avais	suffi
elle	suffisait	elle	avait	suffi
nous	suffisions	nous	avions	suffi
vous	suffisiez	vous	aviez	suffi
elles	suffisaient	elles	avaient	suffi

Passé simple		Passé antérieur		
je	suffis	j'	eus	suffi
tu	suffis	tu	eus	suffi
elle	suffit	elle	eut	suffi
nous	suffîmes	nous	eûmes	suffi
vous	suffîtes	vous	eûtes	suffi
elles	suffirent	elles	eurent	suffi

Futur simple		Futur antérieur		
je	suffirai	j'	aurai	suffi
tu	suffiras	tu	auras	suffi
elle	suffira	elle	aura	suffi
nous	suffirons	nous	aurons	suffi
vous	suffirez	vous	aurez	suffi
elles	suffiront	elles	auront	suffi

Conditionnel présent		Conditionnel passé		
je	suffirais	j'	aurais	suffi
tu	suffirais	tu	aurais	suffi
elle	suffirait	elle	aurait	suffi
nous	suffirions	nous	aurions	suffi
vous	suffiriez	vous	auriez	suffi
elles	suffiraient	elles	auraient	suffi

SUBJONCTIF

Présent			Passé			
que	je	suffise	que	j'	aie	suffi
que	tu	suffises	que	tu	aies	suffi
qu'	elle	suffise	qu'	elle	ait	suffi
que	nous	suffisions	que	nous	ayons	suffi
que	vous	suffisiez	que	vous	ayez	suffi
qu'	elles	suffisent	qu'	elles	aient	suffi

IMPÉRATIF

Présent

suffis
- suffisons
- suffisez

INFINITIF

Présent

suffire

Au pluriel, le radical *suffi*- devient *suffis*-.

PARTICIPE

Présent

suffisant

Passé
- suffi

Le participe passé *suffi* est invariable.

Futur proche

je	vais	suffire
tu	vas	suffire
elle	va	suffire
nous	allons	suffire
vous	allez	suffire
elles	vont	suffire

⊚ Un autre verbe courant se conjugue comme *suffire* : *frire*.

⊚ À l'indicatif présent et à l'impératif présent, le verbe *frire* est employé uniquement au singulier. Au participe passé, le verbe *frire* devient : *frit, frite, frits, frites*.

INDICATIF

Présent
je	cuis
tu	cuis
il	cuit
nous	cuisons
vous	cuisez
ils	cuisent

- Au pluriel, le radical *cui-* devient *cuis-*.

Passé composé
j'	ai	cuit
tu	as	cuit
il	a	cuit
nous	avons	cuit
vous	avez	cuit
ils	ont	cuit

Imparfait
je	cuisais
tu	cuisais
il	cuisait
nous	cuisions
vous	cuisiez
ils	cuisaient

Plus-que-parfait
j'	avais	cuit
tu	avais	cuit
il	avait	cuit
nous	avions	cuit
vous	aviez	cuit
ils	avaient	cuit

Passé simple
je	cuisis
tu	cuisis
il	cuisit
nous	cuisîmes
vous	cuisîtes
ils	cuisirent

Passé antérieur
j'	eus	cuit
tu	eus	cuit
il	eut	cuit
nous	eûmes	cuit
vous	eûtes	cuit
ils	eurent	cuit

Futur simple
je	cuirai
tu	cuiras
il	cuira
nous	cuirons
vous	cuirez
ils	cuiront

Futur antérieur
j'	aurai	cuit
tu	auras	cuit
il	aura	cuit
nous	aurons	cuit
vous	aurez	cuit
ils	auront	cuit

Conditionnel présent
je	cuirais
tu	cuirais
il	cuirait
nous	cuirions
vous	cuiriez
ils	cuiraient

Conditionnel passé
j'	aurais	cuit
tu	aurais	cuit
il	aurait	cuit
nous	aurions	cuit
vous	auriez	cuit
ils	auraient	cuit

SUBJONCTIF

Présent			Passé			
que	je	cuise	que	j'	aie	cuit
que	tu	cuises	que	tu	aies	cuit
qu'	il	cuise	qu'	il	ait	cuit
que	nous	cuisions	que	nous	ayons	cuit
que	vous	cuisiez	que	vous	ayez	cuit
qu'	ils	cuisent	qu'	ils	aient	cuit

IMPÉRATIF

Présent

cuis
- cuisons
- cuisez

INFINITIF

Présent

cuire

Au pluriel, le radical *cui-* devient *cuis-*.

PARTICIPE

Présent	Passé
cuisant	cuit / cuite
	cuits / cuites

Futur proche

je	vais	cuire
tu	vas	cuire
il	va	cuire
nous	allons	cuire
vous	allez	cuire
ils	vont	cuire

⊙ Les verbes courants qui se conjuguent comme *cuire* sont : *conduire, construire, déduire, détruire, instruire, introduire, nuire, produire, reconduire, réduire, reproduire, séduire* et *traduire*.

⊙ Le participe passé du verbe *nuire* est invariable, il s'écrit toujours *nui*.

INDICATIF

Présent		Passé composé		
je	lui**s**	j'	ai	lui
tu	lui**s**	tu	as	lui
elle	lui**t**	elle	a	lui
• nous	lui**sons**	nous	avons	lui
• vous	lui**sez**	vous	avez	lui
• elles	lui**sent**	elles	ont	lui

• Au pluriel, le radical *lui-* devient *luis-*.

Imparfait		Plus-que-parfait		
je	luis**ais**	j'	avais	lui
tu	luis**ais**	tu	avais	lui
elle	luis**ait**	elle	avait	lui
nous	luis**ions**	nous	avions	lui
vous	luis**iez**	vous	aviez	lui
elles	luis**aient**	elles	avaient	lui

Passé simple		Passé antérieur		
je	lu**is**	j'	eus	lui
tu	lu**is**	tu	eus	lui
elle	lu**it**	elle	eut	lui
nous	lu**îmes**	nous	eûmes	lui
vous	lu**îtes**	vous	eûtes	lui
elles	lu**irent**	elles	eurent	lui

Futur simple		Futur antérieur		
je	lui**rai**	j'	aurai	lui
tu	lui**ras**	tu	auras	lui
elle	lui**ra**	elle	aura	lui
nous	lui**rons**	nous	aurons	lui
vous	lui**rez**	vous	aurez	lui
elles	lui**ront**	elles	auront	lui

Conditionnel présent		Conditionnel passé		
je	lui**rais**	j'	aurais	lui
tu	lui**rais**	tu	aurais	lui
elle	lui**rait**	elle	aurait	lui
nous	lui**rions**	nous	aurions	lui
vous	lui**riez**	vous	auriez	lui
elles	lui**raient**	elles	auraient	lui

SUBJONCTIF

Présent

que je luis**e**
que tu luis**es**
qu' elle luis**e**
que nous luis**ions**
que vous luis**iez**
qu' elles luis**ent**

Passé

que j' aie lui
que tu aies lui
qu' elle ait lui
que nous ayons lui
que vous ayez lui
qu' elles aient lui

IMPÉRATIF

Présent

luis
• luis**ons**
• luis**ez**

Au pluriel, le radical *lui-* devient *luis-*.

INFINITIF

Présent

lui**re**

PARTICIPE

Présent

luis**ant**

Passé

• lu**i**

Le participe passé *lui* est invariable.

Futur proche

je vais luire
tu vas luire
elle va luire
nous allons luire
vous allez luire
elles vont luire

⊙ Le verbe *reluire* se conjugue comme *luire*.
⊙ Le participe passé du verbe *reluire* est lui aussi invariable : *relui*.

La liste alphabétique des verbes

. . . .

Légende

- Le numéro devant le verbe renvoie à un tableau modèle de conjugaison.

- **14 acheter** : les verbes modèles sont surlignés en bleu.

- être : verbe qui forme ses temps composés avec l'auxiliaire *être*.

- avoir ou être : selon le cas, verbe qui forme ses temps composés avec l'auxiliaire *avoir* ou *être*.

- impersonnel : verbe se conjuguant seulement avec *il*.

8 abaisser – Mettre plus bas. *s'abaisser* – S'humilier.

8 abandonner – 1. Ne plus s'occuper de quelqu'un ou de quelque chose. 2. Quitter un lieu. 3. Renoncer à un projet. *s'abandonner* – Se laisser aller.

58 abattre – 1. Faire tomber quelque chose. 2. Démolir. 3. Tuer un animal. 4. Assassiner quelqu'un. 5. Fatiguer. 6. Décourager.

8 abîmer / abimer – Endommager, rendre inutilisable.

8 abonner – Prendre un abonnement.

8 aborder – 1. S'approcher d'une personne et commencer à lui parler. 2. Atteindre. 3. Commencer. 4. Atteindre le rivage.

24 aboyer – 1. Crier, en parlant du chien. 2. Dire ou crier avec colère.

8 abriter – 1. Protéger. 2. Héberger, accueillir. *s'abriter* – Se protéger.

8 absenter (s') être – S'éloigner pour un moment du lieu où l'on devrait être.

8 absorber – 1. Laisser pénétrer et retenir (un liquide). 2. Boire, manger. 3. Occuper complètement.

30 abstenir (s') être – 1. Éviter volontairement de faire quelque chose. 2. Ne pas voter.

8 abuser – 1. Consommer quelque chose de façon excessive. 2. Dépasser la mesure, exagérer. 3. Tromper quelqu'un en profitant de sa naïveté.

12 accéder – 1. Avoir accès à un lieu. 2. Obtenir un emploi, un poste.

12 accélérer – 1. Augmenter la vitesse. 2. Faire une action plus rapidement.

8 accepter – 1. Recevoir volontiers une chose proposée. 2. Accueillir. 3. Être d'accord. 4. Endurer.

21 accompagner – 1. Aller avec quelqu'un. 2. Servir en même temps. 3. En musique, jouer un accompagnement.

27 accomplir – Faire complètement quelque chose.

8 accorder – 1. Donner son accord. 2. Régler le son d'un instrument de musique. 3. Choisir la bonne forme d'un mot selon les règles d'accord.

8 accoucher – 1. Donner naissance à un enfant. 2. Aider une femme à donner naissance à un enfant.

8 accoupler (s') être – En parlant des animaux, s'unir pour avoir des petits.

39 accourir avoir ou être – Arriver en courant, rapidement.

8 accrocher – 1. Suspendre à un crochet. 2. Heurter légèrement. *s'accrocher* – Se retenir fermement.

71 accroître / accroitre – Rendre plus grand, plus important.

27 accroupir (s') être – S'asseoir sur ses talons.

35 accueillir – Recevoir.

8 accumuler – Amasser un grand nombre de choses.

8 accuser – 1. Dire que quelqu'un est coupable. 2. Rendre plus visible.

8 acharner (s') être – 1. Poursuivre, attaquer férocement. 2. Faire beaucoup d'efforts, persévérer.

8 acheminer – Faire parvenir.

14 acheter – Obtenir en payant.

11 achever – 1. Finir, compléter. 2. Tuer un animal pour mettre fin à ses souffrances.

31 acquérir – 1. Acheter, devenir propriétaire. 2. Finir par avoir une chose favorable. 3. Prendre de la valeur.

8 activer – 1. Faire fonctionner quelque chose. 2. Rendre plus rapide. *s'activer* – Se dépêcher.

8 adapter – 1. Ajuster une chose à une autre. 2. Transposer une œuvre (par exemple, transformer un roman pour en faire un film). *s'adapter* – S'habituer à une situation nouvelle.

8 additionner – 1. Effectuer une addition. 2. Ajouter une chose à une autre.

12 adhérer – 1. Tenir fortement sur une surface. 2. S'inscrire à un parti, à une association. 3. Être d'accord.

59 admettre – 1. Reconnaître comme vrai, être d'accord. 2. Accepter quelqu'un.

8 admirer – 1. Trouver très beau. 2. Estimer, trouver remarquable.

8 adopter – 1. Obtenir légalement la garde d'un enfant et le traiter comme le sien. 2. Accepter quelqu'un. 3. Choisir, décider de prendre.

8 adorer – 1. Rendre hommage à un dieu ou une divinité par des prières. 2. Aimer beaucoup.

8 adosser (s') être – Appuyer son dos contre quelque chose.

27 adoucir – Rendre plus doux. *s'adoucir* – Devenir plus doux.

8 adresser – 1. Envoyer. 2. Dire quelque chose à quelqu'un. *s'adresser* – Parler à quelqu'un ou aller le trouver.

12 aérer – Faire rentrer de l'air frais.

27 affaiblir – Rendre faible.

8 **affecter** – 1. Faire semblant d'éprouver un sentiment. 2. Attrister, peiner.

8 **afficher** – 1. Annoncer par une affiche. 2. Montrer publiquement.

8 **affirmer** – 1. Dire que quelque chose est vrai. 2. Montrer clairement. s'affirmer – se faire connaître, se faire valoir.

8 **affronter** – Aller courageusement se battre, faire face à un danger.

9 **agacer** – Énerver, irriter.

8 **agenouiller (s')** être – Se mettre à genoux.

8 **aggraver** – Rendre plus grave, pire.

27 **agir** – 1. Faire quelque chose. 2. Se conduire, se comporter. 3. Être efficace. s'agir impersonnel – Être question de quelque chose (il s'agit de).

8 **agiter** – Secouer, remuer dans tous les sens. s'agiter – Bouger, remuer dans tous les sens.

8 **agrafer** – Attacher à l'aide d'agrafes.

27 **agrandir** – Rendre plus grand, plus important. s'agrandir – Devenir plus grand.

8 **agresser** – 1. Attaquer. 2. Déranger. 3. Provoquer, choquer quelqu'un.

8 **agripper** – Saisir, accrocher avec force.

8 **aider** – Assister quelqu'un dans ce qu'il fait.

8 **aiguiser** – Rendre tranchant, pointu.

8 **aimer** – 1. Être amoureux de quelqu'un. 2. Avoir de l'affection, de l'amitié pour quelqu'un. 3. Trouver une chose agréable.

8 **ajouter** – 1. Mettre quelque chose en plus. 2. Dire quelque chose en plus.

8 **ajuster** – 1. Adapter exactement une chose à une autre. 2. Retoucher un vêtement. 3. Viser.

8 **alerter** – Avertir d'un danger.

21 **aligner** – Placer en ligne droite.

8 **allaiter** – Nourrir de son lait un bébé, un animal.

20 **alléger** – 1. Rendre moins lourd. 2. Rendre moins pénible.

29 **aller** être – 1. Se déplacer d'un lieu à un autre. 2. Mener. 3. Se sentir bien ou mal. 4. Convenir. s'en aller – 1. Partir. 2. Disparaître. 3. Mourir.

22 **allier (s')** être – S'unir par une alliance.

10 **allonger** – 1. Rendre plus long. 2. Étendre une partie du corps. s'allonger – Se coucher.

8 **allumer** – 1. Mettre le feu à quelque chose. 2. Mettre en marche. 3. Rendre lumineux.

8 **améliorer** – Rendre meilleur.

11 **amener** – 1. Faire venir quelqu'un avec soi. 2. Transporter. 3. Causer, entraîner.

22 **amplifier** – 1. Augmenter, accroître. 2. Exagérer.

8 **amuser** – Distraire, faire rire.

8 **ancrer** – 1. Immobiliser un navire en jetant l'ancre. 2. Fixer solidement une idée, un sentiment.

27 **anéantir** – 1. Détruire entièrement quelque chose. 2. Décourager, épuiser quelqu'un.

8 **animer** – 1. Mettre de la vie. 2. Diriger une discussion ou un spectacle. 3. Pousser à agir. s'animer – Devenir vivant, plein d'entrain.

9 **annoncer** – 1. Faire connaître une nouvelle, un évènement. 2. Être le signe de quelque chose. s'annoncer – Se présenter, débuter.

8 **annuler** – 1. Rendre quelque chose nul, sans effet. 2. Supprimer.

43 **apercevoir** – 1. Commencer à voir, distinguer. 2. Voir brièvement. s'apercevoir – Se rendre compte de quelque chose.

27 **aplatir** – Rendre plat ou plus plat.

67 **apparaître / apparaitre** avoir ou être – 1. Se montrer tout à coup. 2. Commencer à exister. 3. Avoir l'air, sembler.

30 **appartenir** – 1. Être la propriété de quelqu'un. 2. Faire partie d'un groupe.

16 **appeler** – 1. Attirer l'attention de quelqu'un par une parole ou un geste. 2. Téléphoner. 3. Donner un nom. s'appeler – Avoir pour nom.

27 **applaudir** – Battre des mains pour montrer son approbation ou son admiration.

8 **appliquer** – 1. Mettre une chose sur une autre de façon à la recouvrir. 2. Mettre en pratique. s'appliquer – 1. Se mettre directement sur quelque chose. 2. Travailler avec soin.

8 **apporter** – 1. Porter quelque chose à l'endroit où se trouve quelqu'un et le lui donner. 2. Fournir. 3. Causer.

22 **apprécier** – 1. Aimer quelqu'un ou quelque chose. 2. Évaluer, mesurer.

56 **apprendre** – 1. Être informé de quelque chose. 2. Acquérir des connaissances. 3. Enseigner. 4. Faire savoir, annoncer.

8 **apprivoiser** – 1. Rendre un animal moins farouche. 2. Rendre quelqu'un plus sociable, adoucir.

8 **approcher** – 1. Mettre plus près. 2. Entrer en contact avec quelqu'un. 3. Être sur le point d'arriver. 4. Être semblable.

27 **approfondir** – 1. Creuser plus profond. 2. Étudier davantage.

8 **approuver** – 1. Être du même avis. 2. Donner son accord. 3. Apprécier.

25 **appuyer** – 1. Placer une chose contre une autre lui servant d'appui. 2. Presser. 3. Soutenir quelqu'un. 4. Insister.

8 **arbitrer** – 1. Déterminer qui a tort et qui a raison dans une dispute, un débat. 2. Faire appliquer les règles d'un sport, d'un jeu.

8 **armer** – 1. Donner des armes. 2. Rendre une arme à feu prête à tirer. s'armer – 1. Se procurer des armes. 2. Se munir de quelque chose.

8 **arracher** – 1. Enlever, détacher quelque chose en tirant dessus. 2. Obtenir avec difficulté. 3. Faire quitter un lieu ou un état avec difficulté. s'arracher – 1. Quitter avec difficulté. 2. Rechercher la compagnie de quelqu'un.

10 **arranger** – 1. Placer comme l'on préfère. 2. Réparer. 3. Régler un problème. 4. Convenir. s'arranger – 1. Se mettre d'accord. 2. Aller mieux. 3. S'organiser. 4. Ajuster son apparence.

8 **arrêter** – 1. Empêcher d'avancer. 2. Interrompre le fonctionnement. 3. Mettre fin à une activité, un processus. 4. Faire prisonnier. 5. Fixer, décider quelque chose. s'arrêter – 1. Ne plus avancer. 2. Ne plus fonctionner. 3. Se terminer. 4. Considérer.

8 **arriver** être – 1. Parvenir au lieu où l'on voulait aller. 2. Atteindre un certain niveau. 3. Réussir. 4. Se produire, avoir lieu.

27 **arrondir** – 1. Donner une forme ronde à quelque chose. 2. Obtenir un chiffre rond. 3. Augmenter un salaire, un gain.

8 **arroser** – Verser de l'eau sur quelqu'un ou quelque chose.

8 **articuler** – Prononcer distinctement. s'articuler – En parlant d'un os, s'unir à un autre par une articulation.

22 **asphyxier** – Causer l'arrêt de la respiration.

8 **aspirer** – 1. Faire entrer l'air dans les poumons. 2. Faire entrer un liquide dans la bouche. 3. Attirer un gaz ou un liquide en faisant le vide. 4. Souhaiter.

27 **assagir (s')** être – Devenir plus sage.

8 **assassiner** – Tuer volontairement.

12 **assécher** – Enlever l'eau, l'humidité.

8 **assembler** – Faire tenir ensemble, fixer. s'assembler – Se réunir.

53 **asseoir / assoir** – Poser quelqu'un sur ses
54 **fesses.** asseoir (s') / assoir (s') – Se placer sur un siège, poser ses fesses sur quelque chose.

20 **assiéger** – 1. Faire le siège, assaillir, cerner. 2. Venir en grand nombre dans un endroit.

8 **assister** – 1. Être présent à quelque chose. 2. Aider quelqu'un dans son travail.

22 **associer** – 1. Prendre quelqu'un pour associé. 2. Faire un rapprochement entre deux choses.

s'associer – 1. Se joindre, s'unir. 2. Participer à quelque chose. 3. S'accorder, s'unir.

8 **assommer** – 1. Tuer ou étourdir une personne ou un animal en lui donnant un coup violent sur la tête. 2. Ennuyer.

8 **assurer** – 1. Affirmer une chose. 2. Garantir par un contrat d'assurance. 3. Faire qu'une chose fonctionne. s'assurer – 1. Vérifier. 2. Passer un contrat d'assurance.

8 **attacher** – 1. Faire tenir une chose, un animal ou une personne par un lien. 2. Joindre les deux parties d'une chose. s'attacher – Se mettre à aimer beaucoup.

8 **attaquer** – 1. Commencer le combat. 2. Agresser. 3. Commencer. 4. Critiquer. 5. Détruire, ronger.

60 **atteindre** – 1. Parvenir au niveau de quelqu'un, de quelque chose. 2. Toucher, blesser avec une arme. 3. Parvenir à un lieu. 4. Parvenir à un état, à un but.

18 **atteler** – Attacher un animal à un véhicule pour le tirer.

55 **attendre** – 1. Rester au même endroit jusqu'à ce que quelqu'un ou quelque chose arrive. 2. Espérer la venue de quelqu'un. 3. En parlant d'une chose, être prêt pour quelqu'un. s'attendre – Croire, espérer.

8 **atténuer** – Rendre moins fort, diminuer.

27 **atterrir** – Se poser sur le sol.

8 **attirer** – 1. Faire venir à soi. 2. Inviter un être vivant à venir à soi. 3. Inspirer de la sympathie, plaire. 4. Causer.

8 **attraper** – 1. Prendre une personne, une bête ou quelque chose qui se déplace. 2. Réussir à atteindre. 3. Recevoir, subir quelque chose de désagréable.

8 **attrister** – Rendre triste.

8 **augmenter** – 1. Rendre plus grand. 2. Devenir plus grand. 3. Devenir plus cher.

8 **autoriser** – Donner la permission.

8 **avaler** – 1. Faire descendre quelque chose par la gorge, absorber. 2. Croire facilement.

9 **avancer** – 1. Déplacer vers l'avant. 2. Aller vers l'avant. 3. Faire arriver avant le moment prévu. 4. Indiquer une heure plus tardive. 5. Faire progresser. 6. Prêter de l'argent.

10 **avantager** – 1. Donner un avantage, favoriser. 2. Mettre en valeur.

8 **aventurer (s')** être – Prendre un risque en allant dans un endroit dangereux.

27 **avertir** – 1. Informer quelqu'un, le mettre en garde. 2. Menacer quelqu'un, le réprimander.

2 avoir – 1. Posséder. 2. Obtenir. 3. Ressentir. 4. Présenter un aspect, une caractéristique.

8 avouer – 1. Reconnaître que quelque chose est vrai. 2. Reconnaître sa culpabilité.

21 baigner – 1. Faire prendre un bain à quelqu'un. 2. Mouiller. 3. Tremper dans un liquide.
se baigner – Se plonger dans l'eau pour nager, s'amuser.

8 bâiller – 1. Ouvrir grand la bouche sans le faire exprès en inspirant. 2. Être mal fermé, entrouvert.

8 baisser – 1. Mettre plus bas. 2. Incliner une partie du corps vers le bas. 3. Rendre moins fort, diminuer. 4. Rendre un prix moins élevé. 5. Devenir moins haut.

8 balader (se) [être] – Se promener au hasard, sans se presser.

9 balancer – Faire aller d'un côté puis de l'autre plusieurs fois.

23 balayer – 1. Enlever la poussière, nettoyer avec un balai. 2. Chasser, pousser. 3. Parcourir toutes les parties d'un espace.

8 baptiser – 1. Donner le baptême à quelqu'un. 2. Donner un nom.

8 barbouiller – 1. Salir. 2. Peindre de manière grossière et maladroite. 3. Griffonner, gribouiller.

8 barrer – 1. Bloquer l'accès d'un passage. 2. Fermer à clé. 3. Marquer d'un trait. 4. Rayer en traçant une barre.

8 basculer – 1. Tomber, se renverser. 2. Passer dans le camp opposé.

27 bâtir – 1. Construire. 2. Établir, fonder.

58 battre – 1. Donner des coups. 2. Vaincre. 3. Agiter quelque chose pour le mélanger. 4. Indiquer le rythme. 5. Frapper, cogner contre quelque chose. 6. Parcourir en cherchant.

8 bavarder – 1. Parler de choses peu importantes. 2. Révéler un secret.

8 baver – 1. Laisser couler de la bave. 2. Se dit de l'encre qui déborde, qui s'étale.

23 bégayer – 1. Parler avec difficulté en répétant certaines syllabes. 2. S'exprimer de façon hésitante.

8 bêler – Crier, en parlant du mouton et de la chèvre.

22 bénéficier – Profiter.

9 bercer – 1. Balancer doucement. 2. Tromper quelqu'un par de belles paroles.

8 beurrer – Recouvrir de beurre.

8 blâmer – 1. Critiquer, désapprouver. 2. Réprimander, punir de façon officielle.

27 blanchir – 1. Rendre blanc. 2. Devenir blanc. 3. Innocenter.

8 blesser – 1. Causer une blessure. 2. Faire de la peine, offenser.

8 bloquer – 1. Empêcher de bouger. 2. Barrer, boucher. 3. Empêcher d'augmenter.

27 blottir (se) [être] – 1. Se replier sur soi de manière à occuper le moins de place possible. 2. Se réfugier contre quelqu'un ou quelque chose.

72 boire – 1. Avaler un liquide. 2. Écouter avec attention et admiration. 3. Absorber beaucoup d'alcool. 4. Absorber un liquide.

8 bombarder – 1. Lancer des bombes. 2. Lancer des objets divers sur quelqu'un ou quelque chose. 3. Harceler quelqu'un, l'accabler.

27 bondir – 1. Sauter. 2. S'élancer, se précipiter. 3. Sursauter.

8 border – 1. S'aligner au bord de quelque chose. 2. Garnir le bord de quelque chose. 3. Replier le bord des draps et des couvertures sous le matelas.

8 boucher – 1. Fermer une ouverture. 2. Obstruer, bloquer.

8 boucler – 1. Fermer avec une boucle. 2. Encercler, cerner une rue ou un quartier. 3. Donner la forme d'une boucle.

8 bouder – 1. Montrer sa mauvaise humeur par son attitude renfrognée, son silence. 2. Montrer de l'indifférence à l'égard de quelqu'un ou de quelque chose.

10 bouger – Faire un mouvement, remuer.

37 bouillir – 1. S'agiter en formant des bulles sous l'effet de la chaleur. 2. Cuire dans un liquide qui bout. 3. Être emporté par une émotion violente.

8 bouleverser – 1. Mettre en désordre. 2. Changer complètement quelque chose. 3. Causer une grande émotion.

8 bourdonner – Faire entendre un bruit sourd et régulier.

8 bourgeonner – Former des bourgeons.

8 boutonner – Fermer en attachant les boutons.

8 boxer – Pratiquer la boxe.

8 brailler – 1. Parler, crier, chanter d'une manière désagréable. 2. Pleurer très fort.

8 brancher – Raccorder un appareil électrique à une prise de courant.

8 brasser – 1. Remuer quelque chose pour le mélanger. 2. Traiter de nombreuses affaires. 3. Manier de grosses sommes d'argent.

bricoler

8 **bricoler** – 1. Faire de petits travaux manuels chez soi. 2. Réparer provisoirement.

8 **briller** – 1. Émettre une lumière très vive. 2. En parlant des yeux, exprimer un sentiment vif, pétiller. 3. Se distinguer des autres.

8 **briser** – 1. Casser. 2. Causer une grande peine. 3. Détruire. 4. Faire échouer. 5. Fatiguer.

8 **brosser** – 1. Nettoyer, frotter avec une brosse. 2. Peindre avec une brosse. 3. Décrire rapidement une situation.

8 **brouter** – Manger de l'herbe en l'arrachant.

24 **broyer** – 1. Réduire en petits morceaux en écrasant. 2. Écraser quelqu'un ou une partie du corps.

8 **brûler / bruler** – 1. Être en feu. 2. Détruire par le feu. 3. Abîmer ou blesser par le feu. 4. Causer une sensation de brûlure. 5. Passer sans s'arrêter. 6. Ressentir un vif désir.

8 **bûcher / bucher** – Abattre des arbres, couper du bois.

8 **buter** – 1. Trébucher. 2. Se heurter à une difficulté. se buter – S'entêter.

8 **butiner** – En parlant des abeilles, aller de fleur en fleur pour recueillir le pollen.

Ⓒ

8 **cacher** – 1. Mettre hors de la vue, dissimuler. 2. Empêcher de voir. 3. Ne pas montrer, ne pas dire.

8 **calculer** – 1. Déterminer par le calcul. 2. Estimer, évaluer par le raisonnement. 3. Préparer.

8 **calmer** – Apaiser, rendre plus calme.

8 **cambrioler** – Voler après être entré de force dans un endroit.

8 **camper** – Coucher sous une tente.

8 **capter** – 1. Recueillir une source d'énergie, canaliser un cours d'eau. 2. Retenir l'attention, captiver. 3. Recevoir au moyen d'appareils de radio ou de télévision.

8 **capturer** – S'emparer d'un être humain ou d'un animal.

8 **caresser** – Flatter, faire des caresses.

8 **casser** – 1. Mettre en morceaux. 2. Fracturer, rompre un os. 3. Rendre inutilisable.

8 **catapulter** – 1. Lancer à l'aide d'une catapulte. 2. Lancer loin et avec force. 3. Envoyer soudainement quelqu'un dans un lieu ou le placer soudainement dans une fonction.

8 **causer** – 1. Être la cause de quelque chose. 2. Parler tranquillement avec quelqu'un.

12 **céder** – 1. Abandonner une chose à quelqu'un. 2. Vendre. 3. Accepter de se plier à la volonté

de quelqu'un. 4. Se rendre, renoncer. 5. Ne plus résister à la pression, à la force.

12 **célébrer** – Fêter un évènement.

8 **centrer** – Disposer au centre, au milieu.

8 **cesser** – Arrêter.

8 **chamailler (se)** être – Se disputer pour des raisons sans importance.

10 **changer** – 1. Rendre différent. 2. Remplacer par une chose ou une personne de même nature. 3. Mettre d'autres vêtements. 4. Modifier. 5. Transformer, convertir. 6. Devenir autre, différent.

8 **chanter** – 1. Produire des sons musicaux avec la voix. 2. Crier, en parlant de l'oiseau.

10 **charger** – 1. Placer des objets à transporter dans un véhicule ou sur le dos d'un animal. 2. Mettre des balles dans une arme à feu. 3. Accabler, écraser. 4. Confier une mission. 5. Attaquer.

8 **charmer** – Plaire à une personne, la séduire.

8 **chasser** – 1. Poursuivre des animaux pour les tuer ou les attraper. 2. Faire partir.

8 **chatouiller** – Toucher quelqu'un à des endroits sensibles du corps de manière à le faire rire.

8 **chauffer** – 1. Rendre chaud. 2. Devenir chaud. se chauffer – Se réchauffer.

8 **chausser** – 1. Mettre des chaussures. 2. Fixer à ses pieds des patins, des skis, etc. 3. Mettre des pneus à une voiture.

8 **chavirer** – 1. En parlant d'un bateau, se retourner complètement. 2. Se renverser, perdre l'équilibre.

8 **chercher** – 1. Essayer de trouver, de découvrir. 2. Apporter, amener. se chercher – Chercher sa vraie personnalité.

8 **chicaner** – Disputer, chercher querelle.

27 **choisir** – 1. Faire un choix, sélectionner. 2. Se décider, prendre parti.

8 **choquer** – 1. Heurter, donner un choc. 2. Contrarier.

12 **chronométrer** – Mesurer la durée d'une course, d'une épreuve avec un chronomètre.

8 **chuchoter** – Parler à voix basse, murmurer.

8 **circuler** – 1. Se déplacer en circuit fermé, en parlant du sang. 2. Se renouveler, en parlant de l'air, d'un gaz. 3. Passer d'un endroit à un autre.

8 **citer** – 1. Rapporter ce que quelqu'un a dit ou écrit. 2. Désigner avec précision, nommer. 3. Donner un exemple.

8 **claquer** – 1. Produire un bruit sec et sonore. 2. Donner une claque à quelqu'un. se claquer – Se déchirer (un muscle).

22 **clarifier** – 1. Purifier, filtrer. 2. Rendre plus clair, plus facile à comprendre.

8 **classer** – 1. Diviser en catégories, trier. 2. Placer dans un certain ordre, ordonner.

8 **clignoter** – S'allumer et s'éteindre rapidement plusieurs fois de suite.

73 **clore** – Terminer, achever quelque chose.

8 **clouer** – 1. Fixer avec des clous. 2. Immobiliser.

21 **cogner** – 1. Frapper à coups répétés. 2. Frapper quelqu'un. se cogner – Se frapper, se heurter contre quelque chose.

8 **coiffer** – 1. Couvrir la tête de quelqu'un. 2. Arranger les cheveux, peigner.

9 **coincer** – 1. Bloquer, immobiliser. 2. Empêcher quelqu'un de faire quelque chose.

8 **collaborer** – Travailler avec d'autres personnes.

8 **collectionner** – 1. Réunir des objets pour faire une collection. 2. Accumuler.

8 **coller** – 1. Fixer avec de la colle. 2. Appuyer, placer contre.

8 **colorer** – Donner de la couleur.

22 **colorier** – Appliquer des couleurs sur un dessin.

58 **combattre** – Lutter, opposer une résistance.

8 **commander** – 1. Diriger. 2. Ordonner. 3. Faire une commande pour obtenir une marchandise.

9 **commencer** – 1. Faire la première partie de quelque chose. 2. Débuter.

59 **commettre** – Faire quelque chose de mal.

8 **communiquer** – 1. Faire savoir quelque chose à quelqu'un. 2. Faire partager, échanger. 3. Transmettre. 4. Établir la communication avec quelqu'un, correspondre. 5. Être relié par un passage, donner accès.

8 **comparer** – 1. Chercher les ressemblances et les différences. 2. Faire un rapprochement, mettre en parallèle.

12 **compléter** – Ajouter ce qui manque.

8 **compliquer** – Rendre difficile à comprendre.

8 **comporter** – Contenir, inclure. se comporter – Se conduire.

8 **composer** – 1. Former un ensemble, un tout en réunissant plusieurs éléments. 2. Créer, écrire. 3. S'adapter à une situation, à une personne. se composer – Comprendre, être constitué de certains éléments.

8 **composter** – Enrichir une terre avec du compost, de l'engrais.

56 **comprendre** – 1. Donner un sens précis, clair à quelque chose. 2. Connaître les raisons, les causes de quelque chose. 3. Être compréhensif, tolérant. 4. Inclure, comporter.

8 **compter** – 1. Dire les chiffres dans l'ordre. 2. Calculer. 3. Inclure dans un ensemble, un total. 4. Comporter, comprendre. 5. Avoir l'intention. 6. Avoir de l'importance.

8 **concentrer** – Faire se rapprocher, mettre ensemble des éléments. se concentrer – Fixer son attention sur quelque chose.

8 **concerner** – Intéresser, toucher.

43 **concevoir** – 1. Imaginer une chose. 2. Comprendre.

74 **conclure** – 1. Terminer par un accord, résoudre. 2. Donner une fin à ce que l'on dit ou ce que l'on écrit. 3. Juger après avoir réfléchi.

8 **condamner** – 1. Faire subir une peine, une punition. 2. Obliger. 3. Désapprouver, blâmer. 4. Interdire. 5. Critiquer fortement. 6. Empêcher l'accès à un passage, à un lieu.

88 **conduire** – 1. Accompagner. 2. Diriger un véhicule. 3. Mener quelque part. se conduire – Se comporter, agir.

22 **confier** – Laisser quelqu'un ou quelque chose à une personne pour qu'elle en prenne bien soin. se confier – Dire ses pensées secrètes à quelqu'un.

8 **confirmer** – Rendre certain, assurer l'exactitude.

55 **confondre** – Prendre une personne ou une chose pour une autre.

22 **congédier** – Renvoyer quelqu'un.

17 **congeler** – Placer quelque chose au froid pour le conserver.

8 **conjuguer** – 1. Donner les différentes formes d'un verbe selon le temps, le mode, etc. 2. Joindre, unir.

67 **connaître / connaitre** – 1. Savoir. 2. Avoir des relations avec quelqu'un. se connaître / se connaitre – 1. Rencontrer, faire connaissance. 2. Avoir une idée claire de qui l'on est.

31 **conquérir** – 1. Obtenir par la lutte, par les armes. 2. Séduire, captiver.

8 **conseiller** – 1. Recommander, proposer quelque chose à quelqu'un. 2. Donner un avis à quelqu'un, le guider. 3. Dire à quelqu'un ce qu'il vaudrait mieux faire.

8 **conserver** – 1. Garder en bon état. 2. Ne pas jeter.

12 **considérer** – 1. Examiner, observer avec attention. 2. Estimer, juger. 3. Apprécier.

8 **consister** – 1. Se composer de certains éléments. 2. Avoir comme caractéristique essentielle.

8 **consoler** – Apaiser le chagrin de quelqu'un, le réconforter. se consoler – Oublier son chagrin.

8 **constater** – Se rendre compte de quelque chose.

88 **construire** – Bâtir.

8 **consulter** – 1. Demander un avis, un conseil à quelqu'un. 2. Utiliser quelque chose pour se renseigner (par exemple, un dictionnaire).

8 **contacter** – Entrer en relation avec quelqu'un.

8 **contaminer** – Transmettre une maladie.

8 **contempler** – Observer attentivement et avec admiration.

30 **contenir** – 1. Inclure, renfermer, comprendre. 2. Retenir, restreindre.

8 **contenter** – Rendre quelqu'un content, satisfaire. se contenter – Ne rien demander de plus.

8 **conter** – Raconter.

8 **continuer** – 1. Ne pas cesser. 2. Durer, se poursuivre.

8 **contourner** – 1. Faire le tour de quelque chose pour l'éviter. 2. Éviter une difficulté, un problème.

8 **contracter** – 1. Raidir, rendre plus ferme. 2. S'engager en signant un contrat. 3. Attraper (une maladie).

62 **contraindre** – Imposer quelque chose à quelqu'un, obliger.

8 **contre-attaquer / contrattaquer** – Lancer une offensive après avoir été attaqué, répliquer, riposter.

84 **contredire** – Dire le contraire de, réfuter. se contredire – Dire le contraire de ce que l'on a dit avant.

8 **contribuer** – Participer, aider, collaborer.

8 **contrôler** – 1. Inspecter, vérifier. 2. Avoir sous sa domination, tenir en son pouvoir. 3. Maîtriser, calmer, contenir.

63 **convaincre** – Amener quelqu'un à croire quelque chose, le persuader.

30 **convenir** avoir ou être – 1. Se mettre d'accord. 2. Reconnaître comme vrai, admettre. 3. Être approprié, correspondre.

27 **convertir** – 1. Transformer, changer. 2. Amener quelqu'un à adopter une religion ou à en changer. 3. Convaincre quelqu'un d'adopter une conduite, une opinion. se convertir – Se mettre à croire à une autre religion, à une autre doctrine.

12 **coopérer** – Participer, collaborer.

22 **copier** – 1. Reproduire, faire une copie. 2. Tricher. 3. Imiter, mimer.

55 **correspondre** – 1. Être en accord, être conforme. 2. Entretenir une relation avec quelqu'un par écrit ou par téléphone.

10 **corriger** – 1. Éliminer les erreurs, rendre correct. 2. Donner une note, une appréciation au travail d'un élève. 3. Punir, battre.

57 **corrompre** – 1. Gâter quelque chose, contaminer, pourrir. 2. Amener une personne à faire quelque chose de malhonnête en lui donnant de l'argent ou des avantages en échange.

8 **costumer** – Habiller d'un costume, d'un déguisement. se costumer – Se déguiser.

8 **coucher** – 1. Mettre au lit, allonger. 2. Dormir, passer la nuit. 3. Placer en position horizontale. se coucher – 1. S'allonger, s'étendre. 2. Descendre vers l'horizon en parlant d'un astre.

78 **coudre** – Attacher ensemble diverses pièces au moyen d'un fil passé dans une aiguille.

8 **couler** – 1. Circuler, se déplacer, en parlant d'un liquide. 2. Laisser échapper un liquide. 3. Verser un liquide dans un moule. 4. S'enfoncer dans l'eau par accident, sombrer.

8 **couper** – 1. Diviser, séparer en tranchant. 2. Blesser. 3. Être tranchant. 4. Rendre plus court en enlevant une partie. 5. Interrompre. 6. Prendre un chemin plus court.

39 **courir** – 1. Se déplacer rapidement par élans, en utilisant une jambe ou une patte à la fois. 2. Aller rapidement, faire vite. 3. Participer à une course. 4. Couler, s'écouler, en parlant d'un liquide. 5. Circuler, se répandre rapidement, en parlant d'une nouvelle, d'une rumeur.

8 **coûter / couter** – 1. Avoir un prix, valoir. 2. Être pénible, difficile à supporter.

8 **couver** – 1. Garder un œuf au chaud sous son corps pour le faire éclore. 2. Protéger trop quelqu'un. 3. Être sur le point d'avoir une maladie. 4. Se préparer, s'activer secrètement avant de se manifester.

34 **couvrir** – 1. Vêtir. 2. Protéger en mettant quelque chose dessus. 3. Cacher, masquer. 4. Parcourir (une distance).

62 **craindre** – Avoir peur.

8 **craquer** – 1. Se briser. 2. Produire un bruit sec. 3. Échouer, être ébranlé.

8 **crayonner** – Dessiner rapidement avec un crayon.

19 **créer** – 1. Inventer, imaginer. 2. Fonder. 3. Fabriquer.

8 **creuser** – Faire un trou.

11 crever – 1. S'ouvrir en éclatant. 2. Mourir, en parlant des animaux.

22 crier – Pousser des cris, parler avec colère à voix haute.

8 critiquer – 1. Juger de façon sévère, défavorable. 2. Analyser et juger une œuvre.

70 croire – 1. Considérer comme vrai, sincère. 2. Avoir la foi religieuse. 3. Penser, imaginer.

8 croiser – 1. Mettre deux choses l'une sur l'autre en formant une croix. 2. Traverser ou couper une rue, une ligne. se croiser – Se rencontrer rapidement.

69 croître / croitre – 1. Grandir en taille, pousser. 2. Développer, augmenter.

8 croquer – Mordre, faire craquer sous la dent.

35 cueillir – 1. Ramasser des fruits, des fleurs, des légumes en les détachant de leurs tiges. 2. Passer prendre quelqu'un.

88 cuire – Chauffer un aliment pour le rendre consommable.

8 cuisiner – Faire la cuisine, préparer de la nourriture.

8 cultiver – Travailler la terre pour y faire pousser des plantes, des légumes.

D

8 danser – Bouger au rythme de la musique.

8 déballer – Sortir de son emballage.

8 débarquer – 1. Faire descendre des personnes ou des marchandises d'un navire, d'un avion.

8 débarrasser – 1. Enlever ce qui encombre. 2. Enlever le couvert d'une table. se débarrasser – Se défaire de quelque chose, éloigner quelqu'un.

58 débattre – Discuter une question avec plusieurs personnes ayant des avis différents.

23 déblayer – Enlever ce qui encombre un endroit.

8 débloquer – 1. Remettre en marche une machine ou un mécanisme. 2. Rendre disponible une somme d'argent.

8 déborder – 1. Se répandre, passer par-dessus bord. 2. Ressentir et démontrer un sentiment avec excès.

8 déboucher – 1. Enlever un bouchon. 2. Débarrasser de ce qui bouche un tuyau.

8 débrancher – Déconnecter, enlever la fiche de la prise de courant.

8 débuter – Commencer.

8 décaler – Déplacer dans le temps ou dans l'espace.

12 décéder être – Mourir, pour un être humain.

43 décevoir – Ne pas répondre à l'espoir, causer une déception.

8 déchaîner / déchainer – Déclencher, provoquer. se déchaîner / se déchainer – S'exciter, se mettre en colère.

10 décharger – 1. Débarrasser de son chargement un animal ou un véhicule. 2. Enlever à quelqu'un un travail, une responsabilité. 3. Vider une arme à feu en tirant.

8 déchirer – 1. Mettre en morceaux. 2. Diviser, séparer. 3. Provoquer une grande douleur physique ou morale.

8 décider – Prendre une décision, choisir.

8 déclarer – Exprimer de façon claire, faire savoir.

8 déclencher – Provoquer, mettre en marche.

8 décoder – Déchiffrer, rendre compréhensible un message écrit en code.

8 décoiffer – Dépeigner, déranger la coiffure de quelqu'un.

8 décoller – 1. S'envoler, en parlant d'un avion. 2. Détacher quelque chose qui était collé.

8 décomposer – Séparer les différentes parties d'un ensemble. se décomposer – Pourrir.

17 décongeler – Ramener (un produit congelé) à une température supérieure à 0 °C.

8 déconnecter – Débrancher. se débrancher – Arrêter la connexion.

8 déconseiller – Conseiller à quelqu'un de ne pas faire quelque chose, dissuader.

8 décontaminer – Faire disparaître les effets d'une contamination.

8 décorer – Embellir en ajoutant des accessoires, des éléments décoratifs.

78 découdre – Défaire ce qui est cousu.

10 décourager – Faire perdre l'énergie, réduire l'envie de faire quelque chose.

34 découvrir – 1. Enlever ce qui couvre. 2. Apercevoir. 3. Trouver ce qui était inconnu. 4. Trouver ce qui était caché. se découvrir – 1. Retirer ce qui nous couvre. 2. Se dégager, s'éclaircir.

86 décrire – 1. Dire comment est une chose, une personne ou un évènement. 2. Suivre ou tracer une ligne courbe.

8 décrocher – 1. Détacher ce qui était accroché. 2. Soulever le combiné du téléphone. 3. Abandonner l'école avant la fin de la scolarité obligatoire.

88 déduire – 1. Enlever une somme d'un total à payer. 2. Trouver par le raisonnement, conclure.

65 défaire – 1. Ramener une chose à l'état où elle était avant d'être assemblée, fabriquée, faite. 2. Dénouer, détacher. 3. Modifier ou détruire l'ordre, l'organisation des choses. se défaire – En parlant d'une chose, cesser d'être assemblée, fabriquée, faite.

55 défendre – 1. Protéger quelqu'un ou quelque chose contre une attaque. 2. Se battre pour quelque chose.

22 défier – Provoquer quelqu'un en lui disant qu'il est incapable de faire quelque chose.

27 définir – 1. Expliquer ce qu'un mot veut dire. 2. Expliquer clairement, avec précision.

9 défoncer – 1. Casser quelque chose en l'enfonçant. 2. Creuser.

8 déformer – 1. Changer la forme d'une chose. 2. Représenter de façon inexacte.

10 dégager – 1. Libérer une chose de ce qui l'encombre. 2. Laisser échapper (une odeur).

17 dégeler – Faire fondre.

12 dégénérer – Se transformer en quelque chose de mauvais.

8 dégoûter / dégouter – Inspirer de la répugnance.

8 dégringoler – 1. Tomber. 2. Descendre rapidement, dévaler.

8 déguiser – Modifier quelque chose pour donner une apparence trompeuse. se déguiser – Se costumer.

8 déguster – Manger ou boire avec plaisir.

8 déjeuner – Prendre le repas du matin.

8 délirer – 1. Dire des choses qui n'ont pas de sens. 2. Être très enthousiaste.

8 délivrer – Libérer.

8 demander – 1. Faire savoir ce que l'on veut obtenir. 2. Interroger. 3. Exiger, nécessiter.

8 démaquiller – Enlever le maquillage.

8 démarquer (se) être – Se distinguer de quelqu'un.

8 démarrer – 1. Mettre en marche. 2. Commencer à rouler.

8 démasquer – Identifier, reconnaître quelqu'un.

8 démêler – 1. Séparer et ordonner des choses qui étaient emmêlées. 2. Éclaircir une chose compliquée.

10 déménager – 1. Changer de logement. 2. Transporter les objets d'un endroit à un autre.

11 démener (se) être – 1. S'agiter dans tous les sens. 2. Se donner beaucoup de peine pour réaliser quelque chose.

8 demeurer avoir ou être – 1. Habiter. 2. Continuer à être dans un état, une situation.

8 démissionner – 1. Quitter un emploi ou une fonction. 2. Renoncer à faire quelque chose.

27 démolir – Détruire.

8 démonter – Séparer toutes les pièces d'un objet. se démonter – Se troubler, perdre son assurance.

8 démontrer – Prouver.

9 dénoncer – 1. Désigner un coupable, un responsable. 2. Révéler, faire connaître.

8 dépanner – Remettre en état de marche.

8 dépasser – 1. Passer devant quelqu'un ou quelque chose. 2. Aller au-delà. 3. Être supérieur en quantité, en dimension ou en durée. se dépasser – Repousser ses limites.

8 dépêcher (se) être – Se hâter.

21 dépeigner – Décoiffer.

55 dépendre – 1. Être sous l'autorité de quelqu'un. 2. Exister en fonction de quelque chose d'autre. 3. Découler, être le résultat d'un phénomène, d'une action.

8 dépenser – 1. Utiliser de l'argent pour acheter quelque chose. 2. Consommer. se dépenser – Faire des efforts, se démener.

9 déplacer – Changer de place, de date, de lieu.

66 déplaire – 1. Ne pas être au goût de quelqu'un, ne pas plaire à quelqu'un. 2. Contrarier.

22 déplier – Ouvrir, étendre ce qui était plié.

8 déposer – 1. Poser ce que l'on porte. 2. Mettre en sûreté dans une banque. 3. Laisser quelqu'un quelque part.

10 déranger – 1. Mettre les choses en désordre. 2. Troubler quelqu'un dans ce qu'il fait.

12 dérégler – Déranger le fonctionnement de quelque chose.

8 dérouler – Étaler, étendre ce qui est roulé. se dérouler – Se passer, avoir lieu.

10 désavantager – Mettre dans un état d'infériorité, handicaper.

55 descendre avoir ou être – 1. Aller du haut vers le bas. 2. Porter quelque chose plus bas. 3. Quitter un moyen de transport. 4. Avoir comme ancêtre.

8 déshabiller – Enlever les vêtements.

8 déshonorer – Dégrader, faire perdre sa bonne réputation à quelqu'un.

8 déshydrater – Dessécher, enlever l'eau.

8 désinfecter – Nettoyer en tuant les microbes.

8 désirer – Souhaiter.

27 désobéir – 1. Refuser d'obéir. 2. Ne pas respecter une loi, un règlement.

12 **dessécher** – 1. Rendre sec. 2. Amaigrir.
3. Rendre insensible.

8 **desserrer** – Relâcher ce qui est serré.

41 **desservir** – 1. S'arrêter dans un lieu, en parlant d'un moyen de transport (par exemple, un autobus, un train ou un avion). 2. Nuire à quelqu'un.

8 **dessiner** – Faire un dessin. se dessiner – 1. Se détacher, se profiler nettement. 2. Apparaître, commencer à être visible.

8 **détacher** – 1. Enlever les taches. 2. Dégager de ce qui tenait attaché. 3. Séparer doucement. 4. Détourner. 5. Envoyer quelqu'un au loin pour faire quelque chose. 6. Faire apparaître clairement. se détacher – 1. Ne plus être attaché. 2. Perdre l'affection, l'amitié que l'on avait pour quelqu'un.

8 **détecter** – Découvrir la présence de quelque chose de caché.

60 **déteindre** – 1. Faire perdre sa couleur. 2. Laisser une partie de sa couleur sur quelque chose. 3. Avoir une influence sur quelqu'un.

55 **détendre** – 1. Rendre moins tendu. 2. Reposer, décontracter. se détendre – 1. Diminuer ou faire cesser la tension. 2. Se décontracter.

8 **déterrer** – 1. Sortir, enlever de la terre. 2. Découvrir quelque chose de caché.

8 **détester** – 1. Haïr, ne pas aimer. 2. Ne pas pouvoir supporter.

8 **détourner** – 1. Changer la direction. 2. Distraire, diriger vers un autre but. 3. Tourner (les yeux) dans une autre direction. 4. Prendre de l'argent qui ne nous était pas destiné.

88 **détruire** – 1. Démolir. 2. Faire disparaître, supprimer. 3. Exterminer une chose nuisible, un parasite.

8 **dévaler** – Descendre à toute vitesse.

8 **dévaliser** – 1. Voler ce qu'une personne porte sur elle. 2. Piller un lieu.

8 **développer** – 1. Faire grandir, augmenter. 2. Exposer, expliquer en détail. 3. Débarrasser de ce qui enveloppe. 4. Déployer. 5. Faire apparaître des images sur une pellicule. se développer – 1. S'épanouir. 2. Prendre de l'importance.

30 **devenir** être – 1. Commencer à être. 2. Être dans tel état ou telle situation.

8 **déverrouiller** – 1. Ouvrir en tirant le verrou. 2. Libérer un mécanisme qui était bloqué.

8 **déverser** – 1. Laisser tomber, déposer. 2. Laisser sortir en grand nombre. se déverser – S'écouler, se jeter (dans une rivière, un fleuve).

33 **dévêtir** – Enlever les vêtements.

22 **dévier** – 1. S'écarter de la bonne direction. 2. Faire changer de direction. 3. Changer, s'éloigner de son projet, de son but.

8 **deviner** – Trouver, découvrir par supposition.

10 **dévisager** – Regarder le visage de quelqu'un avec insistance.

8 **dévisser** – Défaire, desserrer ce qui est vissé.

8 **dévoiler** – 1. Enlever le voile qui cache quelque chose ou quelqu'un. 2. Découvrir ce qui est caché.

46 **devoir** – 1. Être tenu de payer une somme d'argent à quelqu'un. 2. Être obligé de faire quelque chose. 3. Être probable, être possible. 4. Avoir l'intention de.

8 **dévorer** – 1. Manger en déchirant avec les dents. 2. Manger avec gloutonnerie, avec beaucoup d'appétit. 3. Lire rapidement. 4. Détruire, consumer. 5. Tourmenter, faire souffrir.

8 **dévouer (se)** être – Se sacrifier pour quelqu'un ou pour quelque chose.

12 **digérer** – 1. Assimiler les aliments que l'on a mangés. 2. Assimiler par l'intelligence.

8 **diluer** – 1. Ajouter un liquide à une substance pour la rendre moins concentrée. 2. Affaiblir, atténuer.

8 **diminuer** – 1. Réduire, rendre plus petit. 2. Rabaisser, dévaloriser. 3. Devenir moins grand.

8 **dîner / diner** – Prendre le repas du midi.

83 **dire** – 1. Exprimer par la parole ou par écrit. 2. Ordonner. 3. Certifier, affirmer. 4. Raconter. 5. Réciter. 6. Faire connaître, exprimer.

10 **diriger** – 1. Être le chef. 2. Guider vers un endroit. 3. Orienter dans une certaine direction.

8 **discuter** – 1. Parler avec quelqu'un. 2. Examiner le pour et le contre d'une question.

67 **disparaître / disparaitre** avoir ou être – 1. Cesser d'être visible. 2. Ne plus être présent subitement. 3. Être perdu, égaré. 4. Mourir. 5. Cesser d'exister, en parlant d'une chose.

8 **disposer** – 1. Placer d'une certaine manière. 2. Préparer quelqu'un à quelque chose. 3. Pouvoir utiliser quelque chose.

8 **disputer** – 1. Gronder, réprimander. 2. Participer à un match, à une compétition en vue de remporter la victoire. 3. Lutter pour posséder ou conserver une chose. se disputer – Se quereller, se chamailler.

22 **disqualifier** – 1. Éliminer quelqu'un d'une course, d'une compétition pour avoir commis une faute. 2. Faire perdre à quelqu'un l'estime dont il jouissait.

12 **disséquer** – 1. Séparer les parties d'un être vivant pour en faire l'examen. 2. Analyser minutieusement.

76 **dissoudre** – 1. Mélanger un corps avec un liquide, délayer. 2. Mettre fin à quelque chose.

9 **distancer** – 1. Aller plus vite, prendre de l'avance. 2. Surpasser.

8 **distinguer** – 1. Faire une différence entre plusieurs personnes ou plusieurs choses. 2. Permettre de reconnaître, caractériser. 3. Percevoir nettement quelque chose ou quelqu'un. 4. Remarquer quelqu'un pour sa supériorité, son mérite. se distinguer – Se faire remarquer, s'illustrer.

64 **distraire** – 1. Détourner l'attention de quelqu'un. 2. Amuser, divertir. se distraire – S'amuser.

8 **distribuer** – 1. Donner à chaque personne une partie de quelque chose. 2. Répartir dans plusieurs endroits. 3. Donner de tous côtés.

22 **diversifier** – Varier.

27 **divertir** – Amuser, distraire.

8 **diviser** – 1. Séparer en plusieurs parties. 2. Calculer combien de fois un nombre est contenu dans un autre. 3. Mettre en désaccord.

9 **divorcer** – Rompre légalement son mariage, se séparer.

8 **domestiquer** – Apprivoiser un animal sauvage.

8 **dominer** – 1. Avoir sous son pouvoir, régner sur un peuple, un territoire. 2. Être plus fort. 3. Être plus nombreux. 4. Être plus élevé par rapport à quelque chose, surplomber. 5. Maîtriser, contenir quelque chose.

8 **dompter** – 1. Dresser un animal. 2. Être maître (d'un sentiment, d'une émotion).

8 **donner** – 1. Offrir. 2. Fournir, vendre. 3. Confier. 4. Provoquer. 5. Communiquer, fournir un renseignement. 6. Avoir accès, être situé.

8 **dorloter** – S'occuper de quelqu'un avec beaucoup de tendresse.

38 **dormir** – 1. Être plongé dans le sommeil. 2. Rester inactif. 3. Rester immobile, stagner.

8 **douter** – 1. Ne pas être sûr de quelque chose. 2. Ne pas avoir confiance, se méfier. se douter – S'attendre à quelque chose, pressentir.

8 **dresser** – 1. Habituer un animal à obéir. 2. Tenir droit et vertical. 3. Faire tenir droit. 4. Établir. se dresser – 1. Se mettre droit. 2. S'élever. 3. S'opposer à quelqu'un.

27 **durcir** – 1. Rendre dur, solidifier. 2. Donner une apparence plus dure, accentuer. 3. Devenir dur. 4. Rendre moins sensible, plus sévère.

8 **durer** – 1. Se dérouler pendant un certain temps. 2. Se prolonger, continuer. 3. Résister à l'usure.

E

27 **éblouir** – 1. Aveugler par une lumière trop forte. 2. Émerveiller, fasciner.

8 **écarquiller** – Ouvrir très grand (les yeux).

8 **écarter** – 1. Éloigner une chose d'une autre. 2. Mettre ou tenir à distance. s'écarter – S'éloigner, se détourner.

10 **échanger** – 1. Donner quelque chose à quelqu'un contre autre chose. 2. Donner et recevoir en retour.

8 **échapper** avoir ou être – 1. Se soustraire à la surveillance de quelqu'un, se sauver. 2. Ne pas être atteint par quelque chose. 3. Ne pas être compris, remarqué. 4. Glisser (des mains), tomber. 5. Laisser tomber par mégarde. s'échapper – 1. S'enfuir, en parlant d'une personne ou d'un animal. 2. Sortir, en parlant d'une chose (par exemple, un gaz).

8 **échauffer (s')** être – Préparer ses muscles à accomplir un effort.

8 **échouer** – 1. En parlant d'un bateau, toucher le fond ou être rejeté sur la côte. 2. Ne pas réussir.

8 **éclabousser** – Mouiller en projetant du liquide.

27 **éclaircir** – 1. Rendre plus clair. 2. Rendre moins épais, moins dense. 3. Rendre plus compréhensible.

8 **éclairer** – 1. Donner de la lumière. 2. Faire comprendre quelque chose à quelqu'un. s'éclairer – 1. Devenir lumineux. 2. S'illuminer, devenir joyeux, en parlant d'un visage. 3. Devenir compréhensible.

8 **éclater** – 1. Se rompre bruyamment, avec violence ; exploser. 2. Faire un bruit violent et brusque. 3. Commencer brusquement, se déclarer. 4. Apparaître de façon claire.

73 **éclore** avoir ou être – S'ouvrir.

8 **écœurer** – 1. Donner envie de vomir. 2. Causer du dégoût, inspirer du mépris. 3. Abattre, décourager.

8 **économiser** – 1. Dépenser modérément, ne pas trop consommer. 2. Mettre de l'argent de côté.

8 **écouler** – Vendre complètement une marchandise. s'écouler – 1. Se déverser, se répandre. 2. Passer, en parlant du temps.

8 **écouter** – 1. Entendre volontairement. 2. Suivre les conseils, les ordres de quelqu'un.

8 **écraser** – 1. Aplatir et déformer par une forte pression. 2. Blesser ou tuer en aplatissant. 3. Accabler, surcharger quelq'un. 4. Vaincre.

22 **écrier (s')** être – Dire d'une voix forte.

86 **écrire** – 1. Tracer des lettres pour former des mots, des phrases. 2. Rédiger une lettre, communiquer par lettres. 3. Composer une œuvre.

8 **écrouler (s')** être – S'affaisser, s'effondrer.

8 **éditer** – Publier un livre.

8 **éduquer** – Élever, former quelqu'un en cherchant à développer toutes ses qualités.

9 **effacer** – 1. Faire disparaître ce qui est écrit. 2. Faire oublier.

8 **effectuer** – Faire, exécuter.

9 **efforcer (s')** être – Employer tous ses efforts, toute son énergie pour faire quelque chose.

23 **effrayer** – Faire peur, terrifier.

8 **égarer** – Perdre momentanément. s'égarer – Se perdre.

10 **égorger** – Couper la gorge.

21 **égratigner** – Écorcher en déchirant légèrement la peau.

27 **élargir** – Rendre plus large, agrandir.

8 **électrocuter (s')** être – Se tuer ou se blesser par une décharge électrique.

11 **élever** – 1. Dresser vers le haut. 2. S'occuper d'un enfant jusqu'à ce qu'il devienne adulte. 3. Nourrir, soigner et entretenir des animaux. s'élever – 1. Monter. 2. Se dresser. 3. Atteindre. 4. S'opposer à quelqu'un, à quelque chose.

8 **éliminer** – Écarter quelqu'un ou quelque chose à la suite d'une sélection ; rejeter.

82 **élire** – Nommer quelqu'un à une fonction en votant pour lui.

21 **éloigner** – Mettre plus loin, écarter. s'éloigner – Aller plus loin.

8 **emballer** – Envelopper, faire un paquet.

8 **embarquer** – 1. Faire monter des passagers, des marchandises dans un bateau, un avion. 2. Monter à bord d'un bateau ou d'un avion.

8 **embarrasser** – 1. Gêner le passage. 2. Gêner les mouvements. 3. Mettre dans l'embarras.

27 **embellir** – 1. Rendre plus beau. 2. Devenir plus beau.

8 **embêter** – Ennuyer.

8 **emboîter / emboiter** – Assembler en faisant entrer les choses l'une dans l'autre.

8 **embrasser** – 1. Donner un baiser en serrant ou non dans ses bras. 2. Voir dans son ensemble. 3. Adopter, choisir.

8 **émerveiller** – Remplir d'admiration, éblouir.

59 **émettre** – 1. Produire en faisant sortir hors de soi. 2. Exprimer. 3. Mettre en circulation.

8 **émigrer** – Quitter son pays pour s'établir dans un autre, s'expatrier.

8 **emmagasiner** – 1. Entreposer. 2. Accumuler, mettre en réserve. 3. Garder en mémoire, retenir.

8 **emmêler** – Mettre en désordre, mêler.

10 **emménager** – S'installer dans un logement.

11 **emmener** – 1. Prendre avec soi du lieu où l'on est jusqu'à un autre lieu. 2. Emporter, transporter au loin.

8 **emmitoufler (s')** être – S'envelopper de vêtements chauds, se couvrir.

48 **émouvoir** – Provoquer une émotion chez quelqu'un, impressionner, toucher.

8 **emparer (s')** être – 1. Prendre quelque chose par la force. 2. Attraper vivement quelque chose. 3. Capturer quelqu'un. 4. Envahir, en parlant d'une émotion, d'un sentiment.

8 **empêcher** – Mettre dans l'impossibilité de faire quelque chose. s'empêcher – Se retenir de faire quelque chose.

8 **empiffrer (s')** être – Se gaver, manger excessivement.

8 **empiler** – Mettre en pile, entasser.

27 **emplir** – 1. Rendre plein. 2. Occuper, se répandre dans. 3. Combler, satisfaire.

24 **employer** – 1. Utiliser. 2. Faire travailler quelqu'un sous son autorité. s'employer – S'occuper, s'efforcer.

8 **empoisonner** – 1. Donner la mort ou rendre malade avec du poison. 2. Remplir d'une odeur très désagréable. 3. Rendre pénible.

8 **emporter** – 1. Prendre une chose avec soi pour l'amener ailleurs. 2. Enlever avec force, arracher. 3. Entraîner avec force. s'emporter – Se mettre en colère.

8 **empresser (s')** être – 1. Faire preuve de zèle, agir avec ardeur à l'égard de quelqu'un. 2. Se hâter, se dépêcher.

8 **emprisonner** – 1. Mettre en prison. 2. Enserrer, tenir à l'étroit.

8 **emprunter** – 1. Se faire prêter quelque chose. 2. Prendre de quelqu'un, de quelque chose pour faire sien. 3. Prendre (une route, une voie).

8 **encadrer** – 1. Mettre dans un cadre. 2. Entourer à la manière d'un cadre pour mettre en valeur. 3. Entourer quelqu'un pour le surveiller ou le protéger. 4. Diriger, assurer un rôle de direction.

8 encercler – 1. Entourer d'une ligne en forme de cercle. 2. Cerner, enfermer.

8 enchaîner / enchainer – 1. Lier avec une chaîne. 2. Soumettre, priver de liberté. 3. Lier, attacher. 4. Unir, coordonner (des idées). *s'enchaîner / s'enchainer* – Se succéder, se suivre.

8 enchanter – 1. Soumettre à un pouvoir magique. 2. Remplir de joie, réjouir.

10 encourager – 1. Donner du courage, de l'espoir. 2. Aider le développement d'une personne ou d'un organisme ; favoriser, stimuler.

8 encrer – Enduire d'encre.

38 endormir – 1. Faire dormir, plonger dans le sommeil de manière naturelle. 2. Faire dormir, plonger dans le sommeil de manière artificielle. 3. Ennuyer, lasser. 4. Calmer.

27 endurcir – 1. Rendre plus résistant. 2. Rendre moins sensible. 3. Rendre dur.

8 énerver – Agacer, irriter, rendre nerveux.

8 enfermer – 1. Emprisonner. 2. Mettre en sûreté. 3. Entourer complètement. *s'enfermer* – Se maintenir avec obstination dans un état, une situation.

8 enflammer – 1. Mettre en flammes. 2. Irriter. 3. Remplir d'ardeur, de passion.

8 enfler – 1. Augmenter de volume. 2. Causer l'enflure d'une partie du corps.

9 enfoncer – 1. Faire pénétrer profondément, planter. 2. Défoncer, forcer. 3. Couler, aller vers le fond. 4. Pousser vers une situation pénible.

27 enfouir – 1. Mettre ou cacher dans la terre. 2. Cacher, dissimuler. 3. Enfoncer une partie du corps dans une chose molle ou creuse. *s'enfouir* – Se cacher, se blottir.

8 enfourcher – Mettre les jambes de part et d'autre d'un objet (par exemple, une bicyclette).

42 enfuir (s') être – 1. S'éloigner précipitamment. 2. S'écouler, disparaître.

10 engager – 1. Embaucher. 2. Donner une garantie. 3. Lier par une promesse. 4. Faire entrer, faire pénétrer. 5. Faire participer. 6. Affecter à un usage précis. 7. Commencer. *s'engager* – 1. Promettre. 2. S'enrôler. 3. Se diriger. 4. Commencer. 5. Prendre parti.

27 engourdir – 1. Priver de sensibilité, paralyser. 2. Ralentir l'activité, rendre moins vif.

8 engraisser – 1. Faire grossir un animal. 2. Grossir, devenir gras.

8 enjamber – 1. Franchir un obstacle en étendant la jambe. 2. Franchir un obstacle par le dessus.

27 enlaidir – 1. Rendre, faire paraître laid. 2. Devenir laid.

11 enlever – 1. Ôter, retirer. 2. Faire disparaître, supprimer. 3. Faire perdre, retirer quelque chose à une personne. 4. Priver. 5. Emporter. 6. Emmener et retenir une personne contre son gré.

25 ennuyer – 1. Causer du souci, de la contrariété. 2. Importuner quelqu'un. 3. Fatiguer, lasser. *s'ennuyer* – 1. Souffrir de l'absence d'une personne. 2. Manquer d'intérêt, s'embêter.

8 enquêter – Chercher des indices, des renseignements pour établir la vérité ; mener une enquête.

8 enregistrer – 1. Rapporter par écrit, noter. 2. Mémoriser. 3. Inscrire ou faire inscrire le dépôt de quelque chose (par exemple, un bagage). 4. Observer, constater. 5. Fixer un son ou une image sur un disque, un film ou un autre support pour pouvoir le reproduire. 6. Capter des sons, des images pour les conserver.

8 enrhumer (s') être – Attraper le rhume.

27 enrichir – 1. Rendre plus riche. 2. Augmenter la valeur par l'ajout d'un élément nouveau ou précieux.

8 enrouler – 1. Disposer une chose en la roulant sur elle-même. 2. Disposer autour de quelque chose en roulant. *s'enrouler* – 1. Rouler sur soi-même (par exemple, des cheveux). 2. S'envelopper en roulant quelque chose autour de soi.

21 enseigner – 1. Transmettre des connaissances à un ou plusieurs élèves. 2. Apprendre, montrer.

8 ensoleiller – 1. Remplir de la lumière du soleil. 2. Remplir de joie, de bonheur.

18 ensorceler – 1. Jeter un sort sur quelqu'un. 2. Captiver, charmer.

8 entasser – 1. Mettre en tas. 2. Tasser, serrer des personnes dans un endroit trop étroit. 3. Accumuler, multiplier à l'excès.

55 entendre – 1. Percevoir les sons par les oreilles. 2. Comprendre. 3. Vouloir. *s'entendre* – Être d'accord.

8 enterrer – Mettre dans la terre.

8 entêter (s') être – S'obstiner, refuser de céder, ne pas changer d'idée.

8 entourer – 1. Mettre autour de quelqu'un ou de quelque chose. 2. Être autour. 3. Encercler. *s'entourer* – Réunir autour de soi.

8 entraider (s') être – Se rendre service, s'aider les uns les autres.

8 **entraîner / entrainer** – 1. Emmener, emporter.
2. Pousser quelqu'un à faire quelque chose.
3. Causer, provoquer. 4. Préparer à une
compétition sportive.

8 **entreposer** – Mettre dans un entrepôt.

56 **entreprendre** – Commencer quelque chose.

8 **entrer** [avoir ou être] – 1. Aller à l'intérieur,
passer de l'extérieur à l'intérieur. 2. Faire partie,
être compris dans une catégorie, un groupe.
3. Introduire.

30 **entretenir** – 1. S'occuper d'une chose,
la garder en bon état. 2. Donner ce qu'il faut
pour vivre. s'entretenir – Parler avec
quelqu'un.

8 **entretuer (s')** [être] – Se tuer les uns les autres.

44 **entrevoir** – 1. Voir rapidement ou de façon
incomplète. 2. Commencer à comprendre,
deviner.

34 **entrouvrir** – Ouvrir un peu.

12 **énumérer** – Dire l'un à la suite de l'autre.

27 **envahir** – 1. Entrer quelque part de force.
2. Occuper en entier, prendre toute la place.

8 **envelopper** – Entourer, recouvrir
complètement.

22 **envier** – Éprouver de l'envie envers quelque
chose ou quelqu'un.

8 **envoler (s')** [être] – 1. Monter vers le ciel
en volant. 2. Être emporté par le vent.
3. Disparaître.

26 **envoyer** – 1. Faire aller quelqu'un quelque
part. 2. Faire parvenir, expédier quelque chose.
3. Lancer.

27 **épanouir (s')** [être] – 1. S'ouvrir, se développer
entièrement. 2. Devenir joyeux.

8 **éparpiller** – Disperser, répandre, faire aller de
tous les côtés. s'éparpiller – Passer d'une chose
à une autre.

18 **épeler** – Dire les lettres d'un mot l'une
après l'autre.

8 **éplucher** – Enlever la peau des fruits
et des légumes.

8 **épouser** – 1. Se marier avec quelqu'un.
2. Partager, adopter une idée. 3. Prendre
la forme de quelque chose.

15 **épousseter** – Enlever la poussière.

8 **équiper** – Munir de ce qui est nécessaire.

51 **équivaloir** – Avoir la même valeur, la même
fonction qu'une autre chose.

8 **escalader** – 1. Monter, gravir. 2. Passer
par-dessus un obstacle.

12 **espérer** – Souhaiter qu'une chose dont on a
envie se réalise.

8 **espionner** – Surveiller quelqu'un en cachette
pour découvrir des secrets.

23 **essayer** – 1. Utiliser quelque chose pour
la première fois. 2. Tenter quelque chose
sans être sûr du résultat.

8 **essouffler** – Faire perdre le souffle.

25 **essuyer** – Sécher ou nettoyer en frottant.

60 **éteindre** – 1. Arrêter un feu. 2. Fermer la
lumière ou un appareil. s'éteindre – Mourir,
disparaître.

55 **étendre** – 1. Allonger. 2. Déplier. 3. Rendre
quelque chose plus grand. s'étendre –
1. Se coucher. 2. Occuper un certain espace.
3. Se développer.

8 **éternuer** – Rejeter de l'air brusquement et
bruyamment par le nez et la bouche.

15 **étiqueter** – Mettre une étiquette.

8 **étirer** – Allonger en tirant. s'étirer – Étendre
ses membres.

8 **étonner** – Causer de la surprise à quelqu'un,
surprendre.

8 **étouffer** – 1. Empêcher de respirer.
2. Empêcher de se faire entendre. 3. Être mal
à l'aise, se sentir à l'étroit.

27 **étourdir** – 1. Faire perdre l'équilibre. 2. Faire
presque perdre connaissance. 3. Déranger par
le bruit ou la parole. s'étourdir – Se distraire,
perdre conscience de la réalité.

8 **étrangler** – Empêcher de respirer en serrant
fort le cou.

1 **être** – 1. Exister, avoir une réalité. 2. Se situer,
se trouver. 3. Appartenir. 4. Participer, faire
partie. 5. Provenir, avoir pour origine.

22 **étudier** – 1. Apprendre, acquérir des
connaissances. 2. Examiner, observer, analyser.

8 **évader (s')** [être] – 1. S'enfuir d'un lieu où l'on
était prisonnier. 2. Fuir la réalité.

8 **évaluer** – 1. Déterminer la valeur d'une chose.
2. Donner approximativement un nombre,
un prix.

27 **évanouir (s')** [être] – 1. Perdre connaissance.
2. Disparaître sans laisser de traces.

8 **évaporer (s')** [être] – 1. Se changer en vapeur.
2. Disparaître rapidement.

8 **éviter** – 1. Échapper à quelque chose de
mauvais. 2. Faire en sorte de ne pas faire
quelque chose, s'abstenir. 3. Délivrer quelqu'un
de quelque chose.

8 **évoluer** – 1. Changer, progresser. 2. Faire
des mouvements variés.

12 **exagérer** – 1. Donner plus d'importance à une
chose qu'il ne faudrait. 2. Abuser, aller trop loin.

8 examiner – 1. Regarder, observer avec attention. 2. Faire subir un examen.

8 exciter – 1. Rendre nerveux. 2. Stimuler, rendre plus intense. *s'exciter* – S'énerver, perdre la maîtrise de soi.

8 exclamer (s') [être] – Dire quelque chose très fort en exprimant une émotion.

74 exclure – 1. Rejeter quelqu'un ou quelque chose. 2. Renvoyer, expulser.

8 excuser – 1. Trouver une excuse pour justifier une erreur. 2. Pardonner. *s'excuser* – Présenter des excuses.

8 exécuter – 1. Accomplir quelque chose, un projet. 2. Interpréter une œuvre musicale. 3. Faire mourir quelqu'un.

9 exercer – 1. Faire travailler pour développer. 2. Mettre en usage. 3. Pratiquer. *s'exercer* – S'entraîner.

10 exiger – 1. Demander avec force. 2. Rendre quelque chose obligatoire. 3. Commander, ordonner.

8 exister – 1. Être, avoir une réalité. 2. Avoir de l'importance.

8 expliquer – 1. Faire comprendre. 2. Donner la raison, la cause. *s'expliquer* – Faire connaître sa pensée.

8 exploiter – 1. Tirer profit d'une chose. 2. Profiter de quelqu'un de manière abusive.

8 explorer – 1. Aller à la découverte d'un lieu mal connu. 2. Étudier avec soin, approfondir.

8 exploser – 1. Éclater violemment. 2. S'exprimer de manière violente.

8 exposer – 1. Montrer des choses pour qu'on les voie bien. 2. Placer dans une direction. 3. Faire connaître. 4. Mettre en danger.

8 exprimer – Faire connaître (sa pensée, ses idées).

8 exterminer – Détruire entièrement, jusqu'au dernier.

64 extraire – 1. Faire sortir. 2. Retirer d'un ensemble.

8 fabriquer – 1. Faire, réaliser quelque chose. 2. Inventer.

8 fâcher – Mettre en colère.

8 faciliter – Rendre quelque chose plus facile.

27 faiblir – Perdre de sa force.

36 faillir – 1. Être sur le point de faire quelque chose sans que cela se produise. 2. Ne pas faire ce que l'on devrait faire.

65 faire – 1. Créer, produire, fabriquer. 2. Accomplir, exécuter. 3. Composer, constituer. 4. Jouer un rôle. 5. Agir.

50 falloir [impersonnel] – Être nécessaire.

8 familiariser (se) – S'habituer à quelque chose, devenir familier avec des gens.

8 faner – Faire perdre sa fraîcheur à une plante, faire perdre son éclat à quelque chose.

8 fasciner – Captiver, attirer de façon irrésistible.

8 fatiguer – 1. Causer de la fatigue. 2. Ennuyer, agacer.

8 faufiler (se) [être] – Se glisser sans se faire remarquer.

8 fausser – 1. Rendre faux. 2. Déformer.

8 favoriser – 1. Donner un avantage. 2. Aider au développement de quelque chose.

8 féliciter – Faire des compliments à quelqu'un.

55 fendre – Couper dans le sens de la longueur.

8 fermer – 1. Boucher une ouverture. 2. Interdire l'accès. 3. Éteindre, arrêter le fonctionnement.

8 fêter – Célébrer une fête, un anniversaire.

15 feuilleter – 1. Tourner les pages d'un livre en les regardant rapidement.

22 fier (se) [être] – Avoir confiance en quelqu'un ou en quelque chose.

10 figer – 1. Épaissir, rendre solide. 2. Immobiliser, rendre sans réaction.

8 filmer – Enregistrer un film.

8 filtrer – 1. Faire passer à travers un filtre. 2. S'écouler lentement.

27 finir – 1. Faire jusqu'à la fin, terminer. 2. Ne rien laisser, prendre en entier. 3. Mettre fin, faire cesser.

8 fixer – 1. Attacher solidement. 2. Regarder fixement. 3. Décider avec précision.

8 flairer – 1. Sentir, reconnaître par l'odeur. 2. Deviner, soupçonner.

8 flâner – 1. Se promener sans but. 2. Se détendre en ne faisant rien.

8 flatter – 1. Caresser un animal. 2. Faire des compliments pour plaire à quelqu'un. 3. Avantager, embellir.

27 fleurir – 1. Produire des fleurs. 2. Décorer avec des fleurs.

8 flotter – 1. Être porté sur un liquide. 2. Être en suspension dans l'air.

9 foncer – 1. Rendre une couleur plus sombre. 2. Aller rapidement devant soi.

8 fonctionner – 1. Être en état de marche. 2. Remplir son rôle.

8 fonder – 1. Créer, bâtir quelque chose. 2. Justifier.

55 **fondre** – Rendre liquide.

9 **forcer** – 1. Obliger quelqu'un à faire quelque chose. 2. Briser avec force.

8 **former** – 1. Créer ou donner une forme. 2. Enseigner.

8 **fouiller** – 1. Creuser. 2. Explorer avec soin.

8 **fouler (se)** être – Se tordre l'articulation du poignet ou de la cheville.

27 **fournir** – Procurer ce qui est nécessaire.

8 **fracturer** – 1. Blesser en cassant un os (par exemple, fracturer une jambe). 2. Briser, casser (une porte, une serrure) pour entrer sans permission.

27 **franchir** – 1. Passer par-dessus un obstacle. 2. Passer une limite.

8 **frapper** – 1. Taper, donner un coup. 2. Impressionner.

8 **fredonner** – Chanter doucement, chantonner.

8 **freiner** – Ralentir.

27 **frémir** – 1. Bouger doucement. 2. Avoir peur, trembler de peur.

87 **frire** – Cuire dans l'huile bouillante.

8 **friser** – Boucler.

8 **frissonner** – 1. Avoir des frissons, grelotter. 2. Frémir.

8 **froisser** – 1. Chiffonner, friper. 2. Vexer, choquer.

8 **frôler** – 1. Toucher à peine. 2. Échapper de justesse à quelque chose.

8 **frotter** – Appuyer une chose contre une autre en faisant un mouvement.

42 **fuir** – 1. S'éloigner rapidement d'un endroit, se sauver. 2. Éviter quelqu'un ou quelque chose. 3. Laisser échapper un liquide.

8 **fumer** – 1. Aspirer et rejeter la fumée d'une substance qui brûle. 2. Cuire un aliment par la fumée.

8 **fusionner** – S'associer ou s'unir pour former un seul ensemble.

8 **gâcher** – 1. Faire en sorte que ce qui était bien ne l'est plus. 2. Détruire ou abîmer. 3. Ne pas mettre à profit quelque chose.

8 **gaffer** – Commettre une erreur avec maladresse.

10 **gager** – 1. Parier. 2. Tenter une prédiction en mettant quelque chose en jeu (par exemple, de l'argent).

21 **gagner** – 1. Remporter une victoire. 2. Acquérir un prix ou un titre. 3. Recevoir un salaire.

8 **galoper** – Aller au galop (course du cheval).

8 **gambader** – Aller d'un pas léger et joyeux, bondir, sautiller.

27 **garantir** – Certifier ou assurer.

8 **garder** – 1. Conserver. 2. Surveiller ; veille sur quelqu'un ou quelque chose, en prendre soin.

27 **garnir** – 1. Remplir. 2. Orner, décorer.

8 **gaspiller** - 1. Utiliser ou dépenser plus que le nécessaire, surconsommer. 2. Jeter ce qui est utilisable.

8 **gâter** – 1. Répondre à des caprices, traiter avec trop d'indulgence. 2. Détériorer. 3. Pourrir.

17 **geler** – Transformer en glace.

27 **gémir** – Émettre des sons plaintifs.

8 **gêner** – 1. Déranger, incommoder. 2. Rendre mal à l'aise, embarrasser.

12 **gérer** – Administrer, organiser, prendre en charge.

8 **germer** – Commencer à se développer ou à pousser.

8 **gifler** – Donner une tape avec la main, donner une claque.

8 **glisser** – 1. Se déplacer d'un mouvement continu sur une surface lisse. 2. Perdre l'équilibre, tomber. 3. Introduire.

8 **gonfler** – 1. Faire augmenter de volume. 2. Enfler.

8 **goûter / gouter** – 1. Manger ou boire un peu d'un aliment pour en découvrir ou en juger le goût. 2. Apprécier.

27 **grandir** – Devenir plus grand.

8 **gratter** – 1. Racler une surface. 2. Causer une démangeaison.

8 **greffer** – En médecine, transférer ou transplanter un organe sur une personne. se greffer – S'ajouter.

7 **grêler** impersonnel – Tomber des grains de glace.

8 **grelotter / greloter** – Frissonner, trembler de froid.

8 **griffer** – 1. Égratigner avec les ongles. 2. Apposer sa signature.

8 **griffonner** – 1. Écrire peu lisiblement. 2. Rédiger sans s'appliquer.

8 **grignoter** – Manger par petites quantités.

8 **griller** – 1. Cuire, rôtir. 2. Faire trop cuire. 3. Mettre ou devenir hors d'usage.

9 **grimacer** – Déformer ou contracter son visage.

8 **grimper** – Escalader, monter, gravir.

9 **grincer** – 1. Produire un son strident et désagréable par frottement. 2. Frotter ses dents les unes contre les autres.

21 **grogner** – 1. Émettre un bruit sourd avec la gorge. 2. Bougonner.

8 **gronder** – 1. Émettre un bruit sourd.
2. Réprimander, reprocher.

27 **grossir** – Devenir ou paraître plus gros, augmenter de volume.

10 **gruger** – 1. Ronger. 2. Dépenser (de l'énergie, du temps).

27 **guérir** – 1. Redevenir en santé. 2. Délivrer d'une maladie ou d'un état incommodant.

8 **guetter** – 1. Surveiller, épier. 2. Attendre avec impatience. 3. Faire peser une menace.

8 **guider** – 1. Montrer le chemin, diriger.
2. Conseiller.

8 **habiller** – Mettre des vêtements.

8 **habiter** – Demeurer.

8 **habituer** – Donner l'habitude, accoutumer.

28 **haïr** – Détester.

14 **haleter** – Respirer difficilement, s'essouffler.

8 **handicaper** – Désavantager.

8 **hanter** – 1. Revenir dans des lieux, en parlant d'un fantôme. 2. Obséder, occuper l'esprit.

17 **harceler** – Faire subir à quelqu'un des attaques à répétition, importuner fréquemment.

8 **harmoniser** – Uniformiser, mettre en accord.

27 **hennir** – Crier, en parlant du cheval.

8 **hériter** – 1. Recevoir un héritage par succession. 2. Avoir par hérédité.

8 **hésiter** – Être indécis, incertain ; avoir de la difficulté à choisir.

8 **hiberner** – Passer l'hiver dans un état de sommeil, en parlant de certains animaux (par exemple, la marmotte et l'ours).

8 **hiverner** – Passer l'hiver à l'abri, à l'intérieur.

8 **honorer** – Rendre hommage, témoigner de l'estime, reconnaître la valeur de quelqu'un.

8 **huer** – 1. Crier des sons pour manifester sa désapprobation ou son mépris. 2. Crier, en parlant du hibou.

22 **humilier** – Abaisser, faire ressentir de la honte.

8 **hurler** – Crier très fort, pousser des hurlements.

8 **hypnotiser** – 1. Soumettre à un état de sommeil contrôlé. 2. Captiver l'attention, fasciner.

Ⓘ Ⓙ Ⓚ Ⓛ

22 **identifier** – Déterminer l'identité de quelqu'un ou la nature d'une chose.

8 **ignorer** – 1. Ne pas savoir. 2. Ne pas tenir compte.

8 **illuminer** – Éclairer d'une lumière vive, briller.

8 **illustrer** – 1. Représenter une chose par une image ou un dessin. 2. Rendre plus clair. s'illustrer – Se distinguer, bien paraître.

8 **imaginer** – 1. Se représenter mentalement, inventer. 2. Supposer, croire.

8 **imiter** – 1. Copier, faire ou tenter de faire la même chose de la même façon. 2. Prendre pour modèle.

8 **immigrer** – Venir dans un pays étranger pour y rester.

8 **impliquer** – 1. Mettre en cause, engager dans une affaire négative. 2. Avoir pour conséquence. s'impliquer – Se donner à fond.

8 **imposer** – 1. Obliger, dicter. 2. Commander le respect. 3. Taxer. s'imposer – 1. Se faire admettre. 2. Être nécessaire.

8 **impressionner** – Émouvoir, frapper ; produire une forte impression.

8 **imprimer** – 1. Reporter sur un support des caractères ou des dessins. 2. Publier.

8 **improviser** – Faire sans préparation.

75 **inclure** – Intégrer, introduire, insérer.

8 **indiquer** – Montrer, désigner.

8 **infecter** – Contaminer.

9 **influencer** – Agir sur l'esprit de quelqu'un ; avoir une emprise, convaincre.

8 **informer** – Renseigner, instruire, avertir.

8 **inonder** – Submerger, recouvrir d'eau.

12 **inquiéter** – Préoccuper, tracasser, alarmer.

86 **inscrire** – Noter, écrire. s'inscrire – Donner son nom pour un registre ou une liste.

12 **insérer** – Introduire, faire entrer, intégrer.

8 **insister** – 1. Revenir à la charge, continuer à demander. 2. Mettre l'accent sur quelque chose.

8 **inspecter** – Examiner, observer avec attention.

8 **inspirer** – 1. Faire entrer l'air dans ses poumons. 2. Faire naître une idée ou susciter une émotion.

8 **installer** – Placer, disposer.

88 **instruire** – Enseigner, informer.

8 **insulter** – Offenser par des gestes injurieux ou des paroles blessantes.

12 **intégrer** – 1. Introduire dans un ensemble.
2. Accepter dans un groupe. 3. Assimiler.

8 **intercepter** – 1. Arrêter, prendre au passage.
2. S'emparer de ce qui était destiné à autrui.

84 **interdire** – Défendre, empêcher.

8 **intéresser** – Inspirer de l'intérêt, retenir l'attention.

8 **interpeller / 16 interpeler** – 1. Adresser la parole à quelqu'un pour lui faire une demande.
2. Susciter un intérêt.

8 **interposer (s')** être – Se mettre entre deux choses ou deux personnes, intervenir.

12 **interpréter** – 1. Donner un sens, traduire. 2. Jouer (une œuvre).

10 **interroger** – Questionner.

57 **interrompre** – 1. Provoquer l'arrêt. 2. Couper la parole à quelqu'un.

30 **intervenir** être – Prendre part à une affaire pour influencer son déroulement.

8 **interviewer** – Soumettre à une entrevue, poser des questions.

8 **intimider** – 1. Inspirer de la crainte. 2. Rendre mal à l'aise, impressionner.

8 **intituler** – Donner un titre.

8 **intriguer** – Piquer la curiosité.

88 **introduire** – Faire entrer.

8 **inventer** – 1. Créer ce qui n'existait pas. 2. Imaginer.

8 **inverser** – Changer de sens, mettre dans le sens contraire.

8 **inviter** – 1. Convier, encourager à venir. 2. Payer les dépenses d'une sortie pour quelqu'un.

8 **isoler** – 1. Mettre à l'écart, à part ; séparer. 2. Protéger contre les intempéries. 3. Empêcher le courant électrique de circuler.

8 **jacasser** – 1. Bavarder bruyamment. 2. Crier, en parlant de la pie.

27 **jaillir** – Sortir violemment et soudainement.

8 **japper** – Crier, en parlant du chien ; aboyer.

8 **jaser** – 1. Parler beaucoup, bavarder. 2. Dire des choses malveillantes.

27 **jaunir** – Devenir ou rendre jaune.

13 **jeter** – 1. Mettre quelque chose à la poubelle, s'en défaire. 2. Lancer, envoyer. 3. Laisser tomber au sol.

61 **joindre** – 1. Ajouter, unir, mettre ensemble. 2. Contacter quelqu'un, établir une communication.

8 **jongler** – 1. Lancer en l'air des objets que l'on relance aussitôt rattrapés. 2. Manier avec habileté.

8 **jouer** – 1. S'amuser, se divertir, s'adonner à un jeu. 2. Interpréter un rôle. 3. Se servir d'un instrument de musique.

10 **juger** – Porter un jugement, une appréciation.

8 **jurer** – 1. Affirmer par serment, promettre, certifier. 2. Dire des injures.

8 **kidnapper** – Enlever une personne.

8 **klaxonner** – Actionner l'avertisseur sonore d'un véhicule, le klaxon.

9 **lacer** – Attacher avec un lacet.

8 **lâcher** – 1. Cesser de tenir. 2. Abandonner, laisser tomber.

8 **laisser** – 1. Ne pas prendre. 2. Abandonner. 3. Ne pas empêcher. 4. Transmettre, léguer.

8 **lamenter (se)** être – Se plaindre, gémir.

9 **lancer** – Projeter.

8 **lasser** – Ennuyer.

8 **laver** – Nettoyer.

12 **lécher** – Passer la langue sur quelque chose.

11 **lever** – Diriger vers le haut.

12 **libérer** – Remettre en liberté, délivrer.

8 **ligoter** – Attacher quelqu'un pour l'empêcher de bouger.

8 **limiter** – Restreindre.

82 **lire** – 1. Décoder et comprendre le sens de signes graphiques. 2. Prendre connaissance d'un texte.

8 **livrer** – 1. Remettre, apporter. 2. Dénoncer.

10 **loger** – Habiter.

8 **louer** – 1. Donner ou prendre un bien en location. 2. Vanter, faire l'éloge.

89 **luire** – Briller.

8 **lutter** – Combattre.

8 **mâcher** – Mastiquer, broyer avec les dents.

8 **magasiner** – Faire des achats dans des magasins.

27 **maigrir** – Perdre du poids.

30 **maintenir** – 1. Conserver, entretenir. 2. Tenir dans la même position.

8 **maîtriser / maitriser** – Contrôler.

8 **maltraiter** – Brutaliser, faire subir des violences.

10 **manger** – Avaler un aliment pour se nourrir.

22 **manier** – Manipuler.

8 **manifester** – 1. Participer à une manifestation. 2. Faire connaître, révéler.

8 **manipuler** – Manier, manœuvrer ; faire fonctionner avec la main.

8 **manquer** – 1. Rater, ne pas réussir. 2. Ne pas avoir en quantité suffisante.

8 **maquiller** – Modifier l'aspect du visage avec du maquillage.

8 **marcher** – 1. Se déplacer en mettant un pied devant l'autre. 2. Fonctionner.

22 **marier** – Unir par le mariage.

8 **marmonner** – Parler à mi-voix de façon indistincte, murmurer.

8 **marquer** – 1. Noter, inscrire. 2. Laisser une marque, une empreinte. 3. Dans le domaine du sport, inscrire un but, un point.

8 **massacrer** – 1. Détruire ou endommager. 2. Tuer sauvagement un grand nombre d'êtres vivants.

8 **masser** – Pétrir une partie du corps pour l'assouplir.

8 **méditer** – Réfléchir profondément.

22 **méfier (se)** être – Prendre garde, ne pas avoir confiance.

10 **mélanger** – 1. Mettre ensemble, réunir. 2. Mettre dans un ordre différent. 3. Confondre.

8 **mêler** – 1. Mettre en désordre. 2. Mélanger.

8 **mémoriser** – Enregistrer dans la mémoire.

9 **menacer** – 1. Chercher à intimider par des menaces. 2. Mettre en danger.

11 **mener** – 1. Amener, faire aller avec soi. 2. Transporter. 3. Conduire, diriger. 4. Être en tête, avoir l'avantage des points.

8 **mentionner** – Signaler, citer, renseigner.

32 **mentir** – Dire un mensonge, nier la vérité.

8 **mériter** – 1. Être en droit d'obtenir une récompense ou être exposé à recevoir une punition. 2. Valoir.

8 **mesurer** – 1. Prendre des mesures. 2. Avoir pour taille. 3. Évaluer l'importance de quelque chose. se mesurer – Se comparer à quelqu'un ou à quelque chose.

59 **mettre** – Placer quelqu'un ou quelque chose dans un endroit ou dans une certaine position. se mettre – 1. S'installer. 2. Commencer à faire quelque chose.

8 **miauler** – Crier, en parlant du chat.

8 **mijoter** – 1. Cuire doucement. 2. Préparer quelque chose en secret.

8 **mimer** – Exprimer par des gestes, sans parler.

8 **miser** – 1. Jouer de l'argent. 2. Compter sur quelque chose.

17 **modeler** – Donner une forme.

12 **modérer** – Diminuer, réduire, atténuer.

8 **moderniser** – Rendre moderne, rénover.

22 **modifier** – Changer, rendre différent.

27 **moisir** – S'abîmer en se couvrant de moisissure.

8 **monter** avoir ou être – 1. Aller du bas vers le haut. 2. Porter quelque chose plus haut. 3. Atteindre un niveau plus élevé. 4. Mettre ensemble les parties d'un tout. 5. Se placer dans un véhicule ou s'installer sur un animal pour se faire porter.

8 **montrer** – 1. Faire voir, faire connaître. 2. Enseigner. 3. Laisser paraître.

8 **moquer (se)** être – 1. Rire de quelqu'un. 2. Ne pas se soucier de quelqu'un ou de quelque chose.

55 **mordre** – Serrer entre ses dents.

8 **motiver** – 1. Donner des raisons pour expliquer quelque chose. 2. Pousser à agir.

8 **moucher (se)** être – Souffler par le nez pour le débarrasser des sécrétions.

79 **moudre** – Écraser des grains pour en faire de la poudre.

8 **mouiller** – Mettre dans l'eau, tremper. se mouiller – Se mettre dans une situation difficile.

40 **mourir** être – 1. Cesser de vivre. 2. Ressentir une sensation très vivement.

8 **muer** – 1. Changer de peau, de plumage ou de poil. 2. Changer de voix.

22 **multiplier** – 1. Additionner plusieurs fois le même nombre. 2. Augmenter le nombre, la quantité.

27 **mûrir / murir** – 1. Devenir mûr. 2. Devenir plus mature, plus sage.

8 **murmurer** – Parler à voix basse.

10 **nager** – Avancer dans l'eau à l'aide de mouvements.

68 **naître / naitre** être – 1. Venir au monde. 2. Commencer à exister.

8 **naviguer** – Voyager sur l'eau.

8 **nécessiter** – Rendre nécessaire, exiger.

10 **négliger** – Ne pas faire attention à quelqu'un ou à quelque chose.

22 **négocier** – Discuter afin de se mettre d'accord.

7 **neiger** impersonnel – Tomber, en parlant de la neige.

24 **nettoyer** – Rendre propre.

8 **neutraliser** – Empêcher d'agir, rendre inoffensif.

22 **nier** – Dire qu'une chose n'existe pas ou n'est pas vraie.

27 **noircir** – Rendre noir.

8 **nommer** – 1. Donner un nom. 2. Choisir une personne pour un travail.

8 **noter** – 1. Donner une note. 2. Écrire quelque chose pour s'en souvenir.

8 **nouer** – 1. Faire un nœud pour attacher. 2. Établir des liens avec quelqu'un.

27 **nourrir** – Donner à manger.

24 **noyer** – 1. Tuer en plongeant dans un liquide. 2. Recouvrir d'eau. se noyer – Mourir par asphyxie sous l'eau.

88 **nuire** – Faire du mal, représenter un danger.

8 **numéroter** – Donner un numéro.

27 **obéir** – Faire ce que quelqu'un a ordonné.

10 **obliger** – 1. Imposer, forcer à faire quelque chose. 2. Rendre service, faire plaisir.

27 **obscurcir** – Assombrir, réduire la lumière.

12 **obséder** – Tourmenter continuellement l'esprit.

8 **observer** – 1. Regarder avec attention. 2. Remarquer, constater. 3. Obéir à une loi.

8 **obstiner (s')** [être] – S'entêter, persister dans une idée, un comportement.

30 **obtenir** – Réussir à avoir, parvenir à un résultat.

8 **occuper** – 1. Remplir un espace, habiter un endroit. 2. Remplir la pensée, l'esprit. 3. Donner du travail. s'occuper – Consacrer du temps à une activité.

34 **offrir** – 1. Donner en cadeau. 2. Proposer, présenter.

12 **opérer** – 1. Faire, accomplir. 2. Produire un effet. 3. Pratiquer une intervention chirurgicale.

8 **opposer** – 1. Comparer pour faire ressortir les différences. 2. Mettre en opposition, face à face. s'opposer – 1. Empêcher, interdire. 2. Faire contraste, être différent.

8 **optimiser** – Donner le meilleur résultat possible.

8 **orchestrer** – 1. Adapter une musique pour un orchestre. 2. Organiser, diriger.

8 **ordonner** – 1. Mettre en ordre, organiser. 2. Donner un ordre.

8 **organiser** – Préparer selon un plan précis.

8 **orienter** – 1. Placer quelque chose dans une direction. 2. Indiquer la direction à prendre.

8 **oser** – Avoir l'audace, le courage de faire quelque chose.

8 **ôter** – Enlever, retirer, supprimer.

22 **oublier** – 1. Ne pas se souvenir de quelque chose. 2. Ne pas penser à quelque chose.

34 **ouvrir** – 1. Déplacer ce qui fermait pour que l'on puisse passer ou voir. 2. Faire une ouverture.

P Q

27 **pâlir** – 1. Devenir pâle. 2. Perdre son éclat ou sa couleur.

8 **paniquer** – Avoir peur, céder à la panique.

67 **paraître / paraitre** [avoir ou être] – 1. Devenir visible, se montrer. 2. Avoir l'air.

8 **paralyser** – 1. Frapper de paralysie, immobiliser. 2. Rendre incapable d'agir ou de parler.

39 **parcourir** – 1. Aller d'un lieu à un autre, faire un trajet. 2. Lire rapidement.

8 **pardonner** – Ne plus en vouloir à quelqu'un.

8 **parfumer** – Aromatiser, remplir d'une bonne odeur.

22 **parier** – 1. Faire un pari, gager. 2. Affirmer, être certain de quelque chose.

8 **parler** – 1. S'exprimer par des mots, dans une langue. 2. Communiquer avec quelqu'un.

10 **partager** – 1. Séparer une chose en plusieurs parties. 2. Avoir quelque chose en commun.

8 **participer** – Prendre part à quelque chose.

32 **partir** [être] – 1. Quitter un endroit. 2. Commencer. 3. S'enlever, disparaître.

30 **parvenir** [être] – 1. Arriver à destination. 2. Réussir, atteindre un but.

8 **passer** [avoir ou être] – 1. Traverser un endroit. 2. Venir dans un lieu et y rester peu de temps. 3. Disparaître, s'écouler. 4. Prêter, donner. se passer – Se priver de quelque chose.

8 **passionner** – Intéresser très vivement.

8 **patienter** – Attendre avec patience.

8 **patiner** – 1. Glisser avec des patins. 2. Déraper.

23 **payer** – Donner de l'argent en échange d'un objet ou d'un service.

8 **pêcher** – Prendre ou essayer de prendre du poisson.

8 **pédaler** – Actionner une ou des pédales, notamment à bicyclette.

21 **peigner** – Coiffer, démêler les cheveux.

60 **peindre** – 1. Recouvrir avec de la peinture. 2. Représenter des choses réelles ou imaginées par la peinture.

8 **peinturer** – Barbouiller, peindre maladroitement.

17 **peler** – 1. Enlever la peau d'un fruit ou d'un légume. 2. Perdre sa peau par petits morceaux ou par plaques.

15 **pelleter** – Remuer, déplacer avec une pelle.

8 **pencher** – Faire aller vers le bas, incliner. se pencher – Étudier, s'intéresser à quelque chose.

55 **pendre** – 1. Attacher une chose par le haut. 2. Tomber trop bas, traîner. 3. Tuer quelqu'un en le suspendant par le cou.

12 **pénétrer** – 1. Entrer. 2. Passer à travers quelque chose.

8 **penser** – 1. Former des pensées, des idées dans son esprit. 2. Ne pas oublier. 3. Croire. 4. Avoir l'intention.

9 **percer** – 1. Faire un trou, une ouverture. 2. Apparaître, traverser.

43 **percevoir** – 1. Saisir par les organes des sens, par l'esprit. 2. Recevoir de l'argent.

8 **percher (se)** [être] – Se poser à un endroit élevé.

55 **perdre** – 1. Ne plus avoir ou ne plus retrouver. 2. Être vaincu, battu. se perdre – Ne plus trouver son chemin.

8 **perfectionner** – Améliorer, rendre plus près de la perfection.

59 permettre – 1. Donner le droit, le moyen de faire quelque chose. 2. Rendre une chose possible.

8 persuader – Amener quelqu'un à croire, à vouloir ou à faire quelque chose.

8 perturber – Déranger, troubler, empêcher de fonctionner normalement.

11 peser – 1. Mesurer le poids. 2. Avoir pour poids.

12 péter – 1. Faire un pet. 2. Éclater en faisant un bruit. 3. Briser, casser.

8 pétiller – 1. Faire de petits bruits secs. 2. Faire de petites bulles. 3. Briller d'un éclat vif, scintiller.

8 peupler – Habiter un pays, une région.

22 photocopier – Reproduire un document par photocopie.

22 photographier – Prendre en photo.

8 picorer – Prendre de la nourriture avec le bec, en parlant des oiseaux.

20 piéger – 1. Chasser, attraper à l'aide d'un piège. 2. Installer un système pour faire une explosion.

10 piger – Tirer au sort.

8 piller – Voler des choses dans un endroit en faisant des dégâts.

8 piloter – Conduire un navire, un avion, un hélicoptère, une voiture de course.

9 pincer – Serrer entre les doigts ou entre deux objets.

8 pique-niquer / piqueniquer – Prendre un repas en plein air.

8 piquer – 1. Percer, trouer avec un objet pointu. 2. Faire une piqûre. 3. Coudre. 4. Donner une sensation de piqûre.

8 pirater – Copier, reproduire une chose de manière illégale.

9 placer – Mettre une chose à une certaine place.

62 plaindre – Avoir de la pitié pour quelqu'un.
se plaindre – Exprimer une douleur ou du mécontentement.

66 plaire – 1. Être agréable. 2. Attirer, charmer.

8 plaisanter – Dire des choses pour faire rire.

8 planer – Voler sans battre des ailes ou sans l'aide d'un moteur, flotter dans l'air.

22 planifier – Organiser en suivant un plan.

8 planter – 1. Mettre une plante ou des graines dans la terre. 2. Enfoncer. 3. Placer debout.

8 plaquer – 1. Aplatir, appliquer fortement. 2. Couvrir d'une couche de métal.

8 pleurer – 1. Verser des larmes. 2. Regretter, déplorer.

49 pleuvoir impersonnel – Tomber, en parlant de la pluie.

22 plier – 1. Rabattre une matière plusieurs fois sur elle-même, rabattre les parties d'un objet. 2. Se courber, fléchir. se plier – Se soumettre.

8 plisser – Faire des plis, marquer des plis.

10 plonger – 1. Sauter, se jeter à l'eau. 2. Enfoncer dans un liquide. 3. Enfouir.

8 plumer – Enlever les plumes d'un oiseau.

8 pointer – 1. Se dresser, s'élever en formant une pointe. 2. Diriger vers un point. 3. Marquer d'un point, d'un signe pour effectuer un contrôle.

27 polir – Frotter pour rendre lisse et brillant.

8 polluer – Salir, rendre malsain et dangereux.

8 pomper – Aspirer un liquide avec une pompe.

55 pondre – Faire un ou des œufs.

8 porter – 1. Soutenir un poids. 2. Transporter. 3. Avoir sur soi. se porter – Être en bonne ou en mauvaise santé.

8 poser – 1. Mettre en place, installer. 2. Énoncer, formuler. 3. Prendre la pose devant un peintre, un photographe.

12 posséder – 1. Avoir à soi, être propriétaire. 2. Connaître parfaitement, maîtriser.

8 poster – 1. Mettre à la poste. 2. Placer quelqu'un à un endroit précis et dans un but déterminé.

8 pouffer – Éclater de rire malgré soi.

8 pourchasser – Poursuivre avec acharnement.

27 pourrir – Se décomposer, se gâter.

80 poursuivre – 1. Suivre en essayant de rattraper. 2. Continuer sans arrêter. 3. Porter plainte, faire un procès à quelqu'un.

8 pousser – 1. Faire bouger en appuyant, faire avancer. 2. Croître, grandir, se développer.

47 pouvoir – 1. Avoir le droit de faire quelque chose. 2. Être capable de faire quelque chose. 3. Risquer de, être possible. se pouvoir impersonnel – Être possible (il se peut).

8 pratiquer – 1. Appliquer, mettre en pratique. 2. Faire une activité. 3. Suivre les règles de sa religion.

12 précéder – Venir avant, dans l'espace ou dans le temps.

8 précipiter – 1. Faire tomber d'un lieu élevé. 2. Hâter, faire aller plus vite.

8 préciser – Rendre plus précis, plus clair.

84 prédire – Annoncer à l'avance ce qui va arriver.

12 préférer – Aimer mieux.

56 prendre – 1. Saisir, attraper. 2. Emporter. 3. Absorber. 4. Utiliser, employer.

8 préoccuper – Occuper fortement l'esprit, donner du souci.

8 **préparer** – Faire ce qu'il faut pour qu'une chose soit prête.

86 **prescrire** – Ordonner, recommander.

8 **présenter** – 1. Faire connaître une personne à une autre. 2. Exposer, faire connaître au public.

32 **pressentir** – Sentir à l'avance, deviner.

8 **presser** – 1. Serrer avec force pour extraire un liquide. 2. Appuyer sur quelque chose. 3. Pousser quelqu'un à faire quelque chose. 4. Accélérer, hâter. se presser – 1. Se serrer, s'entasser. 2. Se hâter, se dépêcher.

55 **prétendre** – 1. Affirmer, soutenir une idée. 2. Souhaiter, vouloir, avoir l'intention.

8 **prêter** – 1. Donner pour un certain temps. 2. Donner des idées, des intentions à quelqu'un. se prêter – Consentir, accepter.

30 **prévenir** – 1. Informer à l'avance. 2. Éviter en prenant des précautions.

44 **prévoir** – 1. Imaginer à l'avance qu'une chose peut arriver. 2. Préparer à l'avance.

22 **prier** – 1. S'adresser à Dieu, aux saints. 2. Demander quelque chose en insistant.

8 **priver** – Empêcher de profiter d'un avantage, de quelque chose d'agréable. se priver – Renoncer à quelque chose.

22 **privilégier** – Favoriser, avantager.

12 **procéder** – 1. Faire, exécuter quelque chose. 2. Agir d'une certaine manière.

8 **procurer** – 1. Obtenir pour quelqu'un, fournir. 2. Occasionner, être la cause.

88 **produire** – 1. Créer, fabriquer. 2. Causer, provoquer. se produire – Arriver, avoir lieu.

8 **profiter** – 1. Tirer un avantage. 2. Être utile.

8 **programmer** – 1. Faire un programme, inclure dans une programmation. 2. Organiser à l'avance. 3. Faire fonctionner une machine.

8 **progresser** – 1. Faire des progrès, s'améliorer. 2. Se développer, gagner du terrain.

13 **projeter** – 1. Lancer avec force. 2. Faire apparaître des images sur un écran. 3. Concevoir un projet.

10 **prolonger** – Augmenter la longueur ou la durée de quelque chose.

11 **promener** – Déplacer, faire aller dans plusieurs endroits pour le plaisir. se promener – Aller d'un lieu à l'autre pour le plaisir.

59 **promettre** – S'engager à faire quelque chose.

9 **prononcer** – 1. Articuler distinctement les sons. 2. Dire, déclarer.

10 **propager** – 1. Répandre, étendre, multiplier. 2. Faire connaître, diffuser.

8 **proposer** – 1. Présenter, offrir. 2. Suggérer, inviter à faire quelque chose.

20 **protéger** – 1. Préserver, aider. 2. Mettre à l'abri d'un danger, des inconvénients.

8 **protester** – Exprimer avec force son opposition, son désaccord.

8 **prouver** – Montrer qu'une chose est vraie en donnant des preuves.

30 **provenir** [être] – Venir, avoir pour origine.

8 **provoquer** – 1. Exciter, pousser quelqu'un à faire quelque chose. 2. Occasionner, être la cause de quelque chose.

22 **publier** – 1. Faire connaître, rendre public. 2. Éditer, faire paraître un document, un livre.

8 **puer** – Sentir mauvais, dégager une odeur désagréable.

8 **puiser** – 1. Prendre un liquide avec un récipient. 2. Tirer, emprunter.

27 **punir** – Infliger une peine, une punition.

22 **purifier** – Rendre pur, enlever les impuretés.

22 **qualifier** – 1. Attribuer une qualité, un titre, un nom. 2. Donner la compétence pour faire quelque chose. se qualifier – Réussir des épreuves éliminatoires.

8 **quereller (se)** [être] – Se disputer.

8 **questionner** – Poser des questions, interroger.

8 **quêter** – Faire la quête, demander de l'argent.

8 **quitter** – 1. Abandonner un lieu, une activité. 2. Laisser, se séparer d'une personne.

8 **rabaisser** – 1. Mettre plus bas, placer au-dessous. 2. Déprécier, placer au-dessous de la valeur véritable.

27 **raccourcir** – Rendre ou devenir plus court.

8 **raccrocher** – 1. Accrocher de nouveau. 2. Mettre fin à une conversation au téléphone. se raccrocher – Se rattacher, se retenir à quelque chose.

14 **racheter** – 1. Acheter de nouveau. 2. Compenser, faire pardonner une erreur.

8 **raconter** – Faire le récit de quelque chose.

27 **raffermir** – Rendre plus ferme.

8 **raffoler** – Aimer beaucoup, à la folie.

27 **rafraîchir / rafraichir** – 1. Rendre frais, refroidir un peu. 2. Donner une sensation de fraîcheur. 3. Redonner de l'éclat.

27 **raidir** – Rendre raide, durcir.

8 **raisonner** – 1. Réfléchir, faire un raisonnement. 2. Ramener quelqu'un à la raison, le convaincre d'être raisonnable.

27 **rajeunir** – 1. Paraître ou faire paraître plus jeune. 2. Donner une nouvelle vigueur.

8 **rajouter** – Ajouter de nouveau.

27 **ralentir** – Diminuer la vitesse, aller plus lentement.

10 **rallonger** – 1. Rendre plus long en ajoutant une partie. 2. Devenir plus long.

8 **ramasser** – 1. Prendre par terre. 2. Prendre des choses pour les mettre ensemble.

11 **ramener** – 1. Amener de nouveau quelqu'un. 2. Faire revenir quelqu'un d'où il est parti. 3. Rétablir, faire renaître.

8 **ramer** – Manœuvrer les rames d'un bateau.

27 **ramollir** – Rendre plus mou, moins ferme.

8 **ramper** – Avancer en se traînant sur le ventre.

10 **ranger** – Mettre une chose à sa place, mettre de l'ordre dans un lieu. se ranger – 1. Se mettre en rang. 2. S'écarter pour laisser passer.

8 **ranimer** – 1. Faire reprendre connaissance. 2. Redonner de la force, de la vigueur, de l'éclat.

8 **râper** – Mettre en poudre ou en petits morceaux à l'aide d'une râpe.

16 **rappeler** – 1. Appeler une personne ou un animal pour le faire revenir. 2. Appeler de nouveau au téléphone. 3. Remettre en mémoire. se rappeler – Se souvenir de quelque chose.

8 **rapporter** – 1. Remettre une chose à sa place. 2. Apporter quelque chose en revenant d'un endroit. 3. Produire des bénéfices. 4. Faire le récit de ce que l'on a vu et entendu. se rapporter – Avoir un rapport avec quelque chose.

8 **rapprocher** – 1. Placer plus près. 2. Lier par un rapport de ressemblance. 3. Réconcilier ou rendre des personnes plus proches.

8 **raser** – 1. Couper les poils ou les cheveux près de la peau. 2. Démolir complètement. 3. Passer tout près, frôler.

22 **rassasier** – Combler sa faim, satisfaire ses désirs.

8 **rassembler** – Mettre ensemble, réunir au même endroit.

53 **rasseoir / rassoir** – Asseoir de nouveau
54 quelqu'un sur un siège, une chaise.

8 **rassurer** – Rendre la confiance, ôter l'inquiétude.

8 **rater** – 1. Ne pas réussir, échouer. 2. Ne pas atteindre un but. 3. Manquer quelque chose.

8 **rattraper** – 1. Retenir une personne ou un objet qui tombe. 2. Rejoindre ce qui a pris de l'avance. 3. Récupérer, reprendre.

23 **rayer** – 1. Faire des rayures sur une surface. 2. Biffer d'un trait.

8 **réactiver** – Activer de nouveau.

27 **réagir** – 1. Prendre une certaine attitude en réponse à une action, à une parole. 2. S'opposer, lutter, résister.

8 **réaliser** – 1. Faire exister, rendre réel. 2. Mettre en scène, diriger un film ou une émission. 3. Comprendre, se rendre compte.

8 **réanimer** – Rétablir les fonctions respiratoires et cardiaques.

67 **réapparaître / réapparaitre** avoir ou être – Apparaître de nouveau.

27 **rebondir** – 1. Faire des bonds après avoir touché un obstacle. 2. Prendre un nouveau développement, des suites imprévues.

43 **recevoir** – 1. Entrer en possession de quelque chose. 2. Être atteint par quelque chose. 3. Accueillir des gens.

10 **recharger** – 1. Charger de nouveau. 2. Remettre une charge dans une arme. 3. Approvisionner de nouveau un appareil pour le remettre en état de fonctionner.

8 **réchauffer** – Chauffer de nouveau.

8 **rechercher** – Chercher avec soin à découvrir, à retrouver, à connaître.

8 **réciter** – Dire à haute voix ce que l'on a appris par cœur.

8 **réclamer** – Demander en insistant.

8 **récolter** – Recueillir les produits de la terre.

8 **recommander** – 1. Conseiller vivement. 2. Vanter les qualités d'une personne, d'une chose.

9 **recommencer** – Commencer de nouveau, reprendre du début.

8 **récompenser** – Donner une récompense à quelqu'un.

88 **reconduire** – Accompagner une personne qui s'en va.

67 **reconnaître / reconnaitre** – 1. Identifier une personne ou une chose. 2. Admettre comme vrai. 3. Avouer.

31 **reconquérir** – Acquérir, conquérir de nouveau.

78 **recoudre** – Coudre ce qui est décousu.

34 **recouvrir** – 1. Couvrir de nouveau. 2. Couvrir complètement.

19 **recréer** – Reconstituer, créer de nouveau.

86 **récrire** ou **réécrire** – Écrire de nouveau, rédiger d'une autre façon.

8 **recroqueviller (se)** être – Se replier sur soi-même, se blottir.

35 **recueillir** – 1. Réunir, rassembler. 2. Offrir l'hospitalité à une personne ou un animal en difficulté. se recueillir – Réfléchir, méditer, prier.

8 **reculer** – Aller, déplacer vers l'arrière.

12 **récupérer** – 1. Retrouver des choses qui étaient perdues. 2. Recycler. 3. Retrouver ses forces.

8 **recycler** – Soumettre quelque chose à un traitement pour pouvoir l'utiliser à nouveau, récupérer. se recycler - Suivre une formation pour s'adapter à un nouveau travail.

55 **redescendre** avoir ou être – Descendre de nouveau.

10 **rédiger** – Écrire un texte.

83 **redire** – Répéter, dire plusieurs fois.

8 **redouter** – Avoir peur, craindre.

8 **redresser** – Remettre dans une position droite, normale.

88 **réduire** – Diminuer, rendre plus petit.

86 **réécrire** ou **récrire** – Écrire de nouveau, rédiger d'une autre façon.

82 **réélire** – Élire de nouveau.

23 **réessayer** ou **ressayer** – Essayer de nouveau.

65 **refaire** – Recommencer, faire de nouveau.

8 **refermer** – Fermer ce qui se trouve ouvert.

27 **réfléchir** – 1. Penser, songer. 2. Refléter, renvoyer une image.

12 **refléter** – Réfléchir une image de façon atténuée.

27 **refroidir** – Abaisser la température, devenir moins chaud, rafraîchir.

22 **réfugier (se)** être – Se rendre à un endroit pour être en sécurité, à l'abri d'un danger.

8 **refuser** – Ne pas accepter, ne pas consentir.

8 **régaler (se)** être – Manger quelque chose que l'on aime, faire un bon repas.

8 **regarder** – Voir, observer.

12 **régénérer** – Redonner de la vigueur, réactiver, renouveler.

8 **réglementer / règlementer** – Soumettre à un ensemble de règles.

12 **régler** – 1. Résoudre un problème. 2. Payer une facture.

12 **régner** – Exercer son pouvoir, dominer.

8 **regretter** – 1. Être mécontent d'une action non faite ou mal faite. 2. Se sentir triste en l'absence de quelque chose ou de quelqu'un. 3. Se reprocher. 4. S'excuser.

8 **regrouper** – Rassembler, former de nouveau un groupe avec ce qui était dispersé.

13 **rejeter** – 1. Refuser. 2. Renvoyer, jeter en sens inverse.

61 **rejoindre** – Aller retrouver quelqu'un, le rattraper.

27 **réjouir** – Rendre heureux, de bonne humeur. se réjouir – S'amuser, éprouver de la joie, de la satisfaction.

8 **relâcher** – 1. Desserrer, rendre moins tendu. 2. Remettre en liberté (des prisonniers).

9 **relancer** – 1. Renvoyer, lancer après avoir reçu. 2. Redonner de l'élan.

8 **relaxer (se)** être – Se détendre, se reposer.

11 **relever** – 1. Remettre debout. 2. Remonter, donner de la hauteur. 3. Donner plus de goût à de la nourriture.

22 **relier** – Unir, assembler, attacher ensemble.

82 **relire** – Lire de nouveau. se relire - Lire ce que l'on vient d'écrire dans le but de se corriger.

89 **reluire** – Briller.

8 **remarquer** – Noter, constater, observer.

23 **remblayer** – Combler, boucher un creux.

8 **rembourrer** – Remplir, garnir avec une matière molle.

8 **rembourser** – Payer ce que l'on doit, rendre de l'argent.

22 **remercier** – 1. Dire merci, témoigner sa reconnaissance. 2. Congédier.

59 **remettre** – Mettre une personne ou une chose à la place ou dans l'état où elle était auparavant.

8 **remonter** avoir ou être – 1. Monter de nouveau. 2. Assembler de nouveau.

8 **remorquer** – Tirer un véhicule en panne ou sans moteur.

9 **remplacer** – Changer, mettre une chose à la place d'une autre.

27 **remplir** – Rendre plein, combler.

8 **remporter** – 1. Gagner, obtenir. 2. Reprendre.

8 **remuer** – Mettre en mouvement, bouger, agiter.

68 **renaître / renaitre** – 1. Revivre, recommencer à se développer. 2. Reprendre des forces, du courage.

8 **rencontrer** – 1. Se trouver en présence de quelqu'un. se rencontrer - Faire connaissance.

38 **rendormir (se)** être – Recommencer à dormir après avoir été réveillé.

55 **rendre** – Remettre à quelqu'un ce qui lui est dû. se rendre – Aller à un endroit précis.

8 **renfermer** – Contenir.

9 **renforcer** – Rendre plus solide, plus résistant.

8 **renifler** – 1. Faire entrer de l'air par le nez en faisant du bruit. 2. Sentir.

9 **renoncer** – 1. Abandonner. 2. Se priver de quelque chose.

18 **renouveler** – 1. Changer une chose, la remplacer par une nouvelle. 2. Prolonger, reconduire.

21 **renseigner** – Donner une information.

8 **rentrer** avoir ou être – 1. Entrer de nouveau. 2. Revenir chez soi. 3. Mettre à l'intérieur, à l'abri.

8 **renverser** – 1. Faire tomber. 2. Surprendre. 3. Incliner vers l'arrière.

26 **renvoyer** – 1. Retourner une personne ou un objet à son point d'origine. 2. Congédier quelqu'un, le mettre à la porte.

55 **répandre** – 1. Disperser, diffuser une matière. 2. Propager, faire connaître une information, une nouvelle.

67 **reparaître / reparaitre** avoir ou être – Se montrer de nouveau.

8 **réparer** – 1. Remettre quelque chose en bon état. 2. Racheter ses fautes, corriger ses erreurs.

32 **repartir** être – 1. Partir de nouveau. 2. S'en retourner d'où l'on vient.

8 **repasser** avoir ou être – 1. Revenir à un endroit, se présenter de nouveau. 2. Défroisser du linge à l'aide d'un fer. 3. Réviser, étudier.

60 **repeindre** – Couvrir de nouveau avec de la peinture, peindre à neuf.

12 **repérer** – Situer un lieu, le localiser.

12 **répéter** – 1. Redire. 2. Recommencer (une action). 3. S'exercer à dire ou à faire quelque chose pour le fixer dans sa mémoire.

9 **replacer** – Remettre à sa place.

55 **répondre** – 1. Faire connaître ce que l'on pense à son interlocuteur. 2. Réagir à quelque chose. 3. Correspondre à un besoin.

8 **reporter** – Remettre à plus tard.

8 **reposer** – 1. Détendre, faire tomber la fatigue. 2. Être établi, fondé sur quelque chose. 3. Poser de nouveau. se reposer – 1. Prendre du repos, se délasser, cesser de faire des efforts ou de travailler. 2. Compter sur quelqu'un ou quelque chose.

8 **repousser** – 1. Pousser, grandir de nouveau. 2. Faire reculer, éloigner, pousser en arrière.

56 **reprendre** – 1. Prendre de nouveau. 2. Poursuivre une activité après une interruption. 3. Corriger quelqu'un quand il se trompe. se reprendre – Se ressaisir.

8 **représenter** – 1. Montrer, faire apparaître la réalité par une image. 2. Constituer. 3. Agir au nom de quelqu'un.

8 **reprocher** – Blâmer quelqu'un pour une faute dont on le juge responsable.

88 **reproduire** – Imiter, copier quelque chose. se reproduire – Donner naissance à de nouveaux êtres vivants.

8 **réserver** – Mettre de côté.

21 **résigner (se)** être – Se soumettre, accepter sans discuter une chose pénible.

8 **résister** – 1. Ne pas se briser, se maintenir. 2. Se défendre, s'opposer.

8 **résonner** – Retentir, renvoyer un son ou un bruit avec un écho.

77 **résoudre** – Trouver une solution.

8 **respecter** – 1. Avoir du respect (pour quelqu'un). 2. Suivre (des règles).

8 **respirer** – Faire entrer de l'air dans les poumons et le rejeter.

27 **resplendir** – 1. Briller avec éclat. 2. En parlant d'une personne, rayonner, avoir les yeux pétillants.

23 **ressayer** ou **réessayer** – Essayer de nouveau.

8 **ressembler** – Avoir des caractéristiques communes.

32 **ressentir** – Éprouver un sentiment.

41 **resservir** – 1. Servir de nouveau, être réutilisable. 2. Donner une deuxième portion d'un mets.

32 **ressortir** avoir ou être – 1. Sortir d'un endroit après y être entré. 2. Être en évidence, se détacher.

8 **ressusciter** avoir ou être – Redevenir vivant.

8 **rester** être – 1. Continuer à être dans un endroit. 2. Habiter. 3. Se maintenir, continuer d'être.

8 **résumer** – Présenter de manière brève, redire en moins de mots.

27 **rétablir** – 1. Établir de nouveau. 2. Remettre en bon état, ramener comme avant. se rétablir - Retrouver la santé.

8 **retarder** – 1. Remettre à plus tard. 2. Mettre quelqu'un en retard. 3. Arriver après l'heure fixée. 4. Ne pas donner l'heure exacte.

30 **retenir** – 1. Maintenir en place, empêcher de partir. 2. Garder dans sa mémoire.

8 **retirer** – 1. Enlever, ôter, faire sortir. 2. Recevoir en retour. se retirer – 1. S'en aller. 2. Quitter une activité, un emploi.

8 **retomber** être – 1. Chuter ou tomber de nouveau. 2. Revenir au sol, redescendre (après s'être élevé).

8 **retoucher** – Apporter des changements pour améliorer.

8 **retourner** avoir ou être – 1. Revenir au point de départ ou aller dans un endroit où l'on est déjà allé. 2. Tourner dans un autre sens. 3. Renvoyer (au point de départ, à l'expéditeur).

9 **retracer** – Tracer de nouveau.

86 **retranscrire** – Recopier, transcrire de nouveau.

27 **rétrécir** – Devenir plus étroit, plus petit.

8 **retrouver** – 1. Trouver ce que l'on cherchait. 2. Être de nouveau (dans un lieu, avec des personnes ou dans une situation).

27 **réunir** – Grouper, rassembler.

27 **réussir** – Faire avec succès, obtenir un bon résultat.

8 **réutiliser** – Se resservir de quelque chose.

8 **rêvasser** – Penser à des choses vagues, rêver à moitié.

8 **réveiller** – Tirer du sommeil. se réveiller – Cesser de dormir.

8 **réveillonner** – Faire un repas de fête au milieu de la nuit de Noël ou du jour de l'An.

12 **révéler** – Faire connaître quelque chose qui était caché ou inconnu. se révéler – Apparaître, se montrer.

30 **revenir** être – 1. Venir au même endroit ou au point de départ. 2. Venir de nouveau. 3. Rentrer. 4. Coûter une certaine somme d'argent.

8 **rêver** – 1. En dormant, voir une suite d'images qui se présentent à l'esprit. 2. Souhaiter quelque chose. 3. Se faire des idées qui ne correspondent pas à la réalité.

33 **revêtir** – 1. Mettre un vêtement. 2. Prendre l'allure, l'apparence.

8 **réviser** - 1. Corriger un texte. 2. Étudier.

81 **revivre** – 1. Vivre de nouveau quelque chose. 2. Revenir à la vie, retrouver ses forces.

44 **revoir** – 1. Voir de nouveau quelqu'un ou quelque chose. 2. Réviser, corriger.

8 **rhabiller** – Remettre des vêtements à quelqu'un.

8 **ricaner** – Rire sottement ou pour se moquer.

8 **ridiculiser** – Se moquer de quelqu'un, le rendre ridicule.

8 **rigoler** – Rire, plaisanter, s'amuser.

8 **rimer** – Se terminer par le même son.

9 **rincer** – Nettoyer à l'eau claire.

85 **rire** – 1. Réagir à quelque chose de drôle par l'expression du visage et en expulsant l'air par petites secousses sonores. 2. Rigoler, s'amuser. 3. Se moquer, ridiculiser.

8 **risquer** – Se mettre en danger, s'exposer à un risque.

8 **rôder** – Aller et venir dans un lieu avec de mauvaises intentions.

57 **rompre** – 1. Mettre fin à une relation. 2. Briser.

8 **ronfler** – Faire du bruit en respirant pendant son sommeil.

10 **ronger** – User avec les dents (par petits morceaux).

8 **ronronner** – Faire entendre un ronronnement (petit grondement régulier), en parlant du chat.

27 **rôtir** – Griller, cuire au four ou à la broche.

27 **rougir** – 1. Devenir rouge. 2. Avoir le visage qui devient rouge à cause de la chaleur ou d'une émotion.

8 **rouiller** – Se couvrir de rouille.

8 **rouler** – 1. Avancer sur des roues. 2. Se déplacer en tournant sur soi-même.

34 **rouvrir** – 1. Ouvrir de nouveau. 2. Être de nouveau ouvert.

8 **ruer** – Lancer les pattes de derrière avec force, en parlant du cheval. se ruer – Se précipiter.

27 **rugir** – Crier, en parlant du lion.

8 **ruiner** – 1. Faire perdre à quelqu'un son argent, sa richesse. 2. Démolir, ravager.

8 **ruminer** – 1. Remâcher les aliments revenus de l'estomac, en parlant des animaux ruminants. 2. Retourner des idées dans sa tête.

22 **sacrifier** – Offrir en sacrifice, immoler. se sacrifier – Se dévouer, s'oublier pour s'occuper des autres.

21 **saigner** – Perdre du sang.

27 **saisir** – 1. Attraper avec la main, rapidement ou avec fermeté. 2. Comprendre rapidement.

27 **salir** – Rendre malpropre, sale.

8 **saluer** – Dire bonjour en faisant un salut (une marque d'attention ou un geste de politesse).

8 **sangloter** – Pleurer avec des sanglots, des hoquets.

65 **satisfaire** – Répondre à ce qui est exigé, contenter.

8 **sauter** – 1. Faire un mouvement par lequel on s'élève du sol. 2. Faire un saut dans le vide, se jeter. 3. Exploser.

8 **sautiller** – Faire de petits sauts.

8 **sauvegarder** – 1. Enregistrer des informations pour les conserver. 2. Protéger, préserver.

8 **sauver** – 1. Faire échapper à un danger, à la mort. 2. Empêcher la destruction ou l'échec. se sauver – S'enfuir.

45 **savoir** – Avoir la connaissance.

8 **savourer** - Manger ou boire lentement pour apprécier le goût.

8 **sceller** – Fermer de façon hermétique ou avec un sceau.

22 **scier** – Couper avec une scie.

8 **scintiller** – Briller en faisant de petits éclats.

8 **sculpter** – Façonner, modeler une matière pour en faire une œuvre d'art.

12 **sécher** – Faire perdre l'eau ou l'humidité, rendre sec.

8 **secouer** – 1. Remuer quelque chose dans tous les sens plusieurs fois, agiter. 2. Choquer.

39 **secourir** – Venir en aide, porter assistance à quelqu'un.

88 **séduire** – Attirer fortement quelqu'un, le charmer.

8 **sélectionner** – Choisir ce qu'il y a de mieux dans un ensemble de choses ou de personnes.

8 **sembler** – Paraître, avoir l'air.

11 **semer** – Mettre des graines en terre.

8 **sensibiliser** – Faire prendre conscience, rendre sensible.

32 **sentir** – 1. Percevoir par les sens, dont l'odorat. 2. Avoir une odeur.

8 **séparer** – Éloigner, trier, diviser. se séparer – Se quitter, ne plus être ensemble.

8 **serrer** – 1. Tenir fort en pressant, comprimer, rapprocher. 2. Ranger.

41 **servir** – 1. Être utile à quelque chose, aider, remplir une tâche. 2. Donner à manger lors d'un repas.

8 **siffler** – Produire un son aigu en faisant sortir l'air par la bouche.

8 **signaler** – Faire remarquer, attirer l'attention.

21 **signer** – Marquer de sa signature, écrire son nom.

22 **signifier** – Vouloir dire quelque chose, avoir un sens.

22 **simplifier** – Rendre plus facile, moins compliqué.

10 **singer** – Imiter quelqu'un en se moquant, le copier.

8 **situer (se)** être – Se trouver à un endroit.

22 **skier** – Faire du ski.

21 **soigner** – Donner des soins à un malade, s'occuper de quelqu'un.

10 **songer** – Penser à quelqu'un ou à quelque chose.

8 **sonner** – 1. Faire fonctionner une sonnerie, une sonnette. 2. Tinter, rendre un son.

32 **sortir** avoir ou être – 1. Quitter un lieu. 2. Mener dehors.

22 **soucier (se)** être – S'inquiéter, se préoccuper.

8 **souder** – Faire tenir ensemble des pièces de métal par une soudure.

8 **souffler** – 1. Sortir l'air des poumons. 2. Chuchoter une réponse à quelqu'un ou lui murmurer des mots qu'il a oubliés.

34 **souffrir** – Ressentir une douleur physique ou morale.

8 **souhaiter** – Désirer, espérer quelque chose.

10 **soulager** – Apaiser, débarrasser d'une douleur physique ou morale.

11 **soulever** – Lever à une faible hauteur.

21 **souligner** – 1. Tracer une ligne sous un mot. 2. Mettre en évidence.

59 **soumettre** – Obliger à obéir.

8 **soupçonner** – Avoir l'impression que quelqu'un est coupable de quelque chose, suspecter.

8 **souper** – Prendre le repas du soir.

8 **soupirer** – Pousser des respirations longues, des soupirs.

85 **sourire** – Prendre une expression rieuse par un mouvement des lèvres et des yeux.

55 **sous-entendre** – Laisser deviner une chose sans l'exprimer clairement, la suggérer.

64 **soustraire** – Enlever un nombre d'un autre nombre.

30 **soutenir** – 1. Servir d'appui, maintenir, supporter. 2. Réconforter, aider.

30 **souvenir (se)** être – Se rappeler, se remémorer, avoir présent dans sa mémoire.

22 **spécifier** – Préciser, mentionner clairement.

8 **stationner** – Garer un véhicule, le parquer à l'écart de la circulation.

8 **stimuler** – Encourager, motiver, augmenter.

27 **subir** – Se soumettre, volontairement ou non.

12 **succéder** – Prendre la place de quelque chose ou de quelqu'un, venir après.

9 **sucer** – 1. Aspirer dans la bouche, exercer une succion. 2. Laisser fondre dans la bouche.

8 **sucrer** – Ajouter du sucre.

8 **suer** – Transpirer, produire de la sueur.

87 **suffire** – Être en assez grande quantité.

8 **suffoquer** – Avoir de la difficulté à respirer.

12 **suggérer** – Proposer, faire penser.

8 **suicider (se)** être – Se tuer volontairement.

80 **suivre** – 1. Aller derrière, venir après. 2. Obéir à un ordre, un conseil. 3. Prendre des cours. 4. Aller dans une direction déterminée. 5. Être attentif, s'intéresser.

8 **superposer** – Poser l'un au-dessus de l'autre.

8 **superviser** – Contrôler l'ensemble d'un travail.

22 **supplier** – Demander en insistant.

8 **supporter** – 1. Soutenir. 2. Endurer ce qui est pénible, tolérer.

8 **supposer** – Penser qu'une chose est vraie sans en être sûr, croire probable.

8 **supprimer** – Faire disparaître, éliminer, mettre fin.

8 **surfer** – 1. Faire du surf. 2. Naviguer sur Internet.

27 **surgir** [avoir ou être] – Apparaître soudainement, brusquement.
21 **surligner** – Recouvrir un ou des mots à l'aide d'un crayon surligneur.
8 **surmonter** – Vaincre une difficulté.
8 **surnommer** – Donner un surnom (un nom ajouté ou qui remplace le vrai nom).
8 **surpasser** – Faire mieux que tous les autres.
56 **surprendre** – Prendre par surprise, sur le fait, étonner.
8 **sursauter** – Avoir un sursaut, un mouvement brusque causé par la surprise.
8 **surveiller** – Contrôler, observer attentivement.
30 **survenir** [être] – Arriver de façon imprévue, accidentellement.
81 **survivre** – Continuer à exister, échapper à la mort.
8 **survoler** – 1. Voler au-dessus de quelque chose. 2. Lire, examiner sans aller en profondeur.
8 **suspecter** – Soupçonner.
55 **suspendre** – 1. Accrocher quelque chose de manière à laisser pendre. 2. Interrompre pour un certain temps.
8 **tacher** – Faire des taches, salir.
8 **tâcher** – Faire des efforts pour venir à bout de quelque chose, essayer.
66 **taire** – Ne pas dire. se taire – Garder le silence.
8 **taper** – Frapper avec la main, donner des coups.
8 **taquiner** – Prendre plaisir à agacer sans méchanceté.
8 **tarder** – Se faire attendre, être en retard.
8 **tartiner** – Étaler sur du pain.
8 **tasser** – Serrer, comprimer.
8 **tâter** – Explorer, toucher avec la main.
60 **teindre** – Donner une nouvelle couleur.
8 **teinter** – Colorer légèrement.
10 **télécharger** – Charger un fichier informatique.
8 **téléguider** – Guider, diriger à distance un engin sans pilote.
8 **téléphoner** – Parler à quelqu'un en utilisant le téléphone.
21 **témoigner** – Déclarer officiellement un fait.
55 **tendre** – 1. Raidir, tirer pour rendre droit. 2. Porter en avant. 3. Présenter quelque chose à quelqu'un.
30 **tenir** – 1. Avoir à la main ou dans ses bras. 2. Faire rester en place, maintenir. 3. Vouloir, être attaché à quelqu'un ou à quelque chose.
8 **tenter** – 1. Essayer. 2. Faire envie.
8 **terminer** – Finir, mener à terme.

27 **ternir** – Faire perdre son éclat.
22 **terrifier** – Faire très peur, frapper de terreur.
8 **terroriser** – Faire vivre sous la terreur, paralyser de peur.
8 **tester** – Soumettre à un test, à un examen.
12 **téter** – Boire en suçant le sein, un biberon, une mamelle.
8 **tinter** – Produire des sons clairs et aigus.
8 **tirer** – 1. Déplacer en amenant vers soi. 2. Remorquer, faire bouger. 3. Lancer un projectile avec une arme. 4. Choisir au hasard. 5. Faire sortir.
8 **tisser** – Fabriquer un tissu en entrelaçant des fils.
12 **tolérer** – 1. Supporter, endurer. 2. Ne pas interdire une chose qui pourrait l'être.
8 **tomber** [être] – 1. Faire une chute. 2. Devenir.
55 **tondre** – Couper à ras ou très court.
55 **tordre** – Tourner les deux extrémités de quelque chose en sens contraire.
8 **torturer** – Faire subir des souffrances physiques à quelqu'un.
8 **toucher** – 1. Entrer en contact physique. 2. Émouvoir. 3. Concerner.
8 **tourbillonner** – Tournoyer, tourner rapidement.
8 **tourner** – 1. Changer de direction. 2. Exécuter un mouvement de rotation sur soi-même. 3. Faire bouger, pivoter.
8 **tousser** – Avoir un accès de toux.
9 **tracer** – Dessiner en utilisant des traits, des lignes.
88 **traduire** – Exprimer dans une langue ce qui était écrit ou dit dans une autre langue.
27 **trahir** – Tromper la confiance de quelqu'un.
8 **traîner / trainer** – 1. Tirer quelque chose derrière soi. 2. Emporter avec soi.
64 **traire** – Tirer le lait de certains animaux domestiques.
8 **traiter** – 1. Soumettre à un traitement, soigner. 2. Appeler quelqu'un de tel ou tel nom. 3. Agir d'une certaine façon envers quelqu'un.
8 **trancher** – Couper net avec un outil tranchant.
8 **tranquilliser** – Calmer, rassurer.
86 **transcrire** – Copier, reproduire un texte.
12 **transférer** – Déplacer d'un lieu à un autre.
8 **transformer** – Modifier l'aspect.
59 **transmettre** – 1. Faire passer d'une personne à une autre. 2. Conduire, propager.
9 **transpercer** – Passer au travers.
8 **transpirer** – Suer.
8 **transporter** – Déplacer d'un lieu à un autre.

8 **travailler** – Faire une activité, exercer un métier.

8 **traverser** – 1. Passer d'un bord à un autre. 2. Passer à travers.

8 **trébucher** – Perdre l'équilibre en marchant.

8 **trembler** – Être agité par une suite de petits mouvements.

8 **tremper** – Plonger dans un liquide, mouiller.

8 **tresser** – Arranger en tresse, entrelacer (des fils, des cheveux).

8 **tricher** – Ne pas respecter les règles pour gagner.

8 **tricoter** – Exécuter un tissu à mailles avec du fil et des aiguilles.

22 **trier** – Choisir certains éléments d'un groupe, d'un ensemble.

8 **triompher** – Remporter une grande victoire.

8 **tromper** – 1. Induire en erreur, abuser de la confiance de quelqu'un. 2. Être infidèle.

8 **trotter** – 1. Faire aller un cheval au trot. 2. Marcher rapidement à petits pas.

8 **troubler** – 1. Rendre moins clair. 2. Causer des problèmes.

8 **trouer** – Faire des trous, percer.

8 **trouver** – 1. Découvrir, rencontrer. 2. Réussir à avoir. 3. Juger, penser.

8 **tuer** – 1. Faire mourir un être vivant. 2. Faire passer le temps.

Ⓤ Ⓥ Ⓩ

22 **unifier** – Action d'unir pour faire un tout, uniformiser.

27 **unir** – Mettre ensemble, joindre, établir un lien.

8 **user** – 1. Utiliser. 2. Abîmer quelque chose à force de s'en servir.

8 **utiliser** – Se servir de quelque chose, employer.

8 **vacciner** – Donner un vaccin à une personne ou un animal.

63 **vaincre** – Remporter une victoire, venir à bout de quelque chose.

51 **valoir** – 1. Coûter tel prix, avoir telle valeur. 2. Justifier. 3. Être équivalent à une autre chose. 4. Procurer.

8 **vanter** – Parler de quelqu'un ou de quelque chose en bien.

8 **vaporiser** – Projeter en fines gouttelettes.

22 **varier** – Se modifier, rendre un peu différent.

8 **veiller** – 1. Rester éveillé (pendant les heures où l'on dort habituellement). 2. Prendre soin, surveiller.

55 **vendre** – Échanger une chose contre de l'argent.

10 **venger** – Punir, rendre le mal par le mal.

30 **venir** être – 1. Se rendre d'un lieu à un autre. 2. Être originaire, provenir. 3. Se produire, survenir. 4. Arriver, parvenir.

7 **venter** impersonnel – Faire du vent (se dit du vent qui souffle).

22 **vérifier** – S'assurer qu'une chose est exacte.

8 **verrouiller** – Fermer au moyen d'un verrou, d'une serrure.

8 **verser** – 1. Faire couler. 2. Payer.

33 **vêtir** – Habiller, couvrir de vêtements.

8 **vibrer** – 1. Être soumis à des chocs, des tremblements. 2. Être ému.

8 **vider** – Rendre vide en ôtant le contenu.

27 **vieillir** – Devenir vieux, avancer en âge.

8 **virer** – Changer de direction en tournant.

8 **viser** – 1. Diriger une arme vers une cible. 2. Chercher à obtenir, avoir en vue.

8 **visionner** – Regarder (un film).

8 **visiter** – 1. Parcourir un lieu. 2. Aller voir quelqu'un.

8 **visser** – 1. Fixer avec des vis. 2. Serrer en tournant.

81 **vivre** – 1. Être en vie. 2. Habiter, résider.

44 **voir** – 1. Percevoir avec les yeux, regarder. 2. Rencontrer quelqu'un. 3. Comprendre, imaginer.

8 **voler** – 1. Se déplacer dans l'air. 2. Prendre sans autorisation ce qui appartient à autrui, commettre un vol.

27 **vomir** – Rejeter par la bouche le contenu de l'estomac.

8 **voter** – Exprimer son choix par un vote.

52 **vouloir** – 1. Désirer, souhaiter, avoir la volonté de faire quelque chose. 2. Accepter.

24 **vouvoyer** – Parler à une personne seule en utilisant le pronom « vous » de politesse.

10 **voyager** – Faire des voyages.

8 **zapper** – Changer rapidement de chaîne de télévision.

Achever d'imprimer en France par I.M.E.
Dépôt légal N° 94991-3/01 - mai 2010